Manja Hussner, Rainer Arnold (Hrsg.)

VERFASSUNGSGERICHTSBARKEIT IN ZENTRALASIEN II

Sammlung von Verfassungstexten

ibidem-Verlag
Stuttgart

Bibliografische Information der Deutschen Nationalbibliothek
Die Deutsche Nationalbibliothek verzeichnet diese Publikation in der Deutschen Nationalbibliografie; detaillierte bibliografische Daten sind im Internet über http://dnb.d-nb.de abrufbar.

Bibliographic information published by the Deutsche Nationalbibliothek
Die Deutsche Nationalbibliothek lists this publication in the Deutsche Nationalbibliografie; detailed bibliographic data are available in the Internet at http://dnb.d-nb.de.

∞

Gedruckt auf alterungsbeständigem, säurefreien Papier
Printed on acid-free paper

ISSN: 1614-3515

ISBN-13: 978-3-8382-0597-7

Printed in Germany

Einführung

Die vorliegende Publikation ist die Fortsetzung des bereits veröffentlichten Bandes zur Verfassungsgerichtsbarkeit in Zentralasien, der die Verfassungstexte in den jeweiligen Titularsprachen sowie der russischen Sprache enthält. Näher betrachtet werden die Staaten Kasachstan, Kirgisistan, Tadschikistan, Turkmenistan, Usbekistan sowie die Mongolei. In diesen zentralasiatischen Staaten erhebt, wie in Europa auch, die Verfassung als ranghöchste Norm Anspruch auf Vorrang. Sie ist dem Gesetzgeber und damit der Politik übergeordnet.

Während die Verfassung den Rahmen vorgibt, konkretisieren ihn einfachgesetzliche Vorschriften. Auch in den meisten zentralasiatischen Staaten werden die Verfassungsvorgaben durch Gesetze ergänzt, welche die prozessuale Infrastruktur und die Kompetenzen der jeweiligen Verfassungsgerichte näher bestimmen.

Die Staaten Zentralasiens sind postsowjetische Staaten und befinden sich im Übergang zur pluralistischen Demokratie. Sie haben Verfassungsgerichte etabliert, in Kasachstan einen Verfassungsrat. Turkmenistan hat kein Verfassungsgericht geschaffen, ein solches ist auch in der Verfassung nicht vorgesehen. In Kirgisistan wurde das 1993 errichtete Verfassungsgericht 2010 mit Annahme der neuen kirgisischen Verfassung aufgelöst und eine neue Struktur geschaffen: die Verfassungskammer des Obersten Gerichts.[1]

Die vorliegende Textsammlung gewährt Einblick in die Gesetzgebung zu den Verfassungsgerichten in den einzelnen zentralasiatischen Staaten. Sie enthält die Verfassungsgerichtsgesetze bzw. Verfassungsgesetze über die Verfassungskammer des Obersten Gerichts der zentralasiatischen Staaten Kasachstan, Kirgisistan, Tadschikistan und Usbekistan jeweils in der Titularsprache sowie in der russischen Sprache, da sie in diesen Staaten auch von den jeweiligen staatlichen Behörden für die Veröffentlichung von Verfassungs- und Gesetzestexten als der Titularsprache weitgehend gleichrangig verwendet wird. Das Verfassungsgerichtsgesetz der Mongolei erscheint hier lediglich auf Mongolisch; es wird ergänzt durch die Verfassungsgerichtsordnung der Mongolei. Eine offizielle russische Fassung besteht nicht. Am Anfang dieses Bandes sind die

[1] Näheres zu den geschichtlichen Abläufen unter: http://constpalata.kg/en/about/istoriya/ ; Zugriff am 30.11.2014.

verfassungsrechtlichen Justizvorschriften gesondert dargestellt, insbesondere wird auf die Vorschriften zur Verfassungsgerichtsbarkeit eingegangen.

Die Verfassungsgerichtsbarkeit der zentralasiatischen Staaten und der Mongolei ist unterschiedlich ausgeprägt. Während es in Kasachstan einen Verfassungsrat gibt, dessen Kompetenzen in Art. 72 der Verfassung Kasachstans niedergelegt sind und unter anderem die präventive abstrakte Normenkontrolle und die präventive völkerrechtliche Normenkontrolle umfassen, hat Kirgisistan nach Abschaffung des Verfassungsgerichtes 2010 keine solche Institution etabliert, sondern vielmehr auf eine im europäischen Raum z.B. aus Estland bekannte Konstruktion zurück gegriffen: die Schaffung einer Verfassungskammer als Teil des Obersten Gerichts, die die Kontrolle über die Einhaltung der Verfassung (конституционный контроль) ausübt, Art.93 Abs.3, 97 Abs.1 Verfassung Kirgisistans. Die Verfassungskammer des Obersten Gerichts Kirgisistans hat gem. Art. 97 Abs.6 unter anderem ebenfalls die Kompetenz, präventive abstrakte Normenkontrollen sowie präventive völkerrechtliche Normenkontrollen durchzuführen.

Tadschikistan hat ein Verfassungsgericht etabliert, Art. 84 Verfassung Tadschikistans, welches unter anderem befugt ist, abstrakte Normenkontrollen und präventive völkerrechtliche Normenkontrollen durchzuführen sowie Kompetenzstreitigkeiten zwischen Staatsorganen zu entscheiden, Art. 89 Verfassung Tadschikistans.

Die turkmenische Verfassung erwähnt weder ein Verfassungsgericht noch eine Verfassungskammer oder eine andere Institution mit gleichartigen Kompetenzen. Art. 100 der Verfassung Turkmenistans verweist lediglich auf das Oberste Gericht und andere Gerichte, die in Ausführungsgesetzen näher bestimmt werden sollen. In Art. 14 des Gesetzes Turkmenistans über die Gerichtsbarkeit (ЗАКОН ТУРКМЕНИСТАНА О СУДЕ[2]) werden die Gerichtsarten Turkmenistans abschließend aufgezählt. Ein Verfassungsgericht oder eine ähnliche Institution findet sich auch hier nicht. Art. 36 des Gesetzes Turkmenistans über die Gerichtsbarkeit benennt das Oberste Gericht als die oberste gerichtliche Instanz Turkmenistans. Art. 38 des Gesetzes Turkmenistans über die Gerichtsbarkeit enthält eine Aufzählung der Kompetenzen des Obersten Gerichts, darunter jedoch keine, welche üblicherweise von einem Verfassungsgericht ausgeübt werden.

---

[2]Ведомости Меджлиса Туркменистана, 2009 г., № 3,ст. 50, С изменениям и внесенным Законом Туркменистана, от 07.02.2012 г. № 275-IV; 25.09.2012 г. № 333-IV.

Usbekistan hat sich ein Verfassungsgericht gegeben, Art. 107 Verfassung Usbekistans. Art. 108f. der Verfassung Usbekistans konkretisieren dessen Kompetenzen. So ist auch das usbekische Verfassungsgericht befugt, unter anderem abstrakte Normenkontrollen, völkerrechtliche Normenkontrollen und verbindliche Verfassungsauslegung vorzunehmen. Außerdem, und dies ist eine Besonderheit Usbekistans, prüft es die Vereinbarkeit der Gesetze und der Verfassung der autonomen Teilrepublik Karakalpakstan (karakalpakisch: Qaraqalpaqstan Respublikasi, usbekisch: Qoraqalpog'iston Respublikasi) mit den Gesetzen und der Verfassung Usbekistans.

Die Mongolei verfügt über ein Verfassungsgericht, welchem sie in der mongolischen Verfassung ein eigenes Kapitel widmet: Kapitel 5 (Art. 64-67 Verfassung der Mongolei). Auch das mongolische Verfassungsgericht ist befugt, Normenkontrollen, einschließlich völkerrechtlicher Normenkontrollen, durchzuführen sowie Kompetenzstreitigkeiten zwischen Staatsorganen zu entscheiden. Des Weiteren ist es ausdrücklich durch Art. 66 Abs. 2 Nr.4 Verfassung der Mongolei befugt festzustellen, ob die Voraussetzungen für ein impeachment-Verfahren gegen den Präsidenten der Mongolei vorliegen.

Der Regensburger Universitätsstiftung Hans Vielberth gebührt herzlicher Dank für die finanzielle Unterstützung der Drucklegung.

Inhaltsverzeichnis

Verfassungsgerichtsbarkeit und Justiz

Kasachstan

VI бөлім
КОНСТИТУЦИЯЛЫҚ КЕҢЕС

71-бап

1. Қазақстан Республикасының Конституциялық Кеңесі жеті мүшеден тұрады, олардың өкілеттігі алты жылға созылады. Республиканың экс-Президенттері құқығы бойынша ғұмыр бойы Конституциялық Кеңестің мүшелері болып табылады.

2. Конституциялық Кеңестің Төрағасын Республиканың Президенті тағайындайды және дауыс тең бөлінген жағдайда оның даусы шешуші болып табылады.

3. Конституциялық Кеңестің екі мүшесін — Республика Президенті, екі-екі мүшеден тиісінше Сенат пен Мәжіліс тағайындайды. Конституциялық Кеңес мүшелерінің жартысы әрбір үш жыл сайын жаңартылып отырады.

4. Конституциялық Кеңестің Төрағасы мен мүшесінің қызметі депутаттық мандатпен, оқытушылық, ғылыми немесе өзге шығармашылық қызметтерді қоспағанда, өзге де ақы төленетін жұмысты атқарумен, кәсіпкерлікпен айналысумен, коммерциялық ұйымның басшы органының немесе байқаушы кеңесінің құрамына кірумен сыйыспайды.

5. Конституциялық Кеңестің Төрағасы мен мүшелерін өздерінің өкілеттігі мерзімі ішінде тұтқынға алуға, күштеп әкелуге, оған сот тәртібімен белгіленетін әкімшілік жазалау шараларын қолдануға, қылмыс үстінде ұсталған немесе ауыр қылмыстар жасаған реттерді қоспағанда, Парламенттің келісімінсіз қылмыстық жауапқа тартуға болмайды.

6. Конституциялық Кеңестің ұйымдастырылуы мен қызметі конституциялық заңмен реттеледі[33].

72-бап

1. Конституциялық Кеңес Қазақстан Республикасы Президентінің, Сенат Төрағасының, Мәжіліс Төрағасының, Парламент депутаттары жалпы санының кемінде бестен бір бөлігінің, Премьер-Министрдің өтініші бойынша:
1) дау туған жағдайда Республика Президентінің, Парламент депутаттарының сайлауын өткізудің дұрыстығы және республикалық референдум өткізу туралы мәселені шешеді;
2) Парламент қабылдаған заңдардың Республика Конституциясына сәйкестігін Президент қол қойғанға дейін қарайды;
2-1) Парламент және оның палаталары қабылдаған қаулылардың Республика Конституциясына сәйкестігін қарайды;
3) Республиканың халықаралық шарттарын бекіткенге дейін олардың Конституцияға сәйкестігін қарайды;
4) Конституцияның нормаларына ресми түсіндірме береді;

5) Конституцияның 47-бабының 1 және 2-тармақтарында көзделген реттерде қорытындылар береді.
2. Конституциялық Кеңес соттардың өтініштерін Конституцияның 78-бабында белгіленген реттерде қарайды[34].

73-бап

1. Конституциялық Кеңеске Конституцияның 72-бабының 1-тармағының 1)-тармақшасында көрсетілген мәселелер бойынша өтініш жасалған ретте, Президенттің қызметіне кірісуі, Парламенттің сайланған депутаттарын тіркеу не республикалық референдумның нәтижелерін шығару тоқтатыла тұрады.

2. Конституциялық Кеңеске Конституцияның 72-бабының 1-тармағының 2) және 3)-тармақшаларында көрсетілген мәселелер бойынша өтініш жасалған ретте, тиісті актілерге қол қою не оларды бекіту мерзімінің өтуі тоқтатыла тұрады.

3. Конституциялық Кеңес өтініштер түскен күннен бастап бір ай ішінде өз шешімін шығарады. Егер мәселе кейінге қалдыруға болмайтын болса, Республика Президентінің талабы бойынша бұл мерзім он күнге дейін қысқартылуы мүмкін.

4. Конституциялық Кеңестің шешіміне толығымен немесе бір бөлігіне Республиканың Президенті қарсылық білдіруі мүмкін, бұл қарсылық Конституциялық Кеңес мүшелері жалпы санының үштен екісінің даусымен еңсеріледі. Президент қарсылығы еңсерілмеген жағдайда, Конституциялық Кеңестің шешімі қабылданбады деп есептеледі.

74-бап

1. Қазақстан Республикасының Конституциясына сәйкес емес деп танылған заңдар мен халықаралық шарттарға қол қойылмайды не, тиісінше, бекітілмейді және күшіне енгізілмейді.

2. Конституциялық емес деп танылған, оның ішінде адамның және азаматтың Конституцияда баянды етілген құқықтары мен бостандықтарына нұқсан келтіреді деп танылған заңдар мен өзге де нормативтік құқықтық актілердің күші жойылады және қолданылуға жатпайды.

3. Конституциялық Кеңестің шешімдері қабылданған күннен бастап күшіне енеді, Республиканың бүкіл аумағында жалпыға бірдей міндетті, түпкілікті болып табылады және шағымдануға жатпайды[35].

Раздел VI.
КОНСТИТУЦИОННЫЙ СОВЕТ

Статья 71

1. Конституционный Совет Республики Казахстан состоит из семи членов, полномочия которых длятся шесть лет. Пожизненными членами Конституционного Совета являются по праву экс-Президенты Республики.

2. Председатель Конституционного Совета назначается Президентом Республики, и в случае разделения голосов поровну его голос является решающим.

3. Два члена Конституционного Совета назначаются Президентом Республики, по два члена Конституционного Совета назначаются соответственно Сенатом и Мажилисом. Половина членов Конституционного Совета обновляется каждые три года.

4. Должность Председателя и члена Конституционного Совета несовместимы с депутатским мандатом, занятием иных оплачиваемых должностей, кроме преподавательской, научной или иной творческой деятельности, осуществлением предпринимательской деятельности, вхождение в состав руководящего органа или наблюдательного совета коммерческой организации.

5. Председатель и члены Конституционного Совета в течение срока своих полномочий не могут быть арестованы, подвергнуты приводу, мерам административного взыскания, налагаемым в судебном порядке, привлечены к уголовной ответственности без согласия Парламента, кроме случаев задержания на месте преступления или совершения тяжких преступлений.

6. Организация и деятельность Конституционного Совета регулируются конституционным законом.

Статья 72

1. Конституционный Совет по обращению Президента Республики Казахстан, Председателя Сената, Председателя Мажилиса, не менее одной пятой части от общего числа депутатов Парламента, Премьер-Министра:
1) решает в случае спора вопрос о правильности проведения выборов Президента Республики, депутатов Парламента и проведения республиканского референдума;
2) рассматривает до подписания Президентом принятые Парламентом законы на их соответствие Конституции Республики;
2-1) рассматривает на соответствие Конституции Республики принятые Парламентом и его Палатами постановления;
3) рассматривает до ратификации международные договоры Республики на соответствие их Конституции;
4) дает официальное толкование норм Конституции;
5) дает заключения в случаях, предусмотренных пунктами 1 и 2 статьи 47 Конституции.
2. Конституционный Совет рассматривает обращения судов в случаях, установленных статьей 78 Конституции.

Статья 73

1. В случае обращения в Конституционный Совет по вопросам, указанным в подпункте 1) пункта 1 статьи 72 Конституции, вступление в должность Президента, регистрация избранных депутатов Парламента либо подведение итогов республиканского референдума приостанавливаются.

2. В случае обращения в Конституционный Совет по вопросам, указанным в подпунктах 2) и 3) пункта 1 статьи 72 Конституции, течение сроков подписания либо ратификации соответствующих актов приостанавливается.

3. Конституционный Совет выносит свое решение в течение месяца со дня поступления обращения. Этот срок по требованию Президента Республики может быть сокращен до десяти дней, если вопрос не терпит отлагательства.

4. На решение Конституционного Совета в целом или в его части могут быть внесены возражения Президента Республики, которые преодолеваются двумя третями голосов от общего числа членов Конституционного Совета. При непреодолении возражений Президента решение Конституционного Совета считается непринятым.

Статья 74

1. Законы и международные договоры, признанные несоответствующими Конституции Республики Казахстан, не могут быть подписаны либо, соответственно, ратифицированы и введены в действие.

2. Законы и иные нормативные правовые акты, признанные неконституционными, в том числе ущемляющими закрепленные Конституцией права и свободы человека и гражданина, отменяются и не подлежат применению.

3. Решения Конституционного Совета вступают в силу со дня их принятия, являются общеобязательными на всей территории Республики, окончательными и обжалованию не подлежат.

Justiz

Kasachstan

VII бөлім
СОТТАР ЖӘНЕ СОТ ТӨРЕЛІГІ

75-бап

1. Қазақстан Республикасында сот төрелігін тек сот қана жүзеге асырады.

2. Сот билігі сотта іс жүргізудің азаматтық, қылмыстық және заңмен белгіленген өзге де нысандары арқылы жүзеге асырылады. Заңда көзделген жағдайларда қылмыстық сот ісін жүргізу алқабилердің қатысуымен жүзеге асырылады.

3. Заңмен құрылған Республиканың Жоғарғы Соты, Республиканың жергілікті және басқа да соттары Республиканың соттары болып табылады.

4. Республиканың сот жүйесі Республика Конституциясымен және конституциялық заңмен белгіленеді. Қандай да бір атаумен арнаулы және төтенше соттарды құруға жол берілмейді[36].

76-бап

1. Сот билігі Қазақстан Республикасының атынан жүзеге асырылады және өзіне азаматтар мен ұйымдардың құқықтарын, бостандықтары мен заңды мүдделерін қорғауды, Республиканың Конституциясының, заңдарының, өзге де нормативтік құқықтық актілерінің, халықаралық шарттарының орындалуын қамтамасыз етуді мақсат етіп қояды.

2. Сот билігі Республика Конституциясының, заңдарының, өзге де нормативтік құқықтық актілерінің, халықаралық шарттарының негізінде туындайтын барлық істер мен дауларға қолданылады.

3. Соттар шешімдерінің, үкімдері мен өзге де қаулыларының Республиканың бүкіл аумағында міндетті күші болады.

77-бап

1. Судья сот төрелігін іске асыру кезінде тәуелсіз және Конституция мен заңға ғана бағынады.

2. Сот төрелігін іске асыру жөніндегі соттың қызметіне қандай да болсын араласуға жол берілмейді, және ол заң бойынша жауапкершілікке әкеп соғады. Нақты істер бойынша судьялар есеп бермейді.

3. Заңды қолданған кезде судья төмендегі принциптерді басшылыққа алуға тиіс:
1) адамның кінәлі екендігі заңды күшіне енген сот үкімімен танылғанша ол жасалған қылмысқа кінәлі емес деп есептеледі;
2) бір құқық бұзушылық үшін ешкімді де қайтадан қылмыстық немесе әкімшілік жауапқа тартуға болмайды;

3) өзіне заңмен көзделген соттылығын оның келісімінсіз ешкімнің өзгертуіне болмайды;
4) сотта әркім өз сөзін тыңдатуға құқылы;
5) жауапкершілікті белгілейтін немесе күшейтетін, азаматтарға жаңа міндеттемелер жүктейтін немесе олардың жағдайын нашарлататын заңдардың кері күші болмайды. Егер құқық бұзушылық жасалғаннан кейін ол үшін жауапкершілік заңмен алынып тасталса немесе жеңілдетілсе, жаңа заң қолданылады;
6) айыпталушы өзінің кінәсіздігін дәлелдеуге міндетті емес;
7) ешкім өзіне-өзі, жұбайына (зайыбына) және заңмен белгіленген шектегі жақын туыстарына қарсы айғақ беруге міндетті емес. Діни қызметшілер өздеріне сеніп сырын ашқандарға қарсы куәгер болуға міндетті емес;
8) адамның кінәлі екендігі жөніндегі кез келген күдік айыпталушының пайдасына қарастырылады;
9) заңсыз тәсілмен алынған айғақтардың заңды күші болмайды. Ешкім өзінің жеке мойындауы негізінде ғана сотталуға тиіс емес;
10) қылмыстық заңды ұқсастығына қарай қолдануға жол берілмейді.

4. Конституциямен белгіленген сот төрелігінің принциптері Республиканың барлық соттары мен судьяларына ортақ және бірыңғай болып табылады.

78-бап

Соттардың Конституциямен баянды етілген адамның және азаматтың құқықтары мен бостандықтарына нұқсан келтіретін заңдар мен өзге де нормативтік құқықтық актілерді қолдануға хақысы жоқ. Егер сот қолданылуға тиісті заң немесе өзге де нормативтік құқықтық акт Конституциямен баянды етілген адамның және азаматтың құқықтары мен бостандықтарына нұқсан келтіреді деп тапса, іс жүргізуді тоқтата тұруға және осы актіні конституциялық емес деп тану туралы ұсыныспен Конституциялық Кеңеске жүгінуге міндетті.

79-бап

1. Соттар тұрақты судьялардан тұрады, олардың тәуелсіздігі Конституциямен және заңмен қорғалады. Судьяның өкілеттігі тек заңда белгіленген негіздер бойынша ғана тоқтатылуы немесе кідіртілуі мүмкін.

2. Судьяны тұтқынға алуға, күштеп әкелуге, оған сот тәртібімен белгіленетін әкімшілік жазалау шараларын қолдануға, қылмыс үстінде ұсталған немесе ауыр қылмыс жасаған реттерді қоспағанда, Республика Жоғары Сот Кеңесінің қорытындысына негізделген Қазақстан Республикасы Президентінің келісімінсіз не Конституцияның 55-бабының 3)-тармақшасында белгіленген жағдайда, — Сенаттың келісімінсіз қылмыстық жауапқа тартуға болмайды.

3. Республиканың жиырма бес жасқа толған, жоғары заң білімі, заң мамандығы бойынша кемінде екі жыл жұмыс стажы бар және біліктілік емтиханын тапсырған азаматтары судья бола алады. Республика соттарының судьяларына заң бойынша қосымша талаптар белгіленуі мүмкін.

4. Судьяның қызметі депутаттық мандатпен, оқытушылық, ғылыми немесе өзге шығармашылық қызметтерді қоспағанда, өзге де ақы төленетін жұмысты атқарумен, кәсіпкерлікпен айналысумен, коммерциялық ұйымның басшы органының немесе байқаушы кеңесінің құрамына кірумен сыйыспайды.

80-бап

Соттарды қаржыландыру, судьяларды тұрғын үймен қамтамасыз ету республикалық бюджет қаражаты есебінен жүргізіледі және ол сот төрелігін толық әрі тәуелсіз жүзеге асыру мүмкіндігін қамтамасыз етуге тиіс.

81-бап

Қазақстан Республикасының Жоғарғы Соты азаматтық, қылмыстық, жергілікті және басқа да соттарда қаралатын өзге де істер жөніндегі жоғары сот органы болып табылады, заңда көзделген іс жүргізу нысандарында олардың қызметін қадағалауды жүзеге асырады, сот практикасының мәселелері бойынша түсініктемелер беріп отырады[37].

82-бап

1. Қазақстан Республикасы Жоғарғы Сотының Төрағасын және судьяларын Жоғары Сот Кеңесінің кепілдемесіне негізделген Республика Президентінің ұсынуымен Сенат сайлайды.

2. Жергілікті және басқа да соттардың төрағалары мен судьяларын Жоғары Сот Кеңесінің кепілдемесі бойынша Республика Президенті қызметке тағайындайды.

3. Соттарда конституциялық заңға сәйкес сот алқалары құрылуы мүмкін. Сот алқалары төрағаларына өкілеттіктер беру тәртібі конституциялық заңмен белгіленеді.

4. Жоғары Сот Кеңесі Республика Президенті тағайындайтын Төрағадан және басқа да адамдардан құралады.

5. Жоғары Сот Кеңесінің мәртебесі және жұмысын ұйымдастыру заңмен белгіленеді[38].

83-бап

1. Прокуратура мемлекет атынан Республиканың аумағында заңдардың, Қазақстан Республикасының Президенті жарлықтарының және өзге де нормативтік құқықтық актілердің дәлме-дәл әрі біркелкі қолданылуын, жедел-іздестіру қызметінің, анықтау

мен тергеудің, әкімшілік және орындаушылық іс жүргізудің заңдылығын жоғары қадағалауды жүзеге асырады, заңдылықтың кез келген бұзылуын анықтау мен жою жөнінде шаралар қолданады, сондай-ақ Республика Конституциясы мен заңдарына қайшы келетін заңдар мен басқа да құқықтық актілерге наразылық білдіреді. Прокуратура сотта мемлекет мүддесін білдіреді, сондай-ақ заңмен белгіленген жағдайда, тәртіпте және шекте қылмыстық қуғындауды жүзеге асырады.

2. Республика Прокуратурасы төменгі прокурорларды жоғары тұрған прокурорларға және Республика Бас Прокурорына бағындыра отырып, бірыңғай орталықтандырылған жүйе құрайды. Ол өз өкілеттігін басқа мемлекеттік органдардан, лауазымды адамдардан тәуелсіз жүзеге асырады және Республика Президентіне ғана есеп береді.

3. Республиканың Бас Прокурорын өз өкілеттігі мерзімі ішінде тұтқынға алуға, күштеп әкелуге, оған сот тәртібімен әкімшілік жазалау шараларын қолдануға, қылмыс үстінде ұсталған немесе ауыр қылмыстар жасаған реттерді қоспағанда, Сенаттың келісімінсіз қылмыстық жауапқа тартуға болмайды. Бас Прокурор өкілеттігінің мерзімі бес жыл.

4. Республика прокуратурасының құзыреті, ұйымдастырылуы мен қызмет тәртібі заңмен белгіленеді.

84-бап

Қазақстан Республикасының 2007 жылғы 21 мамырдағы № 254-III Заңымен алынып тасталды.

Раздел VII.
СУДЫ И ПРАВОСУДИЕ

Статья 75

1. Правосудие в Республике Казахстан осуществляется только судом.

2. Судебная власть осуществляется посредством гражданского, уголовного и иных установленных законом форм судопроизводства. В случаях, предусмотренных законом, уголовное судопроизводство осуществляется с участием присяжных заседателей.

3. Судами Республики являются Верховный Суд Республики, местные и другие суды Республики, учреждаемые законом.

4. Судебная система Республики устанавливается Конституцией Республики и конституционным законом. Учреждение специальных и чрезвычайных судов под каким-либо названием не допускается.

Статья 76

1. Судебная власть осуществляется от имени Республики Казахстан и имеет своим назначением защиту прав, свобод и законных интересов граждан и организаций, обеспечение исполнения Конституции, законов, иных нормативных правовых актов, международных договоров Республики.

2. Судебная власть распространяется на все дела и споры, возникающие на основе Конституции, законов, иных нормативных правовых актов, международных договоров Республики.

3. Решения, приговоры и иные постановления судов имеют обязательную силу на всей территории Республики.

Статья 77

1. Судья при отправлении правосудия независим и подчиняется только Конституции и закону.

2. Какое-либо вмешательство в деятельность суда по отправлению правосудия недопустимо и влечет ответственность по закону. По конкретным делам судьи не подотчетны.

3. При применении закона судья должен руководствоваться следующими принципами:
1) лицо считается невиновным в совершении преступления, пока его виновность не будет признана вступившим в законную силу приговором суда;
2) никто не может быть подвергнут повторно уголовной или административной ответственности за одно и то же правонарушение;

3) никому не может быть без его согласия изменена подсудность, предусмотренная для него законом;
4) в суде каждый имеет право быть выслушанным;
5) законы, устанавливающие или усиливающие ответственность, возлагающие новые обязанности на граждан или ухудшающие их положение, обратной силы не имеют. Если после совершения правонарушения ответственность за него законом отменена или смягчена, применяется новый закон; 6) обвиняемый не обязан доказывать свою невиновность;
7) никто не обязан давать показания против самого себя, супруга (супруги) и близких родственников, круг которых определяется законом. Священнослужители не обязаны свидетельствовать против доверившихся им на исповеди;
8) любые сомнения в виновности лица толкуются в пользу обвиняемого;
9) не имеют юридической силы доказательства, полученные незаконным способом. Никто не может быть осужден лишь на основе его собственного признания;

10) применение уголовного закона по аналогии не допускается.

4. Принципы правосудия, установленные Конституцией, являются общими и едиными для всех судов и судей Республики.

Статья 78

Суды не вправе применять законы и иные нормативные правовые акты, ущемляющие закрепленные Конституцией права и свободы человека и гражданина. Если суд усмотрит, что закон или иной нормативный правовой акт, подлежащий применению, ущемляет закрепленные Конституцией права и свободы человека и гражданина, он обязан приостановить производство по делу и обратиться в Конституционный Совет с представлением о признании этого акта неконституционным.

Статья 79

1. Суды состоят из постоянных судей, независимость которых защищается Конституцией и законом. Полномочия судьи могут быть прекращены или приостановлены исключительно по основаниям, установленным законом.

2. Судья не может быть арестован, подвергнут приводу, мерам административного взыскания, налагаемым в судебном порядке, привлечен к уголовной ответственности без согласия Президента Республики Казахстан, основанного на заключении Высшего Судебного Совета Республики, либо в случае, установленном подпунктом 3) статьи 55 Конституции, - без согласия Сената, кроме случаев задержания на месте преступления или совершения тяжких преступлений.

3. Судьями могут быть граждане Республики, достигшие двадцати пяти лет, имеющие высшее юридическое образование, стаж работы по юридической профессии не менее двух лет и сдавшие квалификационный экзамен. Законом могут быть установлены дополнительные требования к судьям судов Республики.

4. Должность судьи несовместима с депутатским мандатом, с занятием иной оплачиваемой должности, кроме преподавательской, научной или иной творческой деятельности, осуществлением предпринимательской деятельности, вхождением в состав руководящего органа или наблюдательного совета коммерческой организации.

Статья 80

Финансирование судов, обеспечение судей жильем производится за счет средств республиканского бюджета и должно обеспечивать возможность полного и независимого осуществления правосудия.

Статья 81

Верховный Суд Республики Казахстан является высшим судебным органом по гражданским, уголовным и иным делам, подсудным местным и другим судам, осуществляет в предусмотренных законом процессуальных формах надзор за их деятельностью и дает разъяснения по вопросам судебной практики.

Статья 82

1. Председатель и судьи Верховного Суда Республики Казахстан избираются Сенатом по представлению Президента Республики, основанному на рекомендации Высшего Судебного Совета.

2. Председатели и судьи местных и других судов назначаются на должности Президентом Республики по рекомендации Высшего Судебного Совета.

3. В судах в соответствии с конституционным законом могут создаваться судебные коллегии. Порядок наделения полномочиями председателей судебных коллегий определяется конституционным законом.

4. Высший Судебный Совет состоит из Председателя и других лиц, назначаемых Президентом Республики.

5. Статус и организация работы Высшего Судебного Совета определяются законом.

Статья 83

1. Прокуратура от имени государства осуществляет высший надзор за точным и единообразным применением законов, указов Президента Республики Казахстан и иных нормативных правовых актов на территории Республики, за законностью оперативно-розыскной деятельности, дознания и следствия, административного и исполнительного производства, принимает меры по выявлению и устранению любых нарушений законности, а также опротестовывает законы и другие правовые акты, противоречащие Конституции и законам Республики. Прокуратура представляет интересы государства в суде, а также в случаях, порядке и в пределах, установленных законом, осуществляет уголовное преследование.

2. Прокуратура Республики составляет единую централизованную систему с подчинением нижестоящих прокуроров вышестоящим и Генеральному Прокурору Республики. Она осуществляет свои полномочия независимо от других государственных органов, должностных лиц и подотчетна лишь Президенту Республики.

3. Генеральный Прокурор Республики в течение срока своих полномочий не может быть арестован, подвергнут приводу, мерам административного взыскания, налагаемым в судебном порядке, привлечен к уголовной ответственности без согласия Сената, кроме случаев задержания на месте преступления или совершения тяжких преступлений. Срок полномочий Генерального Прокурора пять лет.

4. Компетенция, организация и порядок деятельности прокуратуры Республики определяются законом.

Статья 84

Исключена Законом Республики Казахстан от 21 мая 2007 года № 254-111.

Verfassungsgerichtsbarkeit und Justiz

Kirgisistan

АЛТЫНЧЫ БӨЛҮМ
КЫРГЫЗ РЕСПУБЛИКАСЫНЫН СОТ БИЙЛИГИ

93-берене.

1. Кыргыз Республикасында сот адилеттигин сот гана ишке ашырат.
Мыйзамда каралган учурларда жана тартипте Кыргыз Республикасынын жарандары сот адилеттигин ишке ашырууга катышууга укуктуу.
2. Сот бийлиги конституциялык, жарандык, жазыктык, административдик жана башка сот өндүрүшү аркылуу жүзөгө ашырылат.
3. Кыргыз Республикасынын сот системасы Конституция жана мыйзамдар менен белгиленет, ал Жогорку соттон жана жергиликтүү соттордон турат.
Жогорку соттун курамында Конституциялык палата иштейт.
Мыйзам менен адистештирилген соттор түзүлүшү мүмкүн.
Атайы бөтөнчө сотторду түзүүгө жол берилбейт.
4. Соттордун ишин уюштуруу жана алардын тартиби мыйзам менен аныкталат.

94-берене.

1. Судьялар көз карандысыз жана Конституцияга жана мыйзамдарга гана баш ийет.
2. Судья кол тийбестик укугуна ээ жана кылмыш үстүндө тутулгандан тышкары учурларда кармалууга же камакка алынууга, тинтүүгө же жеке текшерилүүгө тийиш эмес.
3. Конкреттүү бир сот иши боюнча судьядан отчет талап кылууга эч кимдин укугу жок. Сот адилеттигин жүзөгө ашыруу боюнча ар кандай кийлигишүүлөргө тыюу салынат. Судьяга таасир көрсөтүүгө күнөөлүү адамдар мыйзамда каралгандай жоопкерчилик тартышат.
4. Судья өзүнүн статусуна ылайык көз карандысыздыгынын социалдык, материалдык жана башка кепилдиктери менен камсыз кылынат.
5. Курагы 40 жаштан кем эмес жана 70 жаштан жогору эмес, юридикалык жогорку билими жана юридикалык кесиби боюнча кеминде 10 жыл иш стажысы бар Кыргыз Республикасынын жараны Жогорку соттун судьясы боло алат.
6. Жогорку соттун судьялары курактык чегине жеткенге чейин шайланат.
7. Жогорку соттун судьялары өздөрүнүн курамынан Жогорку соттун төрагасын, төраганын орун басарларын 3 жылдык мөөнөткө шайлайт.
Бир эле адам катары менен эки мөөнөткө Жогорку соттун төрагасы, төраганын орун басары болуп шайлана албайт.
Жогорку соттун төрагаларын, алардын орун басарларын шайлоо жана бошотуу тартиби мыйзам менен аныкталат.
8. Курагы 30 жаштан кем эмес жана 65 жаштан жогору эмес, юридикалык жогорку билими жана юридикалык кесиби боюнча кеминде 5 жылдан кем эмес иш стажысы бар Кыргыз Республикасынын жараны жергиликтүү соттун судьясы боло алат.
Жергиликтүү соттордун судьялары Судьяларды тандоо боюнча кеңештин сунушу боюнча Президент тарабынан биринчи ирет 5 жылдык мөөнөткө, кийин курактык чегине жеткенге чейин дайындалат. Жергиликтүү соттордун судьяларын көрсөтүүнүн жана дайындоонун тартиби конституциялык мыйзам менен аныкталат.

Жергиликтүү соттордун судьяларынын чогулушу өз курамынан соттун төрагасын, төраганын орун басарын 3 жылдык мөөнөткө шайлайт.
Бир эле адам катары менен эки мөөнөткө ошол эле соттун төрагасы, төрагасынын орун басары болуп шайлана албайт.
9. Кыргыз Республикасынын судьяларынын статусу конституциялык мыйзам менен аныкталат, анда Жогорку соттун жана жергиликтүү соттордун судьяларынын кызмат ордуна талапкерлерге кошумча талаптар белгилениши мүмкүн.

95-берене.

1. Кыргыз Республикасынын бардык сотторунун судьялары жүрүм-туруму кынтыксыз болуп турганда кызмат орундарын ээлеп турат жана өз ыйгарым укуктарын сактап калат. Судьялардын жүрүм-турумунун кынтыксыздыгынын талаптарын бузуу конституциялык мыйзам менен аныкталган тартипте судьяларды жоопкерчиликке тартуу үчүн негиз болуп эсептелет.
2. Жогорку соттун судьясы Судьялар кеңешинин сунушунун негизинде Президенттин сунуштамасы боюнча Жогорку Кеңештин депутаттарынын жалпы санынын кеминде үчтөн экисинин көпчүлүк добушу менен Жогорку Кеңеш тарабынан кызмат орундарынан мөөнөтүнөн мурда бошотулат.
3. Судья каза болгондо, өлдү же дайынсыз жок болду деп жарыяланганда, аракетке жөндөмсүз деп таанылганда, жарандыгын жоготкондо, жарандыктан чыкканда же башка мамлекеттин жарандыгын алганда судьянын ыйгарым укуктары конституциялык мыйзамга ылайык негиздер келип чыккан күндөн тартып аны шайлаган же дайындаган орган тарабынан токтотулат.
4. Жергиликтүү соттордун судьяларынын кызмат орундарына талапкерлерди тандап алуу, аларды дайындоого жана которууга (ротациялоого) сунуштоо Судьяларды тандоо боюнча кеңеш тарабынан конституциялык мыйзамда аныкталган тартипте жүзөгө ашырылат.
5. Жергиликтүү соттордун судьяларын кызмат ордунан четтетүү жана бошотуу Судьялар кеңешинин сунушу боюнча Президент тарабынан конституциялык мыйзам менен аныкталган учурларда жана тартипте жүзөгө ашырылат.
6. Кыргыз Республикасынын бардык сотторунун судьяларын жазык жана сот тартибинде салынган административдик жоопкерчиликке тартууга Судьялар кеңешинин макулдугу менен конституциялык мыйзамда аныкталган тартипте жол берилет.
7. Судьяларды тандоо боюнча кеңеш судьялардын жана жарандык коомдун өкүлдөрүнөн түзүлөт.
Судьялар кеңеши, парламенттик көпчүлүк жана парламенттик оппозиция тиешелүүлүгүнө жараша Судьяларды тандоо боюнча кеңештин курамынын үчтөн бирин шайлайт.
8. Судьяларды тандоо боюнча кеңешти уюштуруу, анын иши, ыйгарым укуктары жана аны түзүүнүн тартиби мыйзам менен аныкталат.

96-берене.

1. Жогорку сот жарандык, жазык, экономикалык, административдик жана башка иштер боюнча жогорку сот органы болуп саналат жана мыйзамда белгиленген тартипте сот процессине катышуучулардын кайрылуулары боюнча жергиликтүү соттордун соттук актыларын кайра кароону жүзөгө ашырат.
2. Жогорку соттун пленуму Жогорку соттун төрагасынын жана Жогорку соттун коллегиясынын курамында сот практикасынын маселелери боюнча түшүндүрмөлөрдү берет.
3. Жогорку соттун актылары акыркы болуп эсептелет жана даттанууга жатпайт.

97-берене.

1. Жогорку соттун Конституциялык палатасы конституциялык контролдоону жүзөгө ашыруучу орган болуп саналат.
2. Курагы 40 жаштан кем эмес жана 70 жаштан ашпаган, юридикалык жогорку билими бар жана юридикалык кесиби боюнча кеминде 15 жыл стажы бар Кыргыз Республикасынын жараны Жогорку соттун Конституциялык палатасынын судьясы боло алат.
3. Жогорку соттун Конституциялык палатасы өз курамынан төраганы, төраганын орун басарын 3 жылдык мөөнөткө шайлайт.
4. Бир эле адам эки мөөнөт катары менен Жогорку соттун Конституциялык палатасынын төрагасы, төраганын орун басары болуп шайлана албайт.
5. Жогорку соттун Конституциялык палатасынын судьялары судьялар кеңешинин сунушунун негизинде Президенттин сунуштамасы боюнча Жогорку Кеңештин депутаттарынын жалпы санынын үчтөн экисинен кем эмесинин көпчүлүк добушу менен Жогорку Кеңеш тарабынан ээлеген кызматынан мөөнөтүнөн мурда бошотулушу мүмкүн.
6. Жогорку соттун Конституциялык палатасы:
1) мыйзамдар жана башка ченемдик укуктук актылар Конституцияга карама-каршы келген учурда аларды Конституцияга ылайык эмес деп табат;
2) Кыргыз Республикасы катышуучу болуп саналган күчүнө кирбеген эл аралык келишимдердин конституциялуулугу тууралуу корутунду берет;
3) ушул Конституцияга өзгөртүүлөр тууралуу мыйзамдын долбооруна корутунду берет.
7. Конституция тарабынан таанылган укуктар жана эркиндиктер алар тарабынан бузулуп жатат деп эсептелсе ар бир адам мыйзамдын жана башка ченемдик укук актыларынын конституциялуулугун талашууга укуктуу.
8. Жогорку соттун Конституциялык палатасынын чечими акыркы болуп эсептелет жана даттанууга жатпайт.
9. Жогорку соттун Конституциялык палатасы тарабынан мыйзамдардын же алардын жоболорунун конституциялык эмес деп белгилениши алардын Кыргыз Республикасынын аймагында колдонулушун жокко чыгарат, ошондой эле сот актыларын кошпогондо конституциялык эмес деп таанылган мыйзамдарга же алардын жоболоруна негизделген башка ченемдик укуктук актылардын колдонулушу да жокко чыгарылат.
10. Мыйзамдардын ченемдерине негизделген конституциялык эмес деп таанылган сот актылары укуктары жана эркиндиктери козголгон жарандардын даттануулары боюнча ар бир так учурда сот тарабынан кайра каралат.
11. Жогорку соттун Конституциялык палатасынын курамын жана түзүү тартибин,

Конституциялык палатанын төрагасын, төраганын орун басарын шайлоо жана бошотуу, ошондой эле конституциялык сот өндүрүшүн жүзөгө ашыруу тартиби конституциялык мыйзам менен аныкталат.

98-берене.

1. Мамлекет соттордун иштеп турушу жана судьялардын иши үчүн каржылоону жана тиешелүү шарттарды камсыз кылат.
Сотторду каржылоо республикалык бюджеттин эсебинен жүргүзүлөт жана сот адилеттигин толук жана көз карандысыз жүзөгө ашыруу мүмкүнчүлүгүн камсыз кылууга тийиш.
2. Сот системасынын бюджети сот бийлиги тарабынан өз алдынча түзүлөт жана аткаруу жана мыйзам чыгаруу бийлик бутактары менен макулдашуу боюнча республикалык бюджетке киргизилет.

99-берене.

1. Териштирүү бардык соттордо ачык жүргүзүлөт. Ишти жабык жыйналышта жүргүзүүгө мыйзамда каралган учурларда гана жол берилет. Соттун чечими ачык жарыяланат.
2. Мыйзамда каралган учурдан тышкары, жазык же башка иштерди соттордо сырттан териштирүүгө жол берилбейт.
3. Сот өндүрүшү тараптардын атаандаштыгынын жана тең укуктуулугунун негизинде жүзөгө ашырылат.
4. Сот актысын жокко чыгаруу, өзгөртүү же токтото туруу сот тарабынан мыйзамда белгиленген тартипте жүзөгө ашырылышы мүмкүн.
5. Сот процессинин катышуучуларынын процесстик укуктары, анын ичинде чечимдерге, өкүмдөргө жана башка соттук актыларга даттануу укугу, ошондой эле аларды жүзөгө ашыруунун тартиби мыйзам менен аныкталат.

100-берене.

1. Кыргыз Республикасынын сотторунун мыйзамдуу күчүнө кирген актылары бардык мамлекеттик органдар, жергиликтүү өз алдынча башкаруу органдары, юридикалык жактар, коомдук бирикмелер, кызмат адамдары жана жеке адамдар үчүн милдеттүү болот жана республиканын бүткүл аймагында аткарылууга тийиш.
2. Сот актыларын аткарбоо, талаптагыдай эмес аткаруу же болбосо аларды аткарууга тоскоолдук кылуу, ошондой эле соттордун ишине кийлигишүү мыйзам менен белгиленген жоопкерчиликке алып келет.

101-берене.

1. Сот ушул Конституцияга каршы келген ченемдик укуктук актыны колдонууга укуксуз.
2. Эгерде ар кандай сот инстанциясында ишти кароодо иштин чечилиши көз каранды

болгон мыйзамдын же башка ченемдик укуктук актынын конституциялуулугу жөнүндө маселе келип чыкса, анда сот Жогорку соттун Конституциялык палатасына суроо-талапты жиберет.

102-берене.

1. Соттордун ички иштеринин маселелерин чечүү үчүн соттук өз алдынча башкаруу иштейт.
2. Кыргыз Республикасында судьялардын курултайы, Судьялардын кеңеши жана судьялардын чогулушу соттук өз алдынча башкаруу органдары болуп саналат.
Судьялардын курултайы соттук өз алдынча башкаруунун жогорку органы болуп эсептелет.
Судьялар кеңеши судьялардын курултайларынын ортосунда иштеген жана судьялардын укуктарын жана мыйзамдуу кызыкчылыктарын коргоону ишке ашырган, соттордун бюджетинин түзүлүшүн жана аткарылышын контролдогон, судьяларды окутууну жана квалификациясын жогорулатууну уюштурган, судьяларды тартип жоопкерчилигине тартуу жөнүндө маселелерди караган соттук өз алдынча башкаруунун шайлануучу органы болуп саналат.
Судьялардын чогулушу соттук өз алдынча башкаруунун баштапкы органы болот.
3. Соттук өз алдынча башкаруу органдарын уюштуруу жана алардын иштөө тартиби мыйзам менен аныкталат.

103-берене.

Мыйзамда каралган учурларда, ошондой эле соттук териштирүүгө катышкан жактар аны жүргүзүү үчүн жетиштүү каражатынын жок экендигин далилдеген ар кандай гана учурда сот адилеттиги акысыз жүргүзүлөт.

СУДЕБНАЯ ВЛАСТЬ КЫРГЫЗСКОЙ РЕСПУБЛИКИ

Статья 93.

1. Правосудие в Кыргызской Республике осуществляется только судом.

В предусмотренных законом случаях и порядке граждане Кыргызской Республики имеют право участвовать в отправлении правосудия.

2. Судебная власть осуществляется посредством конституционного, гражданского, уголовного, административного и иных форм судопроизводства.

3. Судебная система Кыргызской Республики устанавливается Конституцией и законами, состоит из Верховного суда и местных судов.В составе Верховного суда действует Конституционная палата.Законом могут учреждаться специализированные суды.Создание чрезвычайных судов не допускается.

4. Организация и порядок деятельности судов определяются законом.

Статья 94.

1. Судьи независимы и подчиняются только Конституции и законам.

2. Судья обладает правом неприкосновенности и не может быть задержан или арестован, подвергнут обыску или личному досмотру, кроме случаев, когда он был застигнут на месте совершения преступления.

3. Никто не вправе требовать от судьи отчета по конкретному судебному делу.Запрещается всякое вмешательство в деятельность по осуществлению правосудия. Лица, виновные в воздействии на судью, несут ответственность, предусмотренную законом.

4. Судья обеспечивается соответственно его статусу социальными, материальными и иными гарантиями его независимости.

5. Судьей Верховного суда может быть гражданин Кыргызской Республики не моложе 40 лет и не старше 70 лет, имеющий высшее юридическое образование и стаж работы по юридической профессии не менее 10 лет.

6. Судьи Верховного суда избираются до достижения предельного возраста.

7. Судьи Верховного суда из своего состава избирают председателя Верховного суда и его заместителей сроком на 3 года.Одно и то же лицо не может быть избрано председателем, заместителем председателя Верховного суда два срока подряд.Порядок избрания и освобождения председателя Верховного суда и его заместителей определяется законом.

8. Судьей местного суда может быть гражданин Кыргызской Республики не моложе 30 лет и не старше 65 лет, имеющий высшее юридическое образование и стаж работы по юридической профессии не менее 5 лет. Судьи местных судов назначаются Президентом по представлению Совета по отбору судей в первый раз сроком на 5 лет, а в последующем — до достижения предельного возраста. Порядок представления и назначения судей местных судов определяется конституционным законом.

Собрание судей местного суда из своего состава избирает председателя, заместителя председателя суда сроком на 3 года.Одно и то же лицо не может быть избрано председателем, заместителем председателя местного суда два срока подряд в одном и том же суде.

9. Статус судей Кыргызской Республики определяется конституционным законом, которым могут быть установлены дополнительные требования к кандидатам на должности судей Верховного суда и местных судов.

Статья 95.

1. Судьи всех судов Кыргызской Республики занимают свои должности и сохраняют свои полномочия до тех пор, пока их поведение является безупречным. Нарушение требований безупречности поведения судей является основанием для привлечения судьи к ответственности в порядке, определяемом конституционным законом.

2. Судьи Верховного суда могут быть досрочно освобождены от занимаемой должности Жогорку Кенешем большинством не менее двух третей голосов от общего числа депутатов Жогорку Кенеша по представлению Президента на основании предложения Совета судей.

3. В случае смерти судьи, объявления его умершим или безвестно отсутствующим, признания недееспособным, утраты гражданства, выхода из гражданства либо приобретения гражданства иного государства полномочия судьи прекращаются органом, его избравшим или назначившим, со дня появления основания в соответствии с конституционным законом.

4. Отбор кандидатур на должности судей местных судов, представление их на назначение и перевод (ротацию) осуществляются Советом по отбору судей в порядке, определяемом конституционным законом.

5. Отстранение и освобождение от должности судей местных судов осуществляются Президентом по предложению Совета судей в случаях и порядке, определяемых конституционным законом.

6. Привлечение судей всех судов Кыргызской Республики к уголовной и административной ответственности, налагаемой в судебном порядке, допускается с согласия Совета судей в порядке, определяемом конституционным законом.

7. Совет по отбору судей формируется из судей и представителей гражданского общества.Совет судей, парламентское большинство и парламентская оппозиция избирают по одной трети состава Совета по отбору судей соответственно.

8. Организация и деятельность Совета по отбору судей, его полномочия и порядок формирования определяются законом.

Статья 96.

1. Верховный суд является высшим судебным органом по гражданским, уголовным, экономическим, административным и иным делам и осуществляет пересмотр судебных актов местных судов по обращениям участников судебного процесса в порядке, определяемом законом.

2. Пленум Верховного суда в составе председателя Верховного суда и коллегий Верховного суда дает разъяснения по вопросам судебной практики.

3. Акты Верховного суда являются окончательными и обжалованию не подлежат.

Статья 97.

1. Конституционная палата Верховного суда является органом, осуществляющим конституционный контроль.

2. Судьей Конституционной палаты Верховного суда может быть гражданин Кыргызской Республики не моложе 40 лет и не старше 70 лет, имеющий высшее юридическое образование и стаж работы по юридической профессии не менее 15 лет.

3. Судьи Конституционной палаты Верховного суда из своего состава избирают председателя, заместителя председателя сроком на 3 года.

4. Одно и то же лицо не может быть избрано председателем, заместителем председателя Конституционной палаты Верховного суда два срока подряд.

5. Судьи Конституционной палаты Верховного суда могут быть досрочно освобождены от занимаемой должности Жогорку Кенешем большинством не менее двух третей голосов от общего числа депутатов Жогорку Кенеша по представлению Президента на основании предложения Совета судей.

6. Конституционная палата Верховного суда:

1) признает неконституционными законы и иные нормативные правовые акты в случае их противоречия Конституции;

2) дает заключение о конституционности не вступивших в силу международных договоров, участницей которых является Кыргызская Республика;

3) дает заключение к проекту закона об изменениях в настоящую Конституцию.

7. Каждый вправе оспорить конституционность закона и иного нормативного правового акта, если считает, что ими нарушаются права и свободы, признаваемые Конституцией.

8. Решение Конституционной палаты Верховного суда является окончательным и обжалованию не подлежит.

9. Установление Конституционной палатой Верховного суда неконституционности законов или их положений отменяет их действие на территории Кыргызской Республики, а также отменяет действие других нормативных правовых актов, основанных на законах или их положениях, признанных неконституционными, за исключением судебных актов.

10. Судебные акты, основанные на нормах законов, признанных неконституционными, пересматриваются судом в каждом конкретном случае по жалобам граждан, чьи права и свободы были затронуты.

11. Состав и порядок формирования Конституционной палаты Верховного суда, избрания и освобождения председателя, заместителя председателя Конституционной палаты, а также порядок осуществления конституционного судопроизводства определяются конституционным законом.

Статья 98.

1. Государство обеспечивает финансирование и надлежащие условия для функционирования судов и деятельности судей.

Финансирование судов производится за счет средств республиканского бюджета и должно обеспечивать возможность полного и независимого осуществления правосудия.

2. Бюджет судебной системы формируется судебной властью самостоятельно и по согласованию с исполнительной и законодательной ветвями власти включается в республиканский бюджет.

Статья 99.

1. Разбирательство дел во всех судах осуществляется открыто. Слушание дела в закрытом заседании допускается лишь в случаях, предусмотренных законом. Решение суда объявляется публично.

2. Заочное разбирательство уголовных или иных дел в судах не допускается, кроме случаев, предусмотренных законом.

3. Судопроизводство осуществляется на основе состязательности и равноправия сторон.

4. Отмена, изменение или приостановление судебного акта могут быть осуществлены судом в установленном законом порядке.

5. Процессуальные права участников судебного процесса, в том числе право на обжалование решений, приговоров и других судебных актов, а также порядок их осуществления определяются законом.

Статья 100.

1. Вступившие в законную силу акты судов Кыргызской Республики обязательны для всех государственных органов, органов местного самоуправления, юридических лиц, общественных объединений, должностных и физических лиц и подлежат исполнению на всей территории республики.

2. Неисполнение, ненадлежащее исполнение либо воспрепятствование исполнению судебных актов, а также вмешательство в деятельность судов влекут установленную законом ответственность.

Статья 101.

1. Суд не вправе применять нормативный правовой акт, противоречащий настоящей Конституции.

2. Если при рассмотрении дела в любой судебной инстанции возник вопрос оконституционности закона или иного нормативного правового акта, от которого зависит решение дела, суд направляет запрос в Конституционную палату Верховного суда.

Статья 102.

1. Для решения вопросов внутренней деятельности судов действует судейское самоуправление.

2. Органами судейского самоуправления в Кыргызской Республике являются съезд судей, Совет судей и собрание судей.Съезд судей является высшим органом судейского самоуправления.Совет судей является выборным органом судейского самоуправления, действующим в период между съездами судей и осуществляющим защиту прав и законных интересов судей, контроль за формированием и исполнением бюджета судов, организацию обучения и повышения квалификации судей, рассмотрение вопросов о привлечении судей к дисциплинарной ответственности.Собрание судей является первичным органом судейского самоуправления.

3. Организация и порядок деятельности органов судейского самоуправления определяются законом.

Статья 103.

Правосудие отправляется бесплатно в предусмотренных законом случаях, а также в любом случае, когда участвующие в судебном разбирательстве лица предъявят доказательства, что не имеют достаточных средств для его ведения.

Verfassungsgerichtsbarkeit und Justiz

Tadschikstan

БОБИ ҲАШТУМ. СУД

Моддаи 84.

Ҳокимияти суди мустақил буда, аз номи давлат ва аз тарафи судяҳо амали мегардад. Ҳокимияти суди ҳуқуқ озодии инсону шаҳрванд, манфиати давлат, ташкилоту муассисаҳо, қонунияту адолатро ҳифз менамояд.Адолати судиро Суди конститутсиони, Суди Оли, Суди Олии иқтисоди, Суди ҳарби, Суди Вилояти Мухтори Кӯҳистони Бадахшон, судҳои вилоят, шаҳри Душанбе, шаҳр ва ноҳия, Суди иқтисодии Вилояти Мухтори Кӯҳистони Бадахшон, судҳои иқтисодии вилоят вашаҳри Душанбе амали мекунанд.Тарзи ташкил ва фаъолияти судро қонуни конститутсиони муайян мекунад.Мӯҳлати ваколати судяҳо 10 сол аст.Ташкили суди фавқулодда манъ аст.

Моддаи 85.

Ба вазифаи судяҳои Суди Оли, Суди Олии иқтисоди, Суди Вилояти Мухтори Кӯҳистони Бадахшон, суди вилоят ва шаҳри Душанбе ҳуқуқшиносе интихоб ва таъин мешавад, ки синни ӯ аз 30-сола кам ва аз 65 зиёд набошад, ҳадди ақал 5 сол собиқаи кории судяги дошта бошад.
Ба вазифаи судяҳои шаҳр ва ноҳия, Суди ҳарби, Суди иқтисодии Вилояти Мухтори Кӯҳистони Бадахшон, вилоят ва шаҳри Душанбе шахсе таъин мешавад, ки синни ӯ аз 25 кам ва аз 65 зиёд набошад, ҳадди ақал 3 сол собиқаи кории касби дошта бошад.

Моддаи 86.

Судяҳои Суди ҳарби, судяҳои Суди Вилояти Мухтори Кӯҳистони Бадахшон, вилоят, шаҳри Душанбе, шаҳр ва ноҳия, судяҳои Суди иқтисодии Вилояти Мухтори Кӯҳистони Бадахшон, вилоят ва шаҳри Душанберо бо пешниҳоди Шӯрои адлия Президент таъин ва озод мекунад.

Моддаи 87.

Судяҳо дар фаъолияти худ мустақил буда, танҳо ба Конститутсия ва қонун итоат мекунанд. Дахолат ба фаъолияти онҳо манъ аст.

Моддаи 88.

Судяҳо парвандаҳоро ба таври дастҷамъи ва ё танҳо барраси мекунанд.
Мурофиа ба тарзи мубоҳиса ва дар асоси баробарии тарафҳо сурат мегирад.
Мурофиа дар ҳамаи судҳо ба тарзи ошкоро мегузарад, ба истисноι мавридҳое, ки қонун муайян кардааст.Мурофиа ба забони давлати ва ё забони аксарияти аҳолии маҳал баргузор мегардад. Шахсоне, ки забони мурофиаро намедонанд, бо тарҷумон таъмин карда мешаванд.

Моддаи 89.

Суди конститутсиони аз 7 нафар иборат буда, яке аз онҳо намояндаи Вилояти Мухтори Кӯҳистони Бадахшон мебошад.Ба вазифаи судяи Суди конститутсиони ҳуқуқшиносе интихоб мешавад, ки синни ӯ аз 30 кам ва аз 65 зиёд набошад ва беш аз 10 сол собиқаи кории касби дошта бошад.Салоҳияти Суди конститутсиони:
1) муайян намудани мувофиқати қонунҳо, санадҳои ҳуқуқии якҷояи Маҷлиси милли ва Маҷлиси намояндагон, Маҷлиси милли, Маҷлиси намояндагон. Президент, Ҳукумат, Суди Оли, Суди Олии иқтисоди ва дигар мақомоти давлатию ҷамъияти, қарордодҳоибақувваи қонун надаромадаи Тоҷикистон ба Конститутсия;
2) ҳалли баҳсҳои байни мақомоти давлати доир ба салоҳияти онҳо;
3) иҷрои ваколатҳои дигаре, ки Конститутсия ва қоннҳо муайян кардаанд.
Санадҳои Суди конститутсиони қатъист.

Моддаи 90.

Судя наметавонад вазифаи дигареро иҷро намояд, вакили мақомоти намояндаги, узви ҳизб ва созмонҳои сиёси бошад, ба соҳибкори машғул гардад, ба истисноι фаъолияти илмиву эҷоди ва омӯзгори.

Моддаи 91.

Судя ҳуқуқи дахлнопазири дорад. Ӯро бе ризоияти мақомоте, ки интихоб ё таъин кардааст, ҳабс кардан ва ба ҷавобгарии ҷинои кашидан мумкин нест. Судяро дастгир кардан мумкин нест, ба истисноι дастгир кардани ӯ ҳангоми содири ҷиноят.

Моддаи 92.

Ёрии ҳуқуқи дар тамоми марҳилаҳои тафтишот ва мурофиаи суди кафолат дода мешавад.
Тарзи ташкил ва тартиби фаъолияти адвокатура ва дигар шаклҳои ёрии ҳуқуқиро қонун муайян мекунад.

ГЛАВА ВОСЬМАЯ. СУД

Статья 84.

Судебная власть, является независимой и осуществляется от имени государства судьями. Судебная власть защищает права и свободы человека и гражданина, интересы государства, организаций, учреждений, законность и справедливость.
Судебную власть осуществляет Конституционный суд, Верховный Суд, Высший экономический суд, Военный суд, суд Горно-Бадахшанской автономной области, суды областей, города Душанбе, городов и районов, Экономический суд Горно-Бадахшанской автономной области, экономические суды областей и города Душанбе.
Организацию и порядок деятельности судов определяет конституционный закон.
Срок полномочия судей 10 лет.Создание чрезвычайных судов запрещается.

Статья 85.

На должности судей Верховного Суда, Высшего экономического суда, Суда Горно-Бадахшанской автономной области, областных судов и суда города Душанбе избираются и назначаются юристы не моложе 30 лет и не старше 65 лет, имеющие стаж работы в качестве судьи не менее 5 лет.На должности судей городских и районных судов, военного суда, экономического суда Горно-Бадахшанской автономной области, областей и города Душанбе назначаются лица не моложе 25 и не старше 65 лет, имеющие профессиональный стаж работы не менее 3 лет.

Статья 86.

Судьи военного суда, судьи суда Горно-Бадахшанской автономной области, судов областей, города Душанбе, городов и районов, судьи экономического суда Горно-Бадахшанской автономной области, областей и города Душанбе назначаются и освобождаются Президентом по представлению Совета юстиции.

Статья 87.

Судьи в своей деятельности независимы, подчиняются только Конституции и закону. Вмешательство в их деятельность запрещается.

Статья 88.

Судьи рассматривают дело коллегиально и единолично.Судебный процесс осуществляется на основе принципа состязательности и равенства сторон.
Разбирательство дел во всех судах открытое, кроме случаев, предусмотренных законом.

Судопроизводство ведется на государственном языке, или на языке большинства населения данной местности. Лица, не владеющие языком, на котором ведется судопроизводство, обеспечиваются услугами переводчика.

Статья 89.

Конституционный суд состоит из 7 человек, один их которых является представителем Горно-Бадахшанской автономной области.Судьи Конституционного суда избираются из числа юристов не моложе 30 и не старше 65 лет, имеющих профессиональный стаж работы не менее 10 лет.Полномочия Конституционного суда:
1) определение соответствия законов, совместных правовых актов Маджлиси милли и Маджлиси намояндагон, правовых актов Маджлиси милли, Маджлиси намояндагон, Президента, Правительства, Верховного Суда, Высшего экономического суда и других государственных и общественных органов, а также не вступивших в законную силу договоров Таджикистана Конституции;2) разрешение споров между государственными органами относительно их компетенции;3) исполнение других полномочий, определяемых Конституцией и законами. Акты Конституционного суда являются окончательными.

Статья 90.

Судья не может занимать другую должность, быть депутатом представительных органов, членом политических партий и объединений, заниматься предпринимательской деятельностью, помимо научной, творческой и педагогической деятельности.

Статья 91.

Судья обладает правом неприкосновенности.Без согласия органа, избравшего или назначившего его, судья не подлежит аресту и привлечению к уголовной ответственности.
Судья не подлежит задержанию, за исключением случаев задержания его на месте совершения преступления.

Статья 92.

Юридическая помощь гарантируется на всех стадиях следствия и суда.
Организация и порядок деятельности адвокатуры и другие формы оказания юридической помощи определяются законом.

Verfassungsgerichtsbarkeit und Justiz

Turkmenistan

VI bölüm. Kazyýet häkimiýeti

99-njy madda.

Türkmenistanda kazyýet häkimiýeti diňe kazyýetlere degişlidir.

Kazyýet häkimiýeti raýatlaryň hukuklaryny we azatlyklaryny,kanun arkaly goralýan döwlet hem jemgyýetçilik bähbitlerini goramaga niýetlenendir.

100-nji madda.

Kazyýet häkimiýeti Türkmenistanyň Ýokary kazyýeti we kanunda göz öňünde tutulan beýleki kazyýetler tarapyndan amala aşyrylýar.

Adatdan daşary kazyýetleriň we kazyýetiň ygtyýarlyklary berlen gaýry düzümleriň döredilmegine ýol berilmeýär.

101-nji madda.

Kazylar garaşsyzdyrlar, olar diňe kanuna tabyndyrlar we özleriniň içki ynam-ygtykadyna gollanýarlar. Kazylaryň işine hiç kimiň gatyşmagyna ýol berilmeýär, oňa gatyşylmagy kanunda bellenilen jogapkärçilige getirýär. Kazylaryň eldegrilmesizligi kanun bilen kepillendirilýär.

102-nji madda.

Kazylar Türkmenistanyň Prezidenti tarapyndan bellenilýär. Kazylary bellemegiň we boşatmagyň tertibi, ygtyýarlyklarynyň möhletleri kanun bilen kesgitlenilýär.

Ygtyýarlyklarynyň möhleti tamamlanmazdan öň kazy wezipesinden diňe kanunda görkezilen esaslara görä boşadylyp bilner.

103-nji madda.

Kazylar mugallymçylyk we ylmy-barlag işlerinden özge hak tölenilýän haýsydyr bir başga wezipäni eýeläp bilmezler.

104-nji madda.

Işlere kazyýetlerde kollegial garalýar, kanunda göz öňünde tutulan halatlarda bolsa kazynyň bir özi garaýar.

105-nji madda.

Kazyýetlerde işler açyk seljerilýär. Işiň ýapyk mejlisde seredilmegine diňe kanunda göz öňünde tutulan ýagdaýlarda, kazyýet önümçiliginiň ähli düzgünlerini berjaý etmek bilen ýol berilýär.

106-njy madda.

Kazyýet önümçiligi döwlet dilinde ýöredilýär. Işe gatnaşýan we kazyýet önümçiliginiň dilini bilmeýän adamlara terjimeçiniň kömek etmeginde işiň materiallary bilen tanyşmak hem-de kazyýet hereketlerine gatnaşmak, şeýle hem kazyýet mejlisinde ene dilinde çykyş etmek hukugy üpjün edilýär.

107-nji madda.

Adyl kazyýetlik taraplaryň deňligi we bäsleşigi esasynda amala aşyrylýar.

Taraplaryň Türkmenistanyň kazyýetleriniň çykaran çözgütleri, hökümleri we beýleki kararlary barada şikaýat etmäge hukugy bardyr.

108-nji madda.

Professional ýuridik kömegi almak hukugy kazyýet önümçiliginiň islendik tapgyrynda ykrar edilýär.

Raýatlara we guramalara ýuridik kömegi adwokatlar, beýleki adamlar we guramalar berýärler.

109-njy madda.

Kazyýetleriň ygtyýarlyklary, olary döretmegiň we işiniň tertibi kanun bilen kesgitlenilýär.

Раздел VI. Судебная власть

Статья 99.
Судебная власть в Туркменистане принадлежит только судам.
Судебная власть предназначена защищать права и свободы граждан, охраняемые законом государственные и общественные интересы.

Статья 100.
Судебная власть осуществляется Верховным судом Туркменистана и другими судами, предусмотренными законом.
Создание чрезвычайных судов и иных структур, наделенных полномочиями суда, не допускается.

Статья 101.
Судьи независимы, они подчиняются только закону и руководствуются внутренним убеждением. Вмешательство в деятельность судей с чьей бы то ни было стороны недопустимо и влечёт ответственность, установленную законом. Неприкосновенность судей гарантируется законом.

Статья 102.
Судьи назначаются Президентом Туркменистана. Порядок назначения и освобождения, сроки полномочий судей определяются законом.
До истечения срока полномочий судья может быть освобожден от должности только по основаниям, указанным в законе.

Статья 103.
Судьи не могут занимать какую-либо другую оплачиваемую должность, кроме преподавательской и научно-исследовательской.

Статья 104.
Дела в судах рассматриваются коллегиально, а в предусмотренных законом случаях - единолично судьей.

Статья 105.
Разбирательство дел в судах открытое. Слушание дела в закрытом заседании допускается лишь в случаях, предусмотренных законом, с соблюдением всех правил судопроизводства.

Статья 106.
Судопроизводство ведётся на государственном языке. Лицам, участвующим в деле и не владеющим языком судопроизводства, обеспечивается право ознакомления с материалами дела, участия в судебных действиях с помощью переводчика, а также право выступать на заседании суда на родном языке.

Статья 107.
Правосудие осуществляется на основе равенства и состязательности сторон.
Стороны имеют право на обжалование решений, приговоров и иных постановлений судов Туркменистана.

Статья 108.
Право на профессиональную юридическую помощь признаётся на любой стадии судопроизводства.
Юридическую помощь гражданам и организациям оказывают адвокаты, другие лица и организации.

Статья 109.
Компетенция, порядок образования и деятельности судов определяются законом.

Verfassungsgerichtsbarkeit und Justiz

Usbekistan

XXII боб. Ўзбекистон Республикасининг суд ҳокимияти

106-модда.
Ўзбекистон Республикасида суд ҳокимияти қонун чиқарувчи ва ижро этувчи ҳокимиятлардан, сиёсий партиялардан, бошқа жамоат бирлашмаларидан мустақил ҳолда иш юритади.

107-модда.
Ўзбекистон Республикасида суд тизими беш йил муддатга сайланадиган Ўзбекистон Республикаси Конституциявий суди, Ўзбекистон Республикаси Олий суди, Ўзбекистон Республикаси Олий хўжалик суди, Қорақалпоғистон Республикаси фуқаролик ва жиноят ишлари бўйича олий судлари, Қорақалпоғистон Республикаси хўжалик судидан, шу муддатга тайинланадиган фуқаролик ва жиноят ишлари бўйича вилоят ва Тошкент шаҳар судлари, фуқаролик ва жиноят ишлари бўйича туманлараро, туман, шаҳар судлари, ҳарбий ва хўжалик судларидан иборат.
Судларни ташкил этиш ва уларнинг фаолият кўрсатиш тартиби қонун билан белгиланади.
Фавқулодда судлар тузишга йўл қўйилмайди.
(107-модда Ўзбекистон Республикасининг 2003 йил 24 апрелдаги 470-II-сон Қонунитаҳририда — Олий Мажлис Ахборотномаси, 2003 й., 3-4-сон, 27-модда)

108-модда.
Ўзбекистон Республикаси Конституциявий суди қонун чиқарувчи ва ижро этувчи ҳокимиятларнинг ҳужжатлари Конституцияга қанчалик мослигига доир ишларни кўради.
Конституциявий суд сиёсат ва ҳуқуқ соҳасидаги мутахассислар орасидан — Конституциявий суд раиси, раис ўринбосари ва судьяларидан, шу жумладан Қорақалпоғистон Республикасининг вакилидан иборат таркибда сайланади.
Конституциявий суднинг раиси ва аъзолари депутат бўла олмайдилар.
Конституциявий суднинг раиси ва аъзолари сиёсий партиялар ва ҳаракатларнинг аъзоси бўлишлари ва бошқа ҳақ тўланадиган лавозимни эгаллашлари мумкин эмас.
Конституциявий суд судьялари дахлсизлик ҳуқуқидан фойдаланадилар.
Конституциявий суд судьялари ўз фаолиятларида мустақилдирлар ва фақат Ўзбекистон Республикаси Конституциясига бўйсунадилар.

109-модда.
Ўзбекистон Республикаси Конституциявий суди:
1) Ўзбекистон Республикаси қонунларининг ва Ўзбекистон Республикаси Олий Мажлиси палаталари қарорларининг, Ўзбекистон Республикаси Президенти фармонларининг, Ҳукуматнинг ва маҳаллий давлат ҳокимияти органлари қарорларининг, Ўзбекистон Республикасининг давлатлараро шартномавий ва бошқа мажбуриятлари Ўзбекистон Республикасининг Конституциясига мослигини аниқлайди;

2) Қорақалпоғистон Республикаси Конституцияси Ўзбекистон Республикасининг Конституциясига, Қорақалпоғистон Республикаси қонунлари Ўзбекистон Республикасининг қонунларига мувофиқлиги тўғрисида хулоса беради;
3) Ўзбекистон Республикасининг Конституцияси ва қонунлари нормаларига шарҳ беради;
4) Ўзбекистон Республикасининг Конституцияси ва қонунлари билан берилган ваколат доирасида бошқа ишларни ҳам кўриб чиқади.
Конституциявий суднинг қарорлари матбуотда эълон қилинган пайтдан бошлаб кучга киради. Улар қатъий ва улар устидан шикоят қилиш мумкин эмас.
Конституциявий судни ташкил этиш ва унинг фаолият кўрсатиш тартиби қонун билан белгиланади.
(109-модда Ўзбекистон Республикасининг 2003 йил 24 апрелдаги 470-II-сон Қонунитаҳририда — Олий Мажлис Ахборотномаси, 2003 й., 3-4-сон, 27-модда)

110-модда.
Ўзбекистон Республикаси Олий суди фуқаролик, жиноий ва маъмурий суд ишларини юритиш соҳасида суд ҳокимиятининг олий органи ҳисобланади.
У томонидан қабул қилинган ҳужжатлар қатъий ва Ўзбекистон Республикасининг барча ҳудудида бажарилиши мажбурийдир.
Ўзбекистон Республикаси Олий суди Қорақалпоғистон Республикаси олий судлари, вилоятлар, шаҳарлар, туманлараро, туман судлари ва ҳарбий судларнинг судлов фаолияти устидан назорат олиб бориш ҳуқуқига эга.
(110-модда Ўзбекистон Республикасининг 2003 йил 24 апрелдаги 470-II-сон Қонунитаҳририда — Олий Мажлис Ахборотномаси, 2003 й., 3-4-сон, 27-модда)

111-модда.
Мулкчиликнинг турли шаклларига асосланган корхоналар, муассасалар, ташкилотлар ўртасидаги, шунингдек тадбиркорлар ўртасидаги, иқтисодиёт соҳасида ва уни бошқариш жараёнида вужудга келадиган хўжалик низоларини ҳал этиш Олий хўжалик суди ва хўжалик судлари томонидан уларнинг ваколатлари доирасида амалга оширилади.

112-модда.
Судьялар мустақилдирлар, фақат қонунга бўйсунадилар. Судьяларнинг одил судловни амалга ошириш борасидаги фаолиятига бирон-бир тарзда аралашишга йўл қўйилмайди ва бундай аралашиш қонунга мувофиқ жавобгарликка сабаб бўлади.
Судьяларнинг дахлсизлиги қонун билан кафолатланади.
Судьялар сенатор, давлат ҳокимияти вакиллик органларининг депутати бўлиши мумкин эмас.
Судьялар сиёсий партияларнинг аъзоси бўлиши, сиёсий ҳаракатларда иштирок этиши, шунингдек илмий ва педагогик фаолиятдан ташқари ҳақ тўланадиган бошқа бирон-бир фаолият турлари билан шуғулланиши мумкин эмас.
Судья ваколат муддати тугагунга қадар судьялик вазифасидан қонунда кўрсатилган асослар бўлгандагина озод этилиши мумкин.
(112-модда Ўзбекистон Республикасининг 2003 йил 24 апрелдаги 470-II-сон Қонунитаҳририда — Олий Мажлис Ахборотномаси, 2003 й., 3-4-сон, 27-модда)

113-модда.
Ҳамма судларда ишлар очиқ кўрилади. Ишларни ёпиқ мажлисда тинглашга қонунда белгиланган ҳоллардагина йўл қўйилади.

114-модда.
Суд ҳокимияти чиқарган ҳужжатлар барча давлат органлари, жамоат бирлашмалари, корхоналар, муассасалар, ташкилотлар, мансабдор шахслар ва фуқаролар учун мажбурийдир.

115-модда.
Ўзбекистон Республикасида суд ишларини юритиш ўзбек тилида, қорақалпоқ тилида ёки муайян жойдаги кўпчилик аҳоли сўзлашадиган тилда олиб борилади. Суд ишлари олиб борилаётган тилни билмайдиган судда қатнашувчи шахсларнинг таржимон орқали иш материаллари билан тўла танишиш ва суд ишларида иштирок этиш ҳуқуқи ҳамда судда она тилида сўзлаш ҳуқуқи таъминланади.

116-модда.
Айбланувчи ҳимояланиш ҳуқуқи билан таъминланади.
Тергов ва суд ишини юритишнинг ҳар қандай босқичида малакали юридик ёрдам олиш ҳуқуқи кафолатланади. Фуқароларга, корхона, муассаса ва ташкилотларга юридик ёрдам бериш учун адвокатура фаолият кўрсатади. Адвокатурани ташкил этиш ва унинг иш тартиби қонун билан белгиланади.

Глава XXII. Судебная власть Республики Узбекистан

Статья 106.
Судебная власть в Республике Узбекистан действует независимо от законодательной и исполнительной власти, политических партий, иных общественных объединений.

Статья 107.
Судебная система в Республике Узбекистан состоит из Конституционного суда Республики Узбекистан, Верховного суда Республики Узбекистан, Высшего хозяйственного суда Республики Узбекистан, верховных судов Республики Каракалпакстан по гражданским и уголовным делам, Хозяйственного суда Республики Каракалпакстан, избираемых сроком на пять лет, областных, Ташкентских городских судов по гражданским и уголовным делам, межрайонных, районных, городских судов по гражданским и уголовным делам, военных и хозяйственных судов, назначаемых на этот же срок.
Организация и порядок деятельности судов определяются законом.
Создание чрезвычайных судов не допускается.
(статья 107 в редакции Закона Республики от 24 апреля 2003 года № 470-II — Ведомости Олий Мажлиса, 2003 г., № 3-4, ст. 27)

Статья 108.
Конституционный суд Республики Узбекистан рассматривает дела о конституционности актов законодательной и исполнительной власти.
Конституционный суд избирается из числа специалистов в области политики и права в составе председателя, заместителя председателя и судей Конституционного суда, включая представителя от Республики Каракалпакстан.
Исполнение обязанностей председателя и членов Конституционного суда несовместимо с депутатским мандатом.
Председатель и члены Конституционного суда не могут состоять членами политических партий и движений и занимать какую-либо другую оплачиваемую должность.
Судьи Конституционного суда пользуются правом неприкосновенности.
В своей деятельности судьи Конституционного суда независимы и подчиняются только Конституции Республики Узбекистан.

Статья 109.
Конституционный суд Республики Узбекистан:
1) определяет соответствие Конституции Республики Узбекистан законов Республики Узбекистан и постановлений палат Олий Мажлиса Республики Узбекистан, указов Президента Республики Узбекистан, постановлений правительства и местных органов государственной власти, межгосударственных договорных и иных обязательств Республики Узбекистан;
2) дает заключение о соответствии Конституции Республики Каракалпакстан Конституции Республики Узбекистан, законов Республики Каракалпакстан — законам Республики Узбекистан;
3) дает толкование норм Конституции и законов Республики Узбекистан;
4) рассматривает другие дела, отнесенные к его компетенции Конституцией и законами Республики Узбекистан.

Решения Конституционного суда вступают в силу с момента опубликования. Они окончательны и обжалованию не подлежат.
Организация и порядок деятельности Конституционного суда определяются законом.
(статья 109 в редакции Закона Республики от 24 апреля 2003 года № 470-II — Ведомости Олий Мажлиса, 2003 г., № 3-4, ст. 27)

Статья 110.
Верховный суд Республики Узбекистан является высшим органом судебной власти в сфере гражданского, уголовного и административного судопроизводства.
Принимаемые им акты являются окончательными и обязательны для исполнения на всей территории Республики Узбекистан.
Верховный суд Республики Узбекистан обладает правом надзора за судебной деятельностью верховных судов Республики Каракалпакстан, областных, городских, межрайонных, районных и военных судов.
(статья 110 в редакции Закона Республики от 24 апреля 2003 года № 470-II — Ведомости Олий Мажлиса, 2003 г., № 3-4, ст. 27)

Статья 111.
Разрешение возникающих в экономической сфере и в процессе управления ею хозяйственных споров между предприятиями, учреждениями, организациями, основанными на различных формах собственности, а также между предпринимателями, осуществляется Высшим хозяйственным судом и хозяйственными судами в пределах их компетенции.

Статья 112.
Судьи независимы, подчиняются только закону. Какое-либо вмешательство в деятельность судей по отправлению правосудия недопустимо и влечет ответственность по закону.
Неприкосновенность судей гарантируется законом.
Судьи не могут быть сенаторами, депутатами представительных органов государственной власти.
Судьи не могут состоять членами политических партий, участвовать в политических движениях, а также заниматься какими-либо другими видами оплачиваемой деятельности, кроме научной и педагогической.
До истечения срока полномочий судья может быть освобожден от должности лишь по основаниям, указанным в законе.
(статья 112 в редакции Закона Республики от 24 апреля 2003 года № 470-II — Ведомости Олий Мажлиса, 2003 г., № 3-4, ст. 27)

Статья 113.
Разбирательство дел во всех судах открытое. Слушание дел в закрытом заседании допускается лишь в случаях, установленных законом.

Статья 114.
Акты судебной власти обязательны для всех государственных органов, общественных объединений, предприятий, учреждений, организаций, должностных лиц и граждан.

Статья 115.
Судопроизводство в Республике Узбекистан ведется на узбекском, каракалпакском языках или на языке большинства населения данной местности. Участвующим в деле лицам, не владеющим языком, на котором ведется судопроизводство, обеспечивается право полного ознакомления с материалами дела, участия в судебных действиях через переводчика и право выступать в суде на родном языке.

Статья 116.
Обвиняемому обеспечивается право на защиту.
Право на профессиональную юридическую помощь гарантируется на любой стадии следствия и судопроизводства. Для оказания юридической помощи гражданам, предприятиям, учреждениям и организациям действует адвокатура. Организация и порядок деятельности адвокатуры определяются законом.

Дөчин долдугаар зүйл.

47.1. Монгол Улсад шүүх эрх мэдлийг гагцхүү шүүх хэрэгжүүлнэ.

47.2. Ямар ч нөхцөлд хуулиас гадуур шүүх байгуулах, шүүх эрх мэдлийг өөр байгууллага эрхлэн хэрэгжүүлэхийг хориглоно.

47.3. Шүүхийг зөвхөн Үндсэн хууль, бусад хуулийн дагуу байгуулна.

Дөчин наймдугаар зүйл.

48.1. Шүүхийн үндсэн тогтолцоо Улсын дээд шүүх, аймаг, нийслэлийн шүүх, сум буюу сум дундын, дүүргийн шүүхээс бүрдэх бөгөөд эрүү, иргэн, захиргааны зэрэг шүүн таслах ажлын төрлөөр шүүхийг дагнан байгуулж болно. Дагнасан шүүхийн үйл ажиллагаа, шийдвэр нь Улсын дээд шүүхийн хяналтаас гадуур байж үл болно.

48.2. Шүүхийн зохион байгуулалт, үйл ажиллагааны эрх зүйн үндсийг хуулиар тогтооно.

48.3. Шүүх улсын төсвөөс санхүүжинэ. Шүүх үйл ажиллагаагаа явуулах эдийн засгийн баталгааг төр хангана.

Дөчин есдүгээр зүйл.

49.1. Шүүгч хараат бус байж, гагцхүү хуульд захирагдана.

49.2. Ерөнхийлөгч, Ерөнхий сайд, Улсын Их Хурлын ба Засгийн газрын гишүүн, төр, нам, олон нийтийн бусад байгууллагын албан тушаалтан, иргэн хэн боловч шүүгчээс шүүн таслах үүргээ хэрэгжүүлэхэд хөндлөнгөөс оролцож болохгүй.

49.3. Шүүгчийн хараат бус, шүүхийн бие даасан байдлыг хангах зорилгоор Шүүхийн ерөнхий зөвлөл ажиллана.

49.4. Шүүхийн ерөнхий зөвлөл шүүх, шүүгчийн шүүн таслах ажиллагаанд оролцохгүйгээр, гагцхүү хуульчдаас шүүгчийг шилж олох, эрх ашгийг нь хамгаалах зэрэг шүүхийг бие даан ажиллах нөхцөлөөр хангахтай холбогдсон үүргийг биелүүлнэ.

49.5. Шүүхийн ерөнхий зөвлөлийн зохион байгуулалт, үйл ажиллагааны журмыг хуулиар тогтооно.

Тавьдугаар зүйл.

51.1. Монгол Улсын дээд шүүх бол шүүхийн дээд байгууллага мөн бөгөөд дараахь бүрэн эрхийг хэрэгжүүлнэ:

51.1.1. хуулиар харьяалуулсан эрүүгийн хэрэг, эрх зүйн маргааныг анхан шатны журмаар хянан шийдвэрлэх;

51.1.2. давж заалдах болон хяналтын журмаар доод шатны шүүхийн шийдвэрийг хянан үзэх;

51.1.3. хууль, түүнд заасан хүний эрх, эрх чөлөөг хамгаалах талаар Үндсэн хуулийн цэц, Улсын ерөнхий прокуророос шилжүүлсэн асуудлыг хянан шийдвэрлэх;

51.1.4. Үндсэн хуулиас бусад хуулийг зөв хэрэглэх талаар албан ёсны тайлбар гаргах;

51.1.5. хуулиар эрх олгосон бусад асуудлыг шийдвэрлэх.

51.2. Улсын дээд шүүхийн шийдвэр шүүхийн эцсийн шийдвэр байх бөгөөд түүнийг бүх шүүх, бусад этгээд заавал биелүүлнэ. Хэрэв Улсын дээд шүүхийн шийдвэр хуульд харшилбал түүнийг Улсын дээд шүүх өөрөө хүчингүй болгоно. Улсын дээд шүүхийн тайлбар хуульд харшилбал хуулийг дагаж биелүүлнэ.

51.3. Улсын дээд шүүх, бусад шүүх нь Үндсэн хуульд нийцээгүй, албан ёсоор нийтлээгүй хуулийг хэрэглэх эрхгүй.

Тавин нэгдүгээр зүйл.

51.1. Улсын дээд шүүх Ерөнхий шүүгч, шүүгчдээс бүрдэнэ.

51.2. Шүүхийн ерөнхий зөвлөлөөс Улсын дээд шүүхийн шүүгчдийг Улсын Их Хуралд танилцуулснаар, бусад шүүхийн шүүгчдийг Шүүхийн ерөнхий зөвлөлийн санал болгосноор тус тус Ерөнхийлөгч томилно. Ерөнхий шүүгчийг Улсын дээд шүүхийн санал болгосноор гишүүдийнх нь дотроос зургаан жилийн хугацаагаар Ерөнхийлөгч томилно.

51.3. Хууль зүйн дээд боловсролтой, мэргэжлээрээ арваас доошгүй жил ажилласан, Монгол Улсын гучин таван нас хүрсэн иргэнийг Улсын дээд шүүхийн шүүгчээр; хууль зүйн дээд боловсролтой, гурваас доошгүй жил мэргэжлээрээ ажилласан, Монгол Улсын хорин таван нас хүрсэн иргэнийг бусад шүүхийн шүүгчээр томилж болно.

51.4. Үндсэн хууль, шүүхийн тухай хуульд заасан үндэслэл, шүүхийн хүчин төгөлдөр шийдвэрийн дагуу огцруулах, эсхүл хүсэлтээр нь чөлөөлөхөөс бусад тохиолдолд аль ч шатны шүүхийн шүүгчийг огцруулахыг хориглоно.

Тавин хоёрдугаар зүйл.

52.1. Бүх шатны шүүх хэрэг, маргааныг хамтын зарчмаар хянан хэлэлцэж шийдвэрлэнэ.

52.2. Анхан шатны шүүх хэрэг, маргааныг хамтран шийдвэрлэхдээ иргэдийн төлөөлөгчдийг хуульд заасан журмын дагуу оролцуулна.

52.3. Хуульд тусгайлан зүйлчилж заасан зарим хэргийг шүүгч дангаар хянан шийдвэрлэж болно.

Тавин гуравдугаар зүйл.

53.1. Шүүн таслах ажиллагааг монгол хэлээр явуулна.

53.2. Монгол хэл мэдэхгүй хүнд хэргийн баримт сэлтийг хэлмэрчлүүлэн бүрэн танилцуулах бөгөөд шүүх хуралдаан дээр эх хэлээр нь үг хэлэх эрх олгоно.

Тавин дөрөвдүгээр зүйл.

54.1. Хуульд тусгайлан зааснаас бусад тохиолдолд шүүх хэргийг ил таслан шийдвэрлэнэ.

Тавин тавдугаар зүйл.

55.1. Шүүгдэгч өөрийгөө өмгөөлөх эрхтэй.

55.2. Шүүгдэгчид энэ эрхээ эдлэхэд хүсэлтээр нь буюу хуульд зааснаар хууль зүйн мэргэжлийн туслалцаа үзүүлнэ.

Тавин зургадугаар зүйл.

56.1. Прокурор хэрэг бүртгэх, мөрдөн байцаах, ял эдлүүлэх ажиллагаанд хяналт тавьж, шүүх хуралдаанд төрийн нэрийн өмнөөс оролцоно.

56.2. Улсын ерөнхий прокурор, түүний орлогч нарыг Улсын Их Хуралтай зөвшилцөн Ерөнхийлөгч зургаан жилийн хугацаагаар томилно.

56.3. Монгол Улсын прокурорын байгууллагын тогтолцоо, зохион байгуулалт, үйл ажиллагааны эрх зүйн үндсийг хуулиар тогтооно.

ТАВДУГААР БҮЛЭГ
МОНГОЛ УЛСЫН ҮНДСЭН ХУУЛИЙН ЦЭЦ

Жаран дөрөвдүгээр зүйл.

64.1. Монгол Улсын Үндсэн хуулийн цэц бол Үндсэн хуулийн биелэлтэд дээд хяналт тавих, түүний заалтыг зөрчсөн тухай дүгнэлт гаргах, маргааныг магадлан шийдвэрлэх бүрэн эрх бүхий байгууллага, Үндсэн хуулийг чандлан сахиулах баталгаа мөн.

64.2. Үндсэн хуулийн цэц, түүний гишүүн үүргээ гүйцэтгэхдээ гагцхүү Үндсэн хуульд захирагдах бөгөөд аливаа байгууллага, албан тушаалтан, бусад хүнээс хараат бус байна.

64.3. Үндсэн хуулийн цэцийн гишүүний хараат бус байдал Үндсэн хууль, бусад хуулиар тогтоосон баталгаагаар хангагдана.

Жаран тавдугаар зүйл.

65.1. Үндсэн хуулийн цэц есөн гишүүнээс бүрдэнэ. Тэдгээрийн гурвыг Улсын Их Хурал, гурвыг Ерөнхийлөгч, гурвыг Улсын дээд шүүхийн санал болгосноор Улсын Их Хурал зургаан жилийн хугацаагаар томилно.

65.2. Үндсэн хуулийн цэцийн гишүүнээр хууль зүй, улс төрийн өндөр мэргэшилтэй, Монгол Улсын дөчин нас хүрсэн иргэнийг томилно.

65.3. Үндсэн хуулийн цэцийн даргаар есөн гишүүний аль нэгийг гурван жилийн хугацаагаар гишүүдийн олонхийн саналаар сонгоно. Түүнийг нэг удаа улируулан сонгож болно.

65.4. Үндсэн хуулийн цэцийн дарга, гишүүн хууль зөрчвөл Үндсэн хуулийн цэцийн шийдвэр, анх илгээсэн байгууллагын саналыг үндэслэн Улсын Их Хурал эгүүлэн татаж болно.

65.5. Үндсэн хуулийн цэцийн бүрэлдэхүүнд Ерөнхийлөгч, Улсын Их Хурлын гишүүн, Ерөнхий сайд, Засгийн газрын гишүүн, Улсын дээд шүүхийн шүүгч орж үл болно.

Жаран зургадугаар зүйл.

66.1. Үндсэн хуулийн цэц нь Үндсэн хуулийг зөрчсөн тухай маргааныг иргэдийн өргөдөл, мэдээллийн дагуу өөрийн санаачилгаар буюу Улсын Их Хурал, Ерөнхийлөгч, Ерөнхий сайд, Улсын дээд шүүх, Улсын ерөнхий прокурорын хүсэлтээр хянан шийдвэрлэнэ.

66.2. Үндсэн хуулийн цэц энэ зүйлийн 1 дэх хэсэгт заасан үндэслэлээр дараахь маргаантай асуудлаар дүгнэлт гаргаж Улсын Их Хуралд оруулна:

66.2.1. хууль, зарлиг, Улсын Их Хурал, Ерөнхийлөгчийн бусад шийдвэр, түүнчлэн Засгийн газрын шийдвэр, Монгол Улсын олон улсын гэрээ Үндсэн хуульд нийцэж байгаа эсэх;

66.2.2. ард нийтийн санал асуулга, Улсын Их Хурал, түүний гишүүний ба Ерөнхийлөгчийн сонгуулийн талаар сонгуулийн төв байгууллагын гаргасан шийдвэр Үндсэн хуульд нийцэж байгаа эсэх;

66.2.3. Ерөнхийлөгч, Улсын Их Хурлын дарга, гишүүн, Ерөнхий сайд, Засгийн газрын гишүүн, Улсын дээд шүүхийн Ерөнхий шүүгч, Улсын ерөнхий прокурор Үндсэн хууль зөрчсөн эсэх;

66.2.4. Ерөнхийлөгч, Улсын Их Хурлын дарга, Ерөнхий сайдыг огцруулах, Улсын Их Хурлын гишүүнийг эгүүлэн татах үндэслэл байгаа эсэх.

66.3. Энэ зүйлийн 2 дахь хэсгийн 1, 2-т заасны дагуу оруулсан дүгнэлтийг Улсын Их Хурал хүлээн зөвшөөрөөгүй бол Үндсэн хуулийн цэц дахин хянан үзэж эцсийн шийдвэр гаргана.

66.4. Хууль, зарлиг, Улсын Их Хурал, Ерөнхийлөгчийн бусад шийдвэр, түүнчлэн Засгийн газрын шийдвэр, Монгол Улсын олон улсын гэрээ нь Үндсэн хуульд нийцээгүй гэж Үндсэн хуулийн цэц шийдвэр гаргавал зохих хууль, зарлиг, батламж, шийдвэр хүчингүй болно.

Жаран долдугаар зүйл.

67.1. Үндсэн хуулийн цэцийн шийдвэр гармагцаа хүчин төгөлдөр болно.

Verfassungsgerichtsgesetz der Republik Kasachstan

http://ksrk.gov.kz/kaz/norpb/ocons/ vom 14.10.2014

Конституциялық Кеңесі туралы

«Қазақстан Республикасының Конституциялық Кеңесі туралы»

1995 жылғы 29 желтоқсандағы № 2737 Қазақстан Республикасының Конституциялық заңы

2008.17.06. берілген өзгерістер мен толықтыруларыме

24.11.04 ж. №604-II ҚР Конституциялық Заңымен актінің нысаны және тақырыбы өзгертілді

I ТАРАУ

Жалпы Ережелер

1-бап. Конституциялық Кеңестің мәртебесі

Конституциялық Кеңес мемлекеттік орган ретінде Республиканың бүкіл аумағында Қазақстан Республикасы Конституциясының жоғары тұруын қамтамасыз етеді:

1) өз өкілеттігін жүзеге асыру кезінде дербес және мемлекеттік органдарға, ұйымдарға, лауазымды адамдар мен азаматтарға тәуелсіз, Республика Конституциясына ғана бағынады әрі саяси және өзге себептерді негізге ала алмайды;

2) Республика Конституциясы мен осы Конституциялық заңды басшылыққа ала отырып, соттардың немесе басқа мемлекеттік органдардың құзыретіне жататын барлық жағдайларда өзге мәселелерді анықтау мен зерттеуге бармай-ақ өз өкілеттігін жүзеге асырады.

2-бап. Конституциялық Кеңестің құрамы

Конституциялық Кеңес жеті мүшеден, соның ішінде Конституциялық Кеңестің Төрағасынан тұрады. Бұған қоса Республиканың экс-Президенттері құқығы бойынша ғұмыр бойы Конституциялық Кеңестің мүшелері болып табылады.

3-бап. Конституциялық Кеңесті құру тәртібі

1. Конституциялық Кеңестің Төрағасын Республиканың Президенті қызметке тағайындайды және қызметтен босатады.

2. Конституциялық Кеңестің екі мүшесін Республика Президенті қызметке тағайындайды, Конституциялық Кеңеске екі-екі мүшеден Парламент Палаталары төрағаларының ұсынуы бойынша тиісінше Парламент Сенаты мен Мәжілісі тағайындайды. Конституциялық Кеңес мүшелерінің жартысы әрбір үш жыл сайын жанартылып отырады.

4-бап. Конституциялық Кеңес мүшелігіне кандидаттарға қойылатын талаптар

1. Конституциялық Кеңестің құрамына отыз жасқа толған, Республика аумағында тұратын, жоғары заң білімі, заң мамандығы бойынша кемінде бес жыл жұмыс стажы бар Республика азаматы тағайындала алады.

2. Осы баптың 1-тармағында белгіленген талаптар Республиканың экс-Президенттеріне қолданылмайды.

5-бап. Конституциялық Кеңес мүшелерінің өкілеттік мерзімі

1. Конституциялық Кеңес Төрағасы мен мүшелерінің өкілеттігі алты жылға созылады.

2. Шығып қалған немесе қызметте болу мерзімі аяқталған жағдайда Конституциялық Кеңестің Төрағасы мен мүшелері Конституцияда және осы Конституциялық заңда белгіленген тәртіппен тағайындалады.

3. Конституциялық Кеңестің Төрағасы мен мүшелері қызметтеріне адамдардың шығып қалған немесе осы қызметтерде болу мерзімі аяқталған күннен бастап бір ай ішінде тағайындалады.

4. Егер Конституциялық Кеңес Төрағасының немесе мүшелеріне өкілеттік мерзімі олардың қатысуымен Конституциялық Кеңес жүргізіп жатқан мәселені қарау кезеңінде аяқталса, онда олардың өкілеттігі қорытынды шешім шығарылғанға дейін сақталады.

6-бап. Конституциялық Кеңес Төрағасы мен мүшелерінің анты

Конституциялық Кеңестің Төрағасы мен мүшелерінен олар тағайындалғаннан кейін Парламент Палаталарының бірлескен отырысында салтанатты жағдайда Республика Президенті мынадай мазмұнда ант қабылдайды: Өзіме жүктелген Қазақстан Республикасы Конституциялық Кеңесінің төрағасы (мүшесі) міндетін адал атқаруға, әділ болуға және басқа ешкімге, еш нәрсеге емес, тек Қазақстан Республикасының Конституциясына ғана бағынуға салтанатты түрде ант етемін.

7-бап. Конституциялық Кеңестің отырыстары

1. Конституциялық Кеңестің отырысы егер оған Конституциялық Кеңес құрамының кемінде үштен екісі қатысса, құқылы болады.

2. Конституциялық Кеңестің отырыстарын қажетіне қарай Конституциялық Кеңестің Төрағасы, ал ол болмаған кезде оның уәкілдік беруі бойынша Конституциялық Кеңес Төрағасының міндетін атқарушы шақырады.

8-бап. Конституциялық іс жүргізу

Конституциялық Кеңестің құзыретіне жататын мәселелер бойынша іс қарау мен шешімдер қабылдау Конституцияда және осы Конституциялық заңда белгіленген конституциялық іс жүргізу тәртібімен жүзеге асырылады.

9-бап. Конституциялық Кеңес туралы заңдар

1. Конституциялық Кеңестің мәртебесі, құзыреті, қызметінің ұйымдастырылуы мен тәртібі Республика Конституциясымен және осы Конституциялық заңмен белгіленеді.

2. Конституциялық Кеңес өз қызметінің ұйымдастырылуы мен тәртібінің Конституциямен және осы Конституциялық заңмен реттелмеген мәселелері бойынша Конституциялық Кеңестің регламентін қабылдайды.

II ТАРАУ
Республика Конституциялық Кеңесінің Төрағасы мен мүшелерінің мәртебесі

10-бап. Конституциялық Кеңестің Төрағасы мен мүшелері мемлекеттің лауазымды адамдары ретінде

1. Конституциялық Кеңестің Төрағасы мен мүшелері мемлекеттің лауазымды адамдары болып табылады, олардың мәртебесі Конституциямен және осы Конституциялық заңмен, сондай-ақ Конституция мен осы Конституциялық заңда реттелмеген бөлігінде мемлекеттік қызмет туралы нормативтік құқықтық актілерімен белгіленеді.

2. Конституциялық Кеңестің Төрағасы мен мүшесінің қызметі депутаттық мандатпен, оқытушылық, ғылыми немесе өзге шығармашылық қызметтерді қоспағанда, өзге де ақы төленетін жұмысты атқарумен, кәсіпкерлік қызметті жүзеге асырумен, коммерциялық ұйымның басшы органының немесе байқаушы кеңесінің құрамына кірумен сыйыспайды.

11-бап. Конституциялық Кеңес Төрағасы мен мүшелерінің тәуелсіздігі

1. Конституциялық Кеңестің Төрағасы мен мүшелері өз міндеттерін орындау кезінде тәуелсіз болады және тек Конституция мен осы Конституциялық заңға ғана бағынады. Басқа ешқандай да актінің олар үшін сөзсіз міндетті күші болмайды.Олардың қызметіне қандай болса да араласуға, сондай-ақ оларға қандай түрде болса да қысым жасауға немесе басқадай ықпал етуге жол берілмейді және бұл заң бойынша жауапкершілікке әкеліп соғады.

2. Конституциялық Кеңес Төрағасы мен мүшелерінің конституциялық іс жүргізу мәселелері жөніндегі қызметі есеп беруге жатпайды. Өз өкілеттігін жүзеге асыру мәселелері бойынша олардан есеп талап етуге ешкімнің хақы жоқ.

3. Қорытынды шешім шығарылғанға дейін Конституциялық Кеңестің қарауына арқау болып отырған мәселелер бойынша ешкімнің де пікір немесе кеңес сұрауға, ал Конституциялық Кеңес Төрағасы мен мүшелерінің, Конституциялық Кеңестің отырысынан басқа кезде, пікір айтуға немесе кеңес беруге хақы жоқ.

4. Конституциялық Кеңестің мүшелері өкілеттік мерзімі ішінде ауыстырылмайды. Олардың өкілеттігін, осы Конституциялық заңда көзделген жағдайларды қоспағанда, тоқтатуға немесе тоқтата тұруға болмайды.

5. Егер Конституциялық Кеңестің қарауындағы мәселеге тікелей жеке немесе жанама мүдделігіне байланысты өзінің әділдігіне күмән тууы мүмкін болса, Конституциялық Кеңестің Төрағасы немесе мүшесі бұл мәселені қараудан бас тартуға міндетті, мұны Конституциялық Кеңес қанағаттандыруға тиіс.

6. Конституциялық Кеңес мүшесінің сотта немесе өзге құқық қолдану органдарында, заңды өкілдіктен басқа, қорғауды немесе өкілдікті жүзеге асыруға, құқықтарды жүзеге асыру мен міндеттерден босату ісінде қандай адамдарға болса да қамқоршылық жасауға хақы жоқ.

12-бап. Конституциялық Кеңес мүшелеріне ешкімнің тиіспеуі

1. Конституциялық Кеңестің Төрағасы мен мүшелерін өз өкілеттігі мерзімі ішінде тұтқынға алуға, күштеп әкелуге, оған сот тәртібімен белгіленетін әкімшілік жазалау шараларын қолдануға, қылмыс үстінде ұсталған немесе ауыр қылмыс жасалған реттерді қоспағанда, Парламенттің келісімінсіз қылмыстық жауапқа тартуға болмайды.

2. Конституциялық Кеңестің Төрағасына немесе мүшесіне қатысты қылмыстық істі анықтау мен тергеуді жүзеге асыратын республикалық мемлекеттік органның басшысы ғана қозғай алады. Істі тергеу барысында заңдылықтың сақталуын қадағалауды Республиканың Бас Прокуроры жүзеге асырады, ол Парламентке Конституциялық Кеңестің Төрағасын немесе мүшесін қылмыстық жауапқа тартуға келісім беру туралы ұсыныс енгізеді. Конституциялық Кеңестің Төрағасына немесе мүшесіне қатысты қылмыстық істі Республика Жоғарғы Соты қарайды.

3. Конституциялық Кеңестің Төрағасы мен мүшелері тәртіптік жауапкершілікке тартылмайды.

4. Конституциялық Кеңестің мүшесін, егер осы Конституциялық заңға сәйкес оның өкілеттігі тоқтатыла тұрмаған болса, Конституциялық Кеңестің отырысына қатысудан шеттетуге ешкімнің хақы жоқ.

13-бап. Конституциялық Кеңес Төрағасы мен мүшелері құқықтарының теңдігі

Конституциялық Кеңестің Төрағасы мен мүшелері Конституциялық Кеңес жүргізіп жатқан мәселелерді қарауда және олар бойынша шешімдер қабылдауда, осы Конституциялық заңның 33-бабының 3-тармағында көзделген жағдайды қоспағанда, тең құқықтарға ие болады.

14-бап. Конституциялық Кеңес Төрағасының, мүшесінің өкілеттігін тоқтата тұру

1. Конституциялық Кеңес Төрағасының немесе мүшесінің өкілеттігін Конституциялық Кеңестің өтініші бойынша оны тағайындаған адам, мынадай жағдайларда егер ол:

1) дәлелді себептерсіз кемінде қатарынан үш рет Конституциялық Кеңестің отырыстарына қатыспаса;

2) денсаулық жағдайына байланысты ұзақ уақыт бойы өз міндеттерін орындай алмаса;

3) заңды күшіне енген сот шешімі бойынша хабар-ошарсыз жоқ болған деп танылса, тоқтата тұруы мүмкін.

2. Конституциялық Кеңес Төрағасының, мүшесінің өкілеттігі сол сияқты, егер заңда белгіленген тәртіппен оны қамауға алуға, әкімшілік немесе қылмыстық жауапқа тартуға, сотта медициналық сипаттағы мәжбүрлеу шараларын қолдану, іс-әрекетке қабілетсіз немесе іс-әрекетке қабілеті шектеулі деп тану туралы тиісті шағым қозғауға келісім берілген жағдайда тоқтатыла тұруы мүмкін.

3. Конституциялық Кеңес Төрағасының немесе мүшесінің өкілеттігін тоқтата тұру туралы шешім өкілеттікті тоқтатуға негіздер байқалған күннен бастап бір айдан кешіктірілмей қабылданады.

4. Конституциялық Кеңес Төрағасының немесе мүшесінің өкілеттігі осы өкілеттікті тоқтата тұруға негіздер дәйексіз болып қалғанға дейін тоқтатыла тұрады.

15-бап. Конституциялық Кеңес Төрағасының, мүшесінің өкілеттігін тоқтату

1. Тиісінше:

1) Конституциялық Кеңес Төрағасының өкілеттігін Республика Президенті тоқтатады;

2) Конституциялық Кеңес мүшесінің өкілеттігін оны тағайындаған Қазақстан Республикасының Президенті, Парламент Сенаты, Парламент Мәжілісі тоқтатады.

2. Конституциялық Кеңес Төрағасының, мүшесінің өкілеттігі:

1) орнынан түсуі туралы өтінішінің қанағаттандырылуы;

2) Жоғарғы соттың ол жөнінде заңды күшіне енген айыптау үкімінің болуы;

3) заңды күшіне енген сот шешімімен оның іс-әрекетке қабілетсіз деп танылуы;

4) заңды күшіне енген сот шешімімен оның өлген деп танылуы;

5) оның қайтыс болуы;

6) осы Конституциялық заңның 10-бабының 2-тармағында көзделген шарттардың сақталмауы;

7) антты бұзуы, Республика Конституциясы мен осы Конституциялық заңның талаптарын орындамауы, оның жоғары мәртебесімен сыйыспайтын атына кір келтіретін қылық жасауы;

8) Конституция мен осы Конституциялық заңда белгіленген талаптар бұзыла отырып тағайындалуы;

9) қызметте болуының Конституцияда белгіленген мерзімінің аяқталуы;

10) 2008.17.06. № 41-IV ҚР Конституциялық Заңымен алып тасталды

11) саяси мақсаттарды көздейтін саяси партияға немесе өзге де қоғамдық бірлестікке кіруі нәтижесінде тоқтатылады.

16-бап. Конституциялық Кеңес Төрағасы мен мүшелерінің қызметін қамтамасыз ету

1. Конституциялық Кеңестің Төрағасы мен мүшелерінің жалақыны Республика Президенті Республика Конституциясының 44-бабының 9)-тармақшасында анықталған тәртіппен белгілейді.

2. Конституциялық Кеңестің Төрағасы мен мүшелерін тұрғын үймен, көлікпен және өзге де қамтамасыз ету, медициналық қызмет көрсету мен санаторий-курорттық емдеу Республика Президенті белгілеген тәртіппен жүзеге асырылады.

III ТАРАУ

Республика Конституциялық Кеңесінің және

оның лауазымды адамдарының құзыреті

17-бап. Конституциялық Кеңестің құзыреті

1. Конституциялық Кеңес дау туған жағдайда Конституцияның 72-бабы 1-тармағының 1)-тармақшасына сәйкес:

1) Республика Президенті сайлауының;

2) Парламент депутаттары сайлауының;

3) республикалық референдумның дұрыс өткізілгендігі туралы мәселені шешеді.

2. Конституциялық Кеңес Конституцияның 72-бабы 1-тармағының 2), 2-1), 3) тармақшаларына сәйкес:

1) Парламент қабылдаған заңдардың Президент қол қойғанға дейін;

2) Парламент және оның Палаталары қабылдаған қаулылардың;

3) Республиканың халықаралық шарттарының олар ратификацияланғанға дейін Конституцияға сәйкестігін қарайды.

3.Конституциялық Кеңес Конституцияның 72-бабы 1-тармағының 4)-5)-тармақшаларына сәйкес:

1) Конституция нормаларына ресми түсіндірме;

2) Парламент тиісінше республика Президентін мерзімінен бұрын қызметінен босату туралы шешім, Республика Президентін қызметінен кетіру туралы түпкілікті шешім қабылдағанға дейін - белгіленген конституциялық рәсімдердің сақталуы туралы қорытынды береді.

4. Конституциялық Кеңес:

1) егер сот Конституцияның 78-бабына сәйкес қолданылуға жататын заң немесе өзге де нормативтік құқықтық акт адам мен азаматтың Конституцияда баянды етілген құқықтары мен бостандықтарына қысым жасайды деп қараса, Конституцияның 72-

бабы 2-тармағына сәйкес соттардың актіні конституциялық емес деп тану туралы өтініштерін қарайды;

2) Конституцияның 53-бабының 6) тармақшасына сәйкес конституциялық іс жүргізу практикасын қорыту нәтижелері бойынша жыл сайын Парламентке Республикадағы конституциялық заңдылықтың жайы туралы жолдау жібереді.

18-бап. Конституциялық Кеңестің өзге де өкілеттіктері

Конституциялық Кеңес:

1) құзыреті шегінде барлық мемлекеттік органдардан, ұйымдардан құжаттар, материалдар мен өзге де ақпараттар сұратуға және алуға, сондай-ақ белгіленген тәртіппен сарапшылық және ғылыми-консультациялық жұмысқа мамандар тартуға хақылы;

2) Конституциялық Кеңес Төрағасы мен мүшелерінің өкілеттігін тоқтата тұру туралы өтініш жасайды және осы Конституциялық заңда белгіленген өзге де өкілеттіктерді жүзеге асырады.

19-бап. Конституциялық Кеңес Төрағасының өкілеттігі

1. Конституциялық Кеңестің Төрағасы:

1) Конституциялық Кеңес іс жүргізуге қабылдаған мәселелерді қарауға даярлықты басқарады;

2) Конституциялық Кеңестің отырысын шақырады, іс жүргізуге қабылданған мәселелерді олардың қарауына енгізеді және Конституциялық Кеңестің отырыстарында төрағалық етеді;

3) Конституциялық Кеңес мүшелерінің міндеттерін бөледі, Конституциялық Кеңес мүшелері мен оның аппаратының жұмысын ұйымдастырады;

4) отырыс өткізуді қамтамасыз ету жөніндегі шараларды белгілейді;

5) Парламент Палаталарының бірлескен отырысында Республикадағы конституциялық заңдылықтың жай-күйі туралы Конституциялық Кеңестің жолдауын жария етеді;

6) Республика Президентінің талап етуі бойынша оған елдегі конституциялық заңдылықтың жайы туралы ақпаратты табыс етеді;

7) Конституциялық Кеңес отырыстарының шешімдері мен хаттамаларына қол қояды;

8) Конституциялық Кеңестің бекітуіне оның регламентін табыс етеді;

9) Конституциялық Кеңестің аппараты туралы Ережені, бөлінген бюджет қаражаты шегінде - Конституциялық Кеңес аппаратының құрылымы мен штат кестесін бекітеді;

10) Конституциялық Кеңес аппараты қызметкерлерін қызметке тағайындайды және қызметтен босатады;

11) осы Конституциялық заңға және Конституциялық Кеңес регламентіне сәйкес өзге де өкілеттікті жүзеге асырады.

2. Өз құзыретіндегі мәселелер бойынша Конституциялық Кеңестің Төрағасы бұйрықтар мен өкімдер шығарады.

IV ТАРАУ

Конституциялық іс жүргізу

20-бап. Конституциялық іс жүргізуге қатысушылар

1. Конституциялық іс жүргізуге қатысушылар болып өтініштері бойынша конституциялық іс қозғалып отырған мына адамдар мен органдар танылады:

1) Республика Президенті;

2) Парламент Сенатының Төрағасы;

3) Парламент Мәжілісінің Төрағасы;

4) өздерінің жалпы санының кемінде бестен бірі болатын Парламент депутаттары;

5) Премьер-Министрі;

6) Республика соттары;

7) актілерінің конституциялылығы тексерілетін мемлекеттік органдар мен лауазымды адамдар.

2. Қажет болған жағдайда конституциялық іс жүргізуге қатысушылар Конституциялық Кеңеске өз өкілдерін жібере алады, олардың өкілеттігі азаматтық іс жүргізу заңдарында көзделген тәртіппен ресімделеді.

21-бап. Конституциялық іс жүргізуге қатысушылардың құқықтары мен міндеттері

1. Конституциялық іс жүргізуге қатысушылар өкілеттігі шегінде тең іс жүргізу құқықтарын пайдаланады.

2. Конституциялық іс жүргізуге қатысушылар:

1) іс жүргізу материалдарымен танысуға, олардың қысқаша үзінділері мен көшірмелерін алуға;

2) дәлелдер келтіруге, оларды зерттеуге қатысуға және өтініштері мен қарсылықтарының негізі ретінде өздері сілтеме жасап отырған мәнжайларды дәлелдеуге;

3) конституциялық іс жүргізу барысында туындайтын барлық мәселелер бойынша өздерінің дәйектері мен ойларын Конституциялық Кеңеске айтуға;

4) өтініштерін мәлімдеуге және мәлімденген өтініштер бойынша өз пікірін айтуға;

5) Конституциялық Кеңеске ауызша және жазбаша түсініктер беруге хақылы.

3. Конституциялық іс жүргізуге қатысушы:

1) өтініші бойынша конституциялық іс қозғалған қатысушының Конституциялық Кеңестің қорытынды шешімі қабылданатын отырысы басталғанға дейін өтінішінің негізін өзгертуге, оның көлемін ұлғайтуға немесе азайтуға, өтінішінен бас тартуға хақылы;

2) соның актілеріне орай конституциялық іс қозғалған қатысушының өтінішінде мәлімделген талаптарды толық немесе ішінара мойындауға не оларға қарсылық білдіруге хақылы.

4. Конституциялық іс жүргізуге қатысушылар:

1) өз құқықтарын адал пайдалануға міндетті. Олардың Конституциялық Кеңеске көрінеу жалған мәліметтер хабарлауы немесе Конституциялық Кеңес талап еткен құжаттарды, материалдар мен өзге де ақпаратты бермеуі Конституциялық Кеңесті құрметтемеу ретінде бағаланады және заң бойынша жауапкершілікке әкеліп соғады;

2) Республика Конституциясына, Конституциялық Кеңеске, оның талаптарына және Конституциялық Кеңесте қабылданған рәсімдерге құрметпен қарауға;

3) төрағалық етушінің отырыс тәртібін сақтау туралы өкімдеріне бағынуға міндетті.

22-бап. Конституциялық Кеңеске өтініш берудің нысаны мен мазмұны

1. Конституциялық Кеңеске өтініш жазбаша түрде беріледі.

2. Өтініште мыналар көрсетілуге тиіс:

1) Конституциялық Кеңестің атауы;

2) өтініш жасаушының атауы,тұрғылықты жері, мекен-жайы және ол туралы өзге де қажетті деректер;

3) өтініш жасаушының өкілінің атауы, мекен-жайы және қызметі бойынша өкілдікті қоспағанда, оның өкілеттігі туралы өзге де деректер;

4) егер өтініште оларды өткізудің дұрыстығы туралы мәселе қойылған ретте, Президент, Парламент депутаттары сайлауын және республикалық референдум өткізуге байланысты актілерге қол қойған немесе оларды шығарған мемлекеттік органдардың, лауазымды адамдардың атауы, тұрғылықты жері және мекен-жайы;

5) егер өтініште Парламент қабылдаған заңдардың Республика Конституциясына сәйкестігі туралы мәселе қойылған ретте, заңдардың атауы, қабылданған күні;

5-1) егер өтініште Парламент және оның Палаталары қаулыларының Республика Конституциясына сәйкестігі туралы мәселе қойылған жағдайда Парламент және оның Палаталары қаулыларының атауы, қабылданған күні;

6) егер өтініште Республиканың халықаралық шарттарының Конституцияға сәйкестігі туралы мәселе қойылған ретте, Республиканың халықаралық шарттарының, Қазақстан Республикасы немесе оның мемлекеттік органдары атынан оларға қол қойылған лауазымды адамдардың аты, оларға қол қойылған күн мен орын;

7) өтініште ресми түсіндірме беру туралы мәселе қойылып отырған Республика Конституциясының нормалары;

8) егер соттың ұсынысында актіні конституциялық емес деп тану туралы мәселе қойылса, егер сот қолданылуға жататын заң немесе өзге де нормативтік құқықтық акт адам мен азаматтың Конституцияда баянды етілген құқықтары мен бостандықтарына қысым жасайды деп таныса, актіге қол қойған немесе оны шығарған мемлекеттік органның, лауазымды адамның аты, тұрғылықты жері мен мекен-жайы, заңның немесе өзге де нормативтік құқықтық актінің атауы, нөмірі, қабылданған күні, жарияланған көздер және өзге де реквизиттер;

9) Конституцияның 47-бабының 1-тармағына сәйкес Парламент құрған комиссияның атауы, құрамы және оның қорытындысы; Республика Президентін мерзімінен бұрын қызметтен босату туралы мәселені Парламенттің қарауына байланысты актілердің атауы, қабылданған күні және мазмұны;

10) Президентті қызметтен кетіру туралы мәселені қозғауға түрткі болған депутаттардың саны туралы мәліметтер; Парламент Палаталарында дауыс берудің нәтижелері туралы мәліметтер; Президентке қарсы тағылған айыпты тексеру нәтижелері туралы мәліметтер; тағылған айыптың негізділігі туралы Жоғарғы Соттың қорытындысы жөніндегі мәліметтер; Республика Президентін қызметтен кетіру туралы мәселені Парламенттің қарауына байланысты актілердің атауы, қабылданған күні және мазмұны;

11) өтініштің мәні;

12) өтініш жасауға негіз болатын және оның негізділігін растайтын өзге де деректер, мән-жайлар мен айғақтар;

13) Республика Конституциясы мен осы Конституциялық заңның Конституциялық Кеңеске өтініш жасау құқығын беретін нормалары;

14) қоса тіркеліп отырған құжаттар тізбесі.

3. Өтінішке тиісті субъект қол қоюға тиіс, ал Конституциялық Кеңеске сот өтініш жасаса, оған тиісті соттың төрағасы қол қояды.

4. Өтінішке мыналар қоса тіркеледі:

1) Өтініш берген субъектілер сілтеме жасаған актілер мәтіндерінің көшірмесі;

2) өкілдік лауазым бойынша жүзеге асырылатын жағдайдан басқа реттерде өкілдің өкілеттігі туралы құжаттар;

3) он дана мөлшерінде өтініш пен оның қосымшаларының көшірмесі.

5. Конституциялық іс жүргізу тілдерінде жазылмаған құжаттарға олардың қазақша немесе орысша аудармалары қоса тіркелуге тиіс.

23-бап. Конституциялық Кеңеске өтініш берудің салдарлары

Конституциялық Кеңеске төменде көрсетілген мәселелер бойынша өтініш жасалған ретте:

1) Конституцияның 72-бабы 1-тармағының 1)-тармақшасында көрсетілген Президенттің қызметіне кірісуі, Парламенттің сайланған депутаттарын тіркеу не республикалық референдумның қорытындыларын шығару тоқтатыла тұрады;

2) Конституцияның 72-бабы 1-тармағының 2), 3)-тармақшаларында көрсетілген тиісті актілерге қол қою не оларды бекіту мерзімінің өтуі тоқтатыла тұрады;

3) Конституцияның 78-бабында көрсетілген іс жүргізу тоқтатыла тұрады.

24-бап. Конституциялық Кеңестің өтініштерді қарау мерзімдері

Конституциялық Кеңес іс жүргізуге қабылданған өтінішті қарап, өтініш келіп түскен күннен бастап бір ай ішінде ол жөнінде қорытынды шешім шығарады. Егер мәселені кейінге қалдыруға болмаса, Республика Президентінің жазбаша нысанда жасаған талабы бойынша бұл мерзім он күнге дейін қысқартылуы мүмкін.

25-бап. Өтінішті іс жүргізуге қабылдау немесе оны қабылдаудан бас тарту

Конституциялық Кеңестің Төрағасы келіп түскен өтінішті Конституциялық Кеңестің қарауына енгізеді, оның отырысы ол келіп түскен күннен бастап үш күн мерзімде өткізіледі. Конституциялық Кеңес өтінішті тексеріп, егер

1) өтініш осы Конституциялық заңда белгіленген өтініш нысаны мен мазмұнына сәйкес келмесе немесе тиісті субъектіден туындамаса;

2) өтініштің мәні Конституциялық Кеңестің құзыретіне жатпаса;

3) өтініште көрсетілген мәселенің конституциялылығын Конституциялық Кеңес бұрын тексеріп қойған болса және Конституциялық Кеңестің заңды күшін сақтайтын шешімі бар болса;

4) өтініште көрсетілген мәселе Конституцияда шешімін таппаса;

5) конституциялығы талас тудырып отырған акт тоқтатылған немесе күшін жойған болса, өтінішті іс жүргізуге қабылдаудан бас тартып, оны қайтарып береді.

26-бап. Іс жүргізуге қабылданған өтінішті Конституциялық Кеңестің отырысында қарау үшін материалдар әзірлеу тәртібі

1. Конституциялық Кеңестің Төрағасы өз өкімімен Конституциялық Кеңестің отырысына материалдар әзірлеуді жүзеге асыратын Конституциялық Кеңестің мүшесін белгілейді. Келіп түскен өтініштің айрықша күрделілігіне, не оның аса маңыздылығына немесе жеделдігіне орай материалдарды әзірлеу Конституциялық Кеңестің бірнеше мүшесіне тапсырылуы мүмкін.

2. Бір-бірімен өзара байланысты бірнеше өтініш келіп түскен жағдайда Конституциялық Кеңес оларды бір конституциялық іске біріктіру туралы шешім қабылдай алады. Бір-бірімен өзара байланысты бірнеше өтінішті іс жүргізуге қабылдау туралы мәселені шешкен кезде олардың бірі - Конституциялық Кеңестің, ал басқалары өзге мемлекеттік билік органдарының қарауына жататын болса, Конституциялық Кеңестің құзыретіне жататын өтініштер ғана қаралуға тиіс.

3. Іс жүргізуге қабылданған өтініш бойынша Конституциялық Кеңестің мүшесі Конституциялық Кеңес отырысының қарауына Төраға белгілеген мерзімде материалдар әзірлеуге міндетті, бұл үшін ол:

1) конституциялық іс жүргізуге қатысушыларды белгілейді, оларға осы Конституциялық заңда көзделген құқықтары мен міндеттерін түсіндіреді;

2) өтініштің мәніне қатысы бар қажетті құжаттар мен өзге де ақпаратты талап етіп алдырады;

3) қажет болған жағдайда тиісті лауазымды адамдарға сұрау салады, ғалымдарды, практикалық қызметкерлерді мамандар, сарапшылар ретінде тартып, тексерулер, зерттеулер жүргізуді, сараптама жасауды тапсырады;

4) отырыстың басталуынан кемінде екі күн бұрын Конституциялық Кеңестің мүшелеріне материалдардың көшірмелерін беруді қамтамасыз етеді;

5) Конституциялық кеңес шешімінің жобасын әзірлейді;

6) өтініштің тиісінше қаралуын қамтамасыз ету жөнінде өзге де әрекеттер жасайды.

4. Әзірлік жұмысы аяқталғаннан кейін Конституциялық Кеңестің Төрағасы өз өкімімен Конституциялық Кеңес отырысының күнін белгілейді, онда өтініште қойылған мәселелердің мән-жайы қаралады.

27-бап. Конституциялық Кеңестің іс жүргізуге қабылданған өтінішті қарау жөніндегі отырысын өткізу тәртібі

1. Конституциялық Кеңес өтініштерді Конституциялық Кеңес Төрағасының төрағалық етуімен отырыста қарайды.

2. Белгіленген уақытта Төраға:

1) отырысты жүргізу үшін Конституциялық Кеңес мүшелерінің санының жеткіліктілігіне және хаттамаға түсірудің қамтамасыз етілгендігіне көз жеткізеді;

2) Конституциялық Кеңестің отырысын ашық деп жариялайды;

3) қаралуға тиіс мәселелерді оқып шығады;

4) отырысқа шақырылған қатысушылардың, мамандардың, сарапшылардың бар екендігі туралы және қатыспағандардың келмей қалу себептері туралы хабарлау үшін Конституциялық Кеңестің мүшесіне баяндамашыға сөз береді;

5) конституциялық іс жүргізуге қатысушыларға олардың құқықтары мен міндеттерін түсіндіреді;

6) отырысқа қатысушылардан оларда ұсыныстардың бар-жоғы туралы сұрайды, оларды Конституциялық Кеңестің шешуіне қояды;

7) қаралуға тиіс мәселелерді қараудың басталуы туралы жариялайды.

3. Әрбір мәселені қарау Конституциялық Кеңес мүшесінің баяндамашының сөзінен басталады, ол мәселенің мән-жайын, оның қаралу себебі мен негізін, қолда бар материалдардың мазмұнын баяндап береді. Конституциялық Кеңестің мүшелері оған нақтылау үшін сұрақ қоюға хақылы.

4. Өтініш субъектілері, сондай-ақ актілері мен әрекеттерінің конституциялылығы, сондай-ақ конституциялық рәсімдерді сақтауы тексерілетін мемлекеттік органдардың өкілдері мен лауазымды адамдар (олардың өкілдері) қажет болған жағдайда өздерінің қалауы бойынша не Конституциялық Кеңестің талабы бойынша Конституциялық Кеңестің іс жүргізуге қабылданған өтініш қаралатын отырысына қатыса алады. Қажет болған жағдайда конституциялық іс жүргізуге қатысушылардың, сарапшылардың, мамандар мен басқа да шақырылған адамдардың түсініктемелері мен сөздері тыңдалуы мүмкін.

5. Егер мәселе жеткілікті түрде айқындалған болса, Төраға қорытынды шешімді талдап жасау үшін Конституциялық Кеңес мүшелері мәжілісінің ашылуы туралы жариялайды. Мәжіліс кезінде бөгде адамдардың қатысуына жол берілмейді. Мәжіліс кезінде болған пайымдауларды, дауыс беру барысы мен нәтижелерін жария етуге тыйым салынады. Конституциялық Кеңестің мүшелері мәжіліс барысында қаралып отырған мәселе бойынша жеке көзқарасын еркін айтып, Конституциялық Кеңестің басқа мүшелерінен өздерінің көзқарастарын нақтылауды сұрай алады.

28-бап. Конституциялық Кеңестің отырысын хаттамаға түсіру

1. Конституциялық Кеңестің отырысы хаттамаға түсіріледі және қажеттігіне қарай стенограммаға түсіріледі.

2. Конституциялық Кеңес отырысының хаттамасы конституциялық іс жүргізу тілінде жүргізіледі.

3. Конституциялық Кеңес отырысының хаттамасын жүргізу тәртібін, оның мазмұнына қойылатын талаптарды, сондай-ақ Конституциялық Кеңес отырыстары хаттамасын жүргізудің өзге де мәселелерін Конституциялық Кеңестің Төрағасы айқындайды.

29-бап. Конституциялық іс жүргізу тілі

1. Конституциялық іс жүргізу, Конституциялық Кеңес қабылдайтын шешімдер қазақ не орыс тілдерінде жүзеге асырылып, жазылады.

2. Конституциялық іс жүргізу тілін меңгермеген конституциялық іс жүргізуге қатысушы адамдарды Конституциялық Кеңес олардың ана тіліне немесе олар білетін тілге аудармамен қамтамасыз етеді.

30-бап. Конституциялық іс жүргізуді тоқтату

1. Конституциялық іс жүргізу кез келген сатыда, бірақ қорытынды шешім шығарылғанға дейін мынадай реттерде:

1) субъект өзі мәлімдеген өтініштен бас тартса;

2) конституциялылығы талас тудыратын актілер күшін жойса немесе заңдық күшін жойса;

3) мәлімделген өтініш Конституциялық Кеңестің қарауына жатпаса тоқтатылуға тиіс.

2. Конституциялық Кеңестің мәлімделген өтініш бойынша конституциялық іс жүргізуді тоқтату туралы шешімі өтініш субъектісін Конституциялық Кеңеске осы негіздер бойынша қайтадан өтініш беру мүмкіндігінен айырады.

V ТАРАУ

Республика Конституциялық Кеңесінің шешімдері

31-бап. Конституциялық Кеңес шешімдерінің түрлері

1. Конституциялық Кеңестің отырысында қабылданатын кез келген акт оның шешімі болып табылады.

2. Конституциялық Кеңестің шешімдері Конституциялық Кеңестің конституциялық өкілеттігін жүзеге асыратын қорытынды шешімдер және Конституциялық Кеңестің өзге де өкілеттігін жүзеге асыратын басқа да шешімдер болып бөлінеді.

32-бап. Конституциялық Кеңес шешімдерінің нысаны

Конституциялық Кеңестің шешімдері мынадай нысанда қабылданады:

1) Қазақстан Республикасының қолданылып жүрген құқығының құрамдас бөлігі болып табылатын қаулылар, соның ішінде нормативтік қаулылар;

2) қорытындылар;

3) жолдаулар.

33-бап. Конституциялық Кеңестің шешімдер қабылдауы

1. Конституциялық Кеңес шешімдерді алқалы түрде қабылдайды.

2. Конституциялық Кеңес шешімді өз мүшелерінің жалпы санының көпшілік даусымен ашық дауыс беру арқылы, ал Конституциялық Кеңестің тіпті бір мүшесі талап етсе де - жасырын дауыс беру арқылы қабылдайды.

3. Егер шешім қабылдау кезінде Конституциялық Кеңес мүшелерінің дауыстары тепе-тең бөлінген болса, Конституциялық Кеңес Төрағасының даусы шешуші дауыс болып табылады, ол барлық жағдайларда өз даусын ең соңында береді. Конституциялық Кеңес Төрағасының орнын оның уәкілдік беруі бойынша Конституциялық Кеңестің тиісті мүшесі ауыстырған жағдайда бұл ереже қолданылмайды. Бұл жағдайда Конституциялық Кеңес Төрағасының немесе бастапқы дауыс беруге қатыспаған мүшесінің қатысуымен қайтадан дауыс беру өткізіледі.

4. Конституциялық Кеңестің мәжілісі кезінде оның отырысқа қатысқан мүшелерінің ешқайсысының да қалыс қалуға немесе дауыс беруге қатыспауға хақы жоқ.

5. Конституциялық Кеңес қабылдаған шешімдер оларға Төраға қол қойғанға дейін дауыс беруге қатысқан Конституциялық Кеңес мүшелерінің қолдарымен алдын ала расталады.

34-бап. Конституциялық Кеңес мүшесінің ерекше пікірі

Конституциялық Кеңестің қорытынды шешімімен келіспеген оның мүшесі өз пікірін жазбаша түрде білдіруге хақылы.

35-бап. Конституциялық Кеңестің қосымша шешімі

1. Конституциялық Кеңес мына жағдайларда қосымша шешімдер қабылдайды, егер:

1) Конституциялық Кеңестің шешіміне түсіндірме беру туралы мәселе қойылса. Мұндай жағдайда қосымша шешім конституциялық іс жүргізуге қатысушылардың не Конституциялық Кеңестің қорытынды щешімін орындауға міндетті мемлекеттік органдар мен лауазымды адамдардың өтініштері бойынша қабылданады;

2) Конституциялық Кеңестің шешімінде жіберілген редакциялық сипаттағы дәлсіздіктер мен қателерді түзету қажет болса. Мұндай жағдайда Конституциялық Кеңес қосымша шешімді өз бастамасы бойынша қабылдайды.

2. Қосымша шешім Конституциялық Кеңес шешімінің шынайы мазмұнына, мағынасы мен мақсатына қайшы келмеуге тиіс.

3. Қосымша шешімді Конституциялық Кеңес отырысында қабылдайды, отырысты өткізу тәртібі Конституциялық Кеңестің регламентімен белгіленеді.

36-бап. Конституциялық Кеңестің шешімін қайта қарау

1. Конституциялық Кеңестің шешімін ол Қазақстан Республикасы Президентінің бастамасы бойынша немесе өз бастамасы бойынша мына жағдайларда, егер:

1) қабылданған шешімге негіз болған Конституция нормасы өзгерсе;

2) өтініштің мәні үшін жаңа елеулі мән-жайлар ашылса, қайта қарауы мүмкін.

2. Адам және азамат құқықтары мен бостандықтарын қорғау, ұлттық қауіпсіздікті, мемлекеттің егемендігі мен тұтастығын қамтамасыз ету мүддесінде Конституциялық Кеңестің шешімін ол Қазақстан Республикасы Президентінің бастамасы бойынша қайта қарауы мүмкін.

3. Шешімді қайта қарау туралы Конституциялық Кеңес қаулы шығарып, ол арқылы осы шешімнің күшін жояды.

4. Қорытынды шешім қайта қаралған жағдайда Конституциялық Кеңестің Төрағасы өз өкімімен осы мәселе бойынша жаңа отырыс өткізудің күні мен тәртібін белгілейді.

37-бап. Конституциялық Кеңестің қорытынды шешімінің мазмұны

Конституциялық Кеңестің қорытынды шешімінде:

1) оның атауы, шығарылған күні мен орны;

2) оны шығарған Конституциялық Кеңестің құрамы;

3) өтініш жасаушы субъектілер мен олардың өкілдері;

4) өтініштің мәні;

5) Конституция мен осы Конституциялық заңның Конституциялық Кеңестің іс жүргізуге қабылданған өтінішті қарау құқығын белгілейтін нормалары;

6) Конституциялық Кеңес анықтаған мән-жайлар;

7) жарияланған немесе алынған көздері көрсетіле отырып, конституциялылығы тексерілген актінің атауы;

8) лауазымды адамдардың конституциялылығы тексерілген шешімдері;

9) Президент сайлауын, Парламент депутаттары сайлауын немесе республикалық референдум өткізудің дұрыстығы тексерілген учаскелер, округтер, әкімшілік-аумақтық бірліктер;

10) ресми түсіндірме беруге ұшыраған Конституция нормасының (нормаларының) мазмұны;

11) конституцияның 47-бабының 1, 2 тармақтарында белгіленген, сақталуы тексерілген рәсімдер;

12) Конституциялық Кеңес ұйғарған шешім пайдасына келтірілген дәлелдер;

13) Конституциялық Кеңес басшылыққа алған Конституция нормалары;

14) шешімнің тұжырымы;

15) шешімнің орындалу және жариялану тәртібі мен мерзімі;

16) шешімнің түпкіліктілігі көрсетілуге тиіс.

38-бап. Конституциялық Кеңес шешімінің заңдық күші

1. Конституциялық Кеңестің қорытынды шешімі ол қабылданған күннен бастап күшіне енеді, Республиканың барлық аумағында жалпыға бірдей міндетті, түпкілікті болып табылады және шағым жасауға жатпайды. Өзге шешімдердің күшіне ену тәртібін Конституциялық Кеңес белгілейді.

2. Конституциялық Кеңестің қорытынды шешіміне тұтастай немесе белгілі бір бөлігінде Республика Президентінің қарсылықтары енгізілуі мүмкін, олар:

1) Президент шешімінің мәтінін алған күннен бастап бір ай мерзімнен кешіктірілмей енгізіледі;

2) Конституциялық Кеңес мүшелері жалпы санының үштен екісінің даусымен еңсеріледі.

3. Республика Президентінің қарсылығы еңсерілмеген жағдайда, Конституциялық Кеңестің шешімі қабылданбады деп есептеледі және конституциялық іс жүргізу тоқтатылады.

39-бап. Конституциялық Кеңестің қорытынды шешімдерін қабылдау салдарлары

1. Конституцияға сәйкес келмейді деп танылған Республика заңдары мен халықаралық шарттарына қол қоюға не тиісінше бекітуге және күшіне енгізуге болмайды. Заңдарды Конституцияға сәйкес деп тану оларға қол қою мерзімінің өтуін жаңартады. Республиканың халықаралық шарттарын Конституцияға сәйкес деп тану оларды бекіту процесін жаңартады.

2. Конституциялық емес, оның ішінде адамның және азаматтың Конституцияда баянды етілген құқықтары мен бостандықтарына нұқсан келтіреді деп танылған заңдар мен өзге де нормативтік құқықтық актілер заңдық күшінен айрылады, қолданылуға жатпайды және олардың күші жойылады. Мұндай заңға немесе өзге де нормативтік құқықтық актіге негізделген соттардың және өзге құқық қолданушы органдардың шешімдері орындалуға жатпайды.

3. Конституцияға сәйкес келмейді деп танылған Республика Президентінің сайлауы Орталық сайлау комиссиясының шешімімен тиісті сайлау учаскелерінде (әкімшілік-аумақтық бірліктерде) жарамсыз деп танылады. Президент сайлауын Конституцияға сәйкес деп тану сайланған Республика Президентін тіркеуге жол береді.

4. Конституцияға сәйкес келмейді деп танылған Парламент Сенаты мен Мәжілісі депутаттарының сайлауы Орталық сайлау комиссиясының шешімімен тиісті әкімшілік-аумақтық бірліктерде және сайлау округтерінде жарамсыз деп танылады. Парламент Сенаты мен Мәжілісі депутаттарының сайлауын Конституцияға сәйкес деп тану сайланған депутаттарды тіркеуге жол береді.

5. Конституцияға сәйкес келмейді деп танылған республикалық референдум нәтижелері Орталық сайлау комиссиясының шешімімен тиісті дауыс беру учаскелерінде (әкімшілік-аумақтық бірліктерде) жарамсыз деп танылады. Өткізілген референдумды Конституцияға сәйкес деп тану референдум қорытындыларын шығаруды қайта бастауға жол береді.

6. Конституцияның 47-бабының 1-,2-тармақтарына сәйкес Парламенттің тиісінше Республика Президентін лауазымнан мерзімнен бұрын босату туралы шешім, қызметінен кетіру туралы түпкілікті шешім қабылдауы алдында белгіленген конституциялық рәсімдердің сақталмағандығы туралы қорытынды тиісінше Президентті лауазымынан мерзімінен бұрын босату туралы, қызметінен кетіру туралы мәселенің қаралуын тоқтатылуына әкеліп соғады. Белгіленген конституциялық рәсімдердің сақталғандығы туралы қорытынды тиісінше Республика Президентін лауазымынан мерзімінен бұрын босату туралы, Республика Президентін қызметінен кетіру туралы мәселені қарауды жалғастыруға жол береді.

40-бап. Конституциялық Кеңестің шешімдерін орындау

1. Конституциялық Кеңес өзі қабылдаған шешімдердің орындалу тәртібін және мерзімдерін белгілей алады.

Егер Конституциялық Кеңестің шешімі мемлекеттік шығыстарды ұлғайтуды немесе мемлекеттік кірістерді қысқартуды талап еткен жағдайда, Конституциялық Кеңес өзі қабылдаған шешімдердің орындалу мерзімдерін Қазақстан Республикасының Үкіметімен келісім бойынша белгілейді.

2. Конституциялық Кеңестің шешімін орындау үшін қолданылған шаралар туралы оған тиісті мемлекеттік органдар мен лауазымды адамдар Конституциялық Кеңес белгілеген мерзімде хабарлайды.

3. Уәкілетті мемлекеттік органдар мен лауазымды адамдар қабылданған шешім туралы Конституциялық Кеңеске міндетті түрде хабарлай отырып, Конституциялық Кеңестің шешімдерінде қамтылған заңнаманы жетілдіру жөніндегі ұсынымдар мен ұсыныстарды міндетті түрде қарауға тиіс.

41-бап. Конституциялық Кеңестің шешімдерін жолдау мен жариялау

1. Конституциялық Кеңестің қорытынды шешімдері:

1) шешім қабылданғаннан кейін екі күн ішінде Конституцияда белгіленген өтініш жасау субъектілеріне немесе олардың өкілдеріне, сондай-ақ барлық реттерде Республика Президентіне, Парламентті Палаталарына, Жоғарғы Сотына, Бас Прокурорына, Әділет министріне жіберіледі;

2) республикалық ресми басылымдарда қазақ және орыс тілдерінде жарияланады.

2. Өзге шешімдер, қажет болған жағдайда, Конституциялық Кеңес регламентімен белгілеген реттер мен тәртіпте жарияланады және тиісті мемлекеттік органдар мен лауазымды адамдарға жіберіледі.

VI ТАРАУ

Қорытынды және өтпелі ережелер

42-бап. Конституциялық Кеңестің қызметін қаржыландыру

Конституциялық Кеңестің қызметін қаржыландыру республикалық бюджет қаражаты есебінен жүзеге асырылады.

43-бап. Конституциялық Кеңестің аппараты

Ақпараттық-анықтамалық, ғылыми-консультациялық және өзге көмекші жұмыстарды Конституциялық Кеңестің аппараты атқарады, оның қызметі қолданылып жүрген заңдармен, Конституциялық Кеңес регламентімен және Конституциялық Кеңестің аппараты туралы ережемен реттеледі.

44-бап. Конституциялық Кеңестің нышандары мен мөрі

1. Конституциялық Кеңес үйінің үстіне Қазақстан Республикасының Мемлекеттік туы ілінеді.

2. Конституциялық Кеңестің мәжіліс залында Қазақстан Республикасы Мемлекеттік елтаңбасының бейнесі, Қазақстан Республикасының Мемлекеттік туы және Қазақстан Республикасы Конституциясының басылымы болады.

3. Конституциялық Кеңес Төрағасының кабинетінде Қазақстан Республикасының Мемлекеттік туы тұрады.

4. Конституциялық Кеңестің Қазақстан Республикасының Мемлекеттік елтаңбасы бейнеленген және өз атауы жазылған мөрі болады.

45-бап. Конституциялық Кеңес Төрағасы мен мүшелерінің куәліктері

Конституциялық Кеңестің Төрағасы мен мүшелеріне Республика Президентінің қолы қойылған белгіленген үлгідегі куәліктер беріледі.

46-бап. Конституциялық Кеңестің бірінші құрамын жасақтау тәртібі және оның өкілеттік мерзімі

Конституциялық Кеңестің бірінші құрамын жасақтау тәртібі және оның өкілеттік мерзімі Республика Конституциясының 97-бабымен белгіленеді.

47-бап. Осы Конституциялық заңның күшіне ену және қолданылу тәртібі

Осы Конституциялық заң:

1) жарияланған күннен бастап күшіне енеді;

2) ол күшіне енгеннен кейін пайда болған даулар мен құқықтық қатынастарға қолданылады.

Қазақстан Республикасының Президенті

Н. НАЗАРБАЕВ

Verfassungsgerichtsgesetz der Republik Kasachstan

http://ksrk.gov.kz/rus/norpb/ocons/ vom 14.10.2014

Конституционный закон «О Конституционном Совете Республики Казахстан

Конституционный закон Республики Казахстан от 29 декабря 1995 года № 2737

(с *изменениями и дополнениями* по состоянию на 03.10.2013 г.)

Преамбула исключена, в текст внесены изменения в соответствии с Конституционным законом РК от 24.11.04 г. № 604-II (введен в действие с 01.01.05 г.) (см. стар. ред.)

Глава I

Общие положения

Статья 1. Статус Конституционного Совета

Конституционный Совет как государственный орган, обеспечивающий верховенство Конституции Республики Казахстан на всей территории республики:

1) при осуществлении своих полномочий самостоятелен и независим от государственных органов, организаций, должностных лиц и граждан, подчиняется только Конституции республики и не может исходить из политических и иных мотивов;

2) осуществляет свои полномочия, руководствуясь Конституцией республики и настоящим Конституционным законом, воздерживаясь от установления и исследования иных вопросов во всех случаях, когда это входит в компетенцию судов или других государственных органов.

Статья 2. Состав Конституционного Совета

Конституционный Совет состоит из семи членов, в том числе Председателя Конституционного Совета. Кроме этого, пожизненными членами Конституционного Совета являются по праву экс-президенты республики.

Статья 3. Порядок формирования Конституционного Совета

1. Председатель Конституционного Совета назначается на должность и освобождается от должности Президентом республики.

Пункт 2 изложен в редакции Конституционного закона РК от 17.06.08 г. № 41-IV (см. стар. ред.)

2. Два члена Конституционного Совета назначаются на должность Президентом Республики, по два члена Конституционного Совета назначаются по представлению председателей Палат Парламента соответственно Сенатом и Мажилисом Парламента. Половина членов Конституционного Совета обновляется каждые три года.

Статья 4. Требования, предъявляемые к кандидатам в члены Конституционного Совета

1. В состав Конституционного Совета может быть назначен гражданин республики не моложе тридцати лет, проживающий на территории республики, имеющий высшее юридическое образование, стаж работы по юридической специальности не менее пяти лет.

2. Требования, установленные в пункте 1 настоящей статьи, не распространяются на экс-президентов республики.

Статья 5. Срок полномочий членов Конституционного Совета

1. Полномочия Председателя и членов Конституционного Совета длятся шесть лет.

2. В случае выбытия или истечения срока пребывания в должности Председатель и члены Конституционного Совета замещаются в порядке, установленном Конституцией и настоящим Конституционным законом.

3. Должности Председателя и членов Конституционного Совета замещаются в течение месяца со дня выбытия или истечения срока пребывания лиц в этих должностях.

4. Если срок полномочий Председателя или членов Конституционного Совета истекает в период рассмотрения с их участием вопроса, находящегося в производстве Конституционного Совета, то их полномочия сохраняются до вынесения итогового решения.

Статья 6. Присяга Председателя и членов Конституционного Совета

Председатель и члены Конституционного Совета после своего назначения в торжественной обстановке на совместном заседании Палат Парламента приводятся Президентом республики к присяге следующего содержания: «Торжественно клянусь добросовестно выполнять возложенные на меня обязанности Председателя (члена) Конституционного Совета Республики Казахстан, быть беспристрастным и подчиняться только Конституции Республики Казахстан, никому и ничему кроме нее».

Статья 7. Заседания Конституционного Совета

1. Заседание Конституционного Совета правомочно, если на нем присутствует не менее двух третей от состава Конституционного Совета.

2. Заседания Конституционного Совета созываются по мере необходимости Председателем Конституционного Совета, а при его отсутствии - членом Конституционного Совета, исполняющим обязанности Председателя Конституционного Совета по его уполномочию.

Статья 8. Конституционное производство

Рассмотрение и принятие решений по вопросам, относящимся к компетенции Конституционного Совета, осуществляется в порядке конституционного производства, установленного Конституцией и настоящим Конституционным законом.

Статья 9. Законодательство о Конституционном Совете

1. Статус, компетенция, организация и порядок деятельности Конституционного Совета определяются Конституцией республики и настоящим Конституционным законом.

2. По вопросам организации и порядка своей деятельности, не урегулированным Конституцией и настоящим Конституционным законом, Конституционный Совет принимает регламент Конституционного Совета.

Глава II

Статус Председателя и членов Конституционного Совета республики

Статья 10. Председатель и члены Конституционного Совета как должностные лица государства

1. Председатель и члены Конституционного Совета являются должностными лицами государства, статус которых определяется Конституцией и настоящим Конституционным законом, а также нормативными правовыми актами о государственной службе в части, не урегулированной Конституцией и настоящим Конституционным законом.

2. Должности Председателя и члена Конституционного Совета не совместимы с депутатским мандатом, занятием иных оплачиваемых должностей, кроме преподавательской, научной или иной творческой деятельности, осуществлением предпринимательской деятельности, вхождением в состав руководящего органа или наблюдательного совета коммерческой организации.

Статья 11. Независимость Председателя и членов Конституционного Совета

1. Председатель и члены Конституционного Совета при выполнении своих обязанностей независимы и подчиняются только Конституции и настоящему Конституционному закону. Никакие иные акты не имеют для них заведомо обязательной силы. Какое-либо вмешательство в их деятельность, а также оказания давления или иного воздействия на них в какой бы то ни было форме не допускается и влекут ответственность по закону.

2. Деятельность Председателя и членов Конституционного Совета по вопросам конституционного производства не подотчетна. Никто не вправе требовать от них отчета по вопросам осуществления ими своих полномочий.

3. Никто не вправе испрашивать, а Председатель и члены Конституционного Совета не вправе, кроме как на заседании Конституционного Совета, высказывать мнение или консультировать по вопросам, которые являются предметом рассмотрения Конституционного Совета, до вынесения по ним итогового решения.

4. В течение срока полномочий члены Конституционного Совета несменяемы. Их полномочия не могут быть прекращены или приостановлены, за исключением случаев, предусмотренных настоящим Конституционным законом.

5. Председатель или член Конституционного Совета обязан заявить самоотвод, который подлежит удовлетворению Конституционным Советом при условии, если его объективность может вызвать сомнение вследствие личной прямой или косвенной заинтересованности в рассматриваемом Конституционным Советом вопросе.

6. Член Конституционного Совета не вправе осуществлять защиту или представительство, кроме законного представительства, в суде или иных правоприменительных органах, оказывать покровительство каким бы то ни было лицам в реализации прав и освобождении от обязанностей.

Статья 12. Неприкосновенность членов Конституционного Совета

1. Председатель и члены Конституционного Совета в течение срока своих полномочий не могут быть арестованы, подвергнуты приводу, мерам административного взыскания, налагаемым в судебном порядке, привлечены к уголовной ответственности без согласия Парламента, кроме случаев задержания на месте преступления или совершения тяжких преступлений.

2. Уголовное дело в отношении Председателя или члена Конституционного Совета может быть возбуждено только руководителем республиканского государственного органа, осуществляющего дознание и следствие. Надзор за соблюдением законности в ходе расследования дела осуществляется Генеральным прокурором республики, который вносит в Парламент представление о даче согласия на привлечение к уголовной ответственности Председателя или члена Конституционного Совета. Уголовное дело в отношении Председателя или члена Конституционного Совета подсудно Верховному Суду республики.

3. Председатель и члены Конституционного Совета дисциплинарной ответственности не подлежат.

4. Никто не вправе отстранить члена Конституционного Совета от участия в заседании Конституционного Совета, если его полномочия не приостановлены в соответствии с настоящим Конституционным законом.

Статья 13. Равенство прав Председателя и членов Конституционного Совета

Председатель и члены Конституционного Совета обладают равными правами в рассмотрении находящихся в производстве Конституционного Совета вопросов и принятии по ним решений, за исключением случая, предусмотренного пунктом 3 статьи 33 настоящего Конституционного закона.

Статья 14. Приостановление полномочий Председателя, члена Конституционного Совета

1. Полномочия Председателя или члена Конституционного Совета могут быть приостановлены по ходатайству Конституционного Совета лицом, его назначавшим, в случаях, если он:

1) без уважительных причин не менее трех раз подряд не участвовал в заседаниях Конституционного Совета;

2) по состоянию здоровья не способен длительное время выполнять свои обязанности;

3) признан безвестно отсутствующим по решению суда, вступившему в законную силу.

2. Полномочия Председателя, члена Конституционного Совета могут быть приостановлены также в случае, если в установленном законом порядке дано согласие на его арест, привлечение к административной или уголовной ответственности, на возбуждение в суде соответствующего ходатайства о применении принудительных мер медицинского характера, признании недееспособным или ограничении в дееспособности.

3. Решение о приостановлении полномочий Председателя или члена Конституционного Совета принимается не позднее одного месяца со дня обнаружения оснований для приостановления полномочий.

4. Полномочия Председателя или члена Конституционного Совета приостанавливаются до отпадения оснований к их приостановлению.

Статья 15. Прекращение полномочий Председателя, члена Конституционного Совета

1. Полномочия:

1) Председателя Конституционного Совета прекращаются Президентом республики;

В подпункт 2 внесены изменения в соответствии с Конституционным законом РК от 17.06.08 г. № 41-IV (см. стар. ред.)

2) члена Конституционного Совета прекращаются назначившим его Президентом Республики Казахстан, Сенатом Парламента, Мажилисом Парламента.

2. Полномочия Председателя, члена Конституционного Совета прекращаются вследствие:

1) удовлетворения прошения об отставке;

2) состоявшегося о нем обвинительного приговора Верховного Суда, вступившего в законную силу;

3) признания его недееспособным решением суда, вступившим в законную силу;

4) признания его умершим решением суда, вступившим в законную силу;

5) его смерти;

6) несоблюдения условий, предусмотренных пунктом 2 статьи 10 настоящего Конституционного закона;

7) нарушения присяги, невыполнение требований Конституции республики и настоящего Конституционного закона, совершения порочащего поступка, несовместимого с его высоким статусом;

8) назначения с нарушением требований, установленных Конституцией и настоящим Конституционным законом;

9) истечения установленного Конституцией срока пребывания в должности;

10) Исключен в соответствии с Конституционнымо законом РК от 17.06.08 г. № 41-IV (см. стар. ред.)

11) вступления в политическую партию или иное общественное объединение, преследующее политические цели.

Статья 16. Обеспечение деятельности Председателя и членов Конституционного Совета

1. Заработная плата Председателю и членам Конституционного Совета устанавливается Президентом республики в порядке, установленном подпунктом 9) статьи 44 Конституции республики.

2. Жилищное и транспортное и иное обеспечение, медицинское обслуживание и санаторно-курортное лечение Председателя и членов Конституционного Совета осуществляется в порядке, установленном Президентом республики.

Глава III

Компетенция Конституционного Совета республики и его должностных лиц

Статья 17. Компетенция Конституционного Совета

1. Конституционный Совет в соответствии с подпунктом 1) пункта 1 статьи 72 Конституции решает в случае спора вопрос о правильности проведения:

1) выборов Президента республики;

2) выборов депутатов Парламента;

3) республиканского референдума.

Пункт 2 изложен в редакции Конституционного закона РК от 17.06.08 г. № 41-IV (см. стар. ред.)

2. Конституционный Совет в соответствии с подпунктами 2), 2-1), 3) пункта 1 статьи 72 Конституции рассматривает на соответствие Конституции:

1) до подписания Президентом принятые Парламентом законы;

2) принятые Парламентом и его Палатами постановления;

3) международные договоры Республики до их ратификации.

3. Конституционный Совет в соответствии с подпунктами 4), 5) пункта 1 статьи 72 Конституции дает:

1) официальное толкование норм Конституции;

2) до принятия Парламентом соответственно решения о досрочном освобождении от должности Президента республики, окончательного решения об отрешении от должности Президента республики - заключение о соблюдении установленных конституционных процедур.

4. Конституционный Совет в соответствии с:

1) пунктом 2 статьи 72 Конституции рассматривает обращения судов о признании акта неконституционным, если суд в соответствии со статьей 78 Конституции усмотрит, что закон или иной нормативный правовой акт, подлежащий применению, ущемляет закрепленные Конституцией права и свободы человека и гражданина;

В подпункт 2 внесены изменения в соответствии с Конституционным законом РК от 17.06.08 г. № 41-IV (см. стар. ред.)

2) подпунктом 6) статьи 53 Конституции по результатам обобщения практики конституционного производства ежегодно направляет Парламенту послание о состоянии конституционной законности в республике.

Статья 18. Иные полномочия Конституционного Совета

Конституционный Совет:

1) в пределах компетенции вправе запрашивать и получать документы, материалы и иную информацию от всех государственных органов, организаций, а также привлекать в установленном порядке специалистов к экспертной и научно-консультативной работе;

2) ходатайствует о приостановлении полномочий Председателя и членов Конституционного Совета и осуществляет иные полномочия, установленные настоящим Конституционным законом.

Статья 19. Полномочия Председателя Конституционного Совета

1. Председатель Конституционного Совета:

1) руководит подготовкой к рассмотрению вопросов, принятых Конституционным Советом к производству;

2) созывает заседания Конституционного Совета, вносит на их рассмотрение принятые к производству вопросы и председательствует на заседаниях Конституционного Совета;

3) распределяет обязанности членов Конституционного Совета, организует работу членов Конституционного Совета и его аппарата;

4) определяет меры по обеспечению проведения заседания;

5) оглашает на совместном заседании Палат Парламента послание Конституционного Совета о состоянии конституционной законности в республике;

6) по требованию Президента республики представляет ему информацию о состоянии конституционной законности в стране;

7) подписывает решения и протоколы заседаний Конституционного Совета;

8) представляет на утверждение Конституционного Совета его регламент;

9) утверждает Положение об аппарате Конституционного Совета, в пределах выделенных бюджетных ассигнований - структуру и штатное расписание аппарата Конституционного Совета;

10) назначает и освобождает от должности работников аппарата Конституционного Совета;

11) осуществляет иные полномочия в соответствии с настоящим Конституционным законом и регламентом Конституционного Совета.

2. По вопросам своей компетенции Председатель Конституционного Совета издает приказы и распоряжения.

Глава IV

Конституционное производство

Статья 20. Участники Конституционного производства

1. Участниками конституционного производства признаются лица и органы, по обращениям которых возбуждено конституционное производство:

1) Президент республики;

2) Председатель сената Парламента;

3) Председатель Мажилиса Парламента;

4) депутаты Парламента численностью не менее одной пятой от их общего числа;

5) Премьер-Министр;

6) суды республики;

7) государственные органы и должностные лица, конституционность актов которых проверяется.

2. В случае необходимости участники конституционного производства могут иметь своих представителей в Конституционном Совете, полномочия которых оформляются в порядке, предусмотренном гражданским процессуальным законодательством.

Статья 21. Права и обязанности участников конституционного производства

1. Участники конституционного производства в пределах полномочий пользуются равными процессуальными правами.

2. Участники конституционного производства имеют право:

1) знакомиться с материалами производства, производить из них выписки и снимать копии;

2) представлять доказательства, участвовать в их исследовании и доказывать те обстоятельства, на которые они ссылаются как на основание своих обращений и возражений;

3) высказывать Конституционному Совету свои доводы и соображения по всем вопросам, возникающим в ходе конституционного производства;

4) заявлять ходатайства и высказывать свое мнение по заявленным ходатайствам;

5) давать устные и письменные объяснения Конституционному Совету.

3. Участник конституционного производства:

1) по обращению которого возбуждено конституционное производство, вправе до начала совещания Конституционного Совета, на котором принимается итоговое решение, изменить основание обращения, увеличить или уменьшить его объем, отказаться от обращения;

2) по поводу актов которого возбуждено конституционное производство, вправе признать заявленные в обращении требования полностью или частично, либо возражать против них.

4. Участники конституционного производства обязаны:

1) добросовестно пользоваться своими правами. Сообщение ими Конституционному Совету заведомо ложных сведений или непредставление затребованных Конституционным Советом документов, материалов и иной информации расценивается как неуважение к Конституционному Совету и влечет ответственность по закону;

2) уважительно относиться к Конституции республики, к Конституционному Совету, его требованиям и принятым в Конституционном Совете процедурам;

3) подчиняться распоряжениям председательствующего о соблюдении порядка заседания.

Статья 22. Форма и содержание обращения в Конституционный Совет

1. Обращения в Конституционный Совет подаются в письменной форме.

2. В обращении должны быть указаны:

1) наименование Конституционного Совета;

2) наименование, местонахождение, адрес и иные необходимые данные об обращающемся;

3) наименование, адрес и иные данные о представителе обращающегося и его полномочиях, кроме случаев представительства по должности;

4) наименование, местонахождение и адреса государственных органов, должностных лиц, подписавших или издавших акты, связанные с проведением выборов Президента, депутатов Парламента и республиканского референдума, в случае, если в обращении ставится вопрос о правильности их проведения;

5) наименование, дата принятия законов в случае, если в обращении ставится вопрос о соответствии Конституции республики законов, принятых Парламентом;

Пункт дополнен подпунктом 5-1 в соответствии с Конституционным законом РК от 17.06.08 г. № 41-IV (см. стар. ред.)

5-1) наименование, дата принятия постановлений Парламента и его Палат в случае, если в обращении ставится вопрос о соответствии постановлений Парламента и его Палат Конституции Республики;

6) наименование, дата и место подписания международных договоров республики, должностные лица, подписавшие их от имени Республики Казахстан или ее государственных органов, в случае, если в обращении ставится вопрос о соответствии Конституции международных договоров республики;

7) нормы Конституции республики, об официальном толковании которых ставится вопрос в обращении;

8) наименование, местонахождение и адрес государственного органа, должностного лица, подписавшего или издавшего акт, наименование, номер, дата принятия, источники опубликования и иные реквизиты закона или иного нормативного правового акта в случае, если в представлении суда ставится вопрос о признании акта неконституционным, если суд усмотрит, что закон или иной нормативный правовой акт, подлежащий применению, ущемляет закрепленные Конституцией права и свободы человека и гражданина;

9) наименование, состав образуемой Парламентом в соответствии с пунктом 1 статьи 47 Конституции комиссии и ее заключение; наименование, дата принятия и содержание актов, связанных с рассмотрением Парламентом вопроса о досрочном освобождении от должности Президента республики;

10) сведения о количестве депутатов, инициировавших вопрос об отрешении от должности Президента; сведения о результатах голосования в Палатах Парламента; сведения о результатах расследования выдвинутого против Президента обвинения; сведения о заключении Верховного Суда об обоснованности выдвинутого обвинения; наименование, дата принятия и содержание актов, связанных с рассмотрением Парламентом вопроса об отрешении от должности Президента республики;

11) сущность обращения;

12) иные факты, обстоятельства и доказательства, служащие основанием для обращения и подтверждающие его обоснованность;

13) нормы Конституции республики и настоящего Конституционного закона, дающие право на обращение в Конституционный Совет;

14) перечень прилагаемых документов.

3. Обращение должно быть подписано надлежащим субъектом, а в случае, если в Конституционный Совет обращается суд, оно подписывается председателем соответствующего суда.

4. К обращению прилагаются:

1) копии текстов актов, на которые ссылаются субъекты обращения;

2) документы о полномочиях представителя, кроме случаев, когда представительство осуществляется по должности;

3) копии обращения и приложений к нему в количестве десяти экземпляров.

5. К документам, изложенным не на языках конституционного производства, должен быть приложен их перевод на казахский или русский язык.

Статья 23. Последствия обращения в Конституционный Совет

В случае обращения в Конституционный Совет по вопросам, указанным в:

1) подпункте 1) пункта 1 статьи 72 Конституции, вступление в должность Президента, регистрация избранных депутатов Парламента либо подведение итогов республиканского референдума приостанавливается;

2) подпунктах 2), 3) пункта 1 статьи 72 Конституции, течение сроков подписания либо ратификации соответствующих актов приостанавливается;

3) статье 78 Конституции, производство по делу приостанавливается.

Статья 24 изложена в редакции Конституционного закона РК от 03.10.13 г. № 133-V (см. стар. ред.)

Статья 24. Сроки рассмотрения обращений Конституционным Советом

Конституционный Совет рассматривает принятое к производству обращение и выносит по нему итоговое решение в течение месяца со дня поступления обращения, который заканчивается в соответствующий день (число) следующего месяца. Если окончание срока приходится на месяц, в котором нет соответствующего числа, то срок истекает в последний день этого месяца.

Месячный срок для принятия итогового решения по требованию Президента Республики, изложенному в письменной форме, может быть сокращен до десяти календарных дней, если вопрос не терпит отлагательства.

В случае объединения Конституционным Советом в одно производство связанных между собой обращений месячный срок, предусмотренный Конституцией для вынесения итогового решения, исчисляется со дня поступления последнего обращения.

Статья 25. Принятие или отказ в принятии обращения к производству

Поступившее обращение вносится Председателем Конституционного Совета на рассмотрение Конституционного Совета, заседание которого проводится в трехдневный срок со дня его поступления. Конституционный Совет, проверив обращение, отказывает в принятии обращения к производству и возвращает его, если:

1) обращение не соответствует установленным настоящим Конституционным законом форме и содержанию обращения или исходит от ненадлежащего субъекта;

2) предмет обращения не входит в компетенцию Конституционного Совета;

3) конституционность указанного в обращении вопроса уже проверялась Конституционным Советом и имеется сохраняющее юридическую силу решение Конституционного Совета;

4) указанный в обращении вопрос не получил разрешения в Конституции;

5) акт, конституционность которого оспаривается, отменен или утратил силу.

Статья 26. Порядок подготовки материалов для рассмотрения принятого к производству обращения на заседании Конституционного Совета

1. Председатель Конституционного Совета своим распоряжением определяет члена Конституционного Совета, осуществляющего подготовку материалов к заседанию Конституционного Совета. Ввиду особой сложности поступившего обращения, либо его исключительной важности, или срочности подготовка материалов может быть поручена нескольким членам Конституционного Совета.

2. При поступлении связанных между собой обращений Конституционный Совет может принять решение об их объединении в одно конституционное производство. При решении вопроса о принятии к производству нескольких связанных между собой обращений, из которых одни подведомственны Конституционному Совету, а другие - иным органам государственной власти, рассмотрению подлежат лишь обращения, входящие в компетенцию Конституционного Совета.

3. При принятом к производству обращению член Конституционного Совета в установленные Председателем сроки обязан подготовить материалы к рассмотрению на заседании Конституционного Совета, для чего он:

1) определяет участников конституционного производства, разъясняет им их права и обязанности, предусмотренные настоящим Конституционным законом;

2) истребует относящиеся к предмету обращения необходимые документы и иную информацию;

3) при необходимости опрашивает соответствующих должностных лиц, привлекает ученых, практических работников в качестве специалистов, экспертов и поручает производство проверок, исследований, экспертиз;

4) не позднее чем за два дня до начала заседания обеспечивает вручение копий материалов членам Конституционного Совета;

5) готовит проект решения Конституционного Совета;

6) проводит иные действия по обеспечению надлежащего рассмотрения обращения.

4. После завершения подготовительной работы Председатель Конституционного Совета своим распоряжением определяет дату заседания Конституционного Совета, на котором будут рассматриваться по существу вопросы, поставленные в обращении.

Статья 27. Порядок проведения заседания Конституционного Совета по рассмотрению принятого к производству обращения

1. Рассмотрение обращений Конституционным Советом производится в заседании под представительством Председателя Конституционного Совета.

2. В назначенное время Председатель:

1) удостоверяется в наличии достаточного для ведения заседания количества членов Конституционного Совета и обеспеченности протоколирования;

2) объявляет заседание Конституционного Совета открытым;

3) зачитывает вопросы, подлежащие рассмотрению;

4) предоставляет слово члену Конституционного Совета - докладчику для сообщения о наличии вызванных участников заседания, специалистов, экспертов и о причинах неявки отсутствующих;

5) разъясняет участникам конституционного производства их права и обязанности;

6) опрашивает участников заседания о наличии у них ходатайств, ставит их на разрешение Конституционного Совета;

7) объявляет о начале рассмотрения вопросов, подлежащих рассмотрению.

3. Рассмотрение каждого вопроса начинается с выступления члена Конституционного Совета - докладчика, излагающего существо вопроса, повод и основания для его рассмотрения, содержание имеющихся материалов. Члены Конституционного Совета вправе задать ему уточняющие вопросы.

4. Субъекты обращения, а также представители государственных органов и должностные лица (их представители), конституционность актов и действий которых, а также соблюдение конституционных процедур которыми проверяется, в случае необходимости, по собственному желанию либо по требованию Конституционного Совета могут участвовать в заседании Конституционного Совета, на котором рассматривается принятое к производству обращение. При необходимости могут быть выслушаны объяснения и выступления участников конституционного производства, экспертов, специалистов и других приглашенных лиц.

5. Если вопрос достаточно выяснен, Председатель объявляет об открытии совещания членов Конституционного Совета для выработки итогового решения. Во время совещания присутствие посторонних лиц не допускается. Разглашение суждений, имевших место во время совещания, хода и результатов голосования, запрещается. В ходе совещания члены Конституционного Совета могут свободно излагать

собственную позицию по рассматриваемому вопросу и просить других членов Конституционного Совета уточнить их позиции.

Статья 28. Протоколирование заседания Конституционного Совета

1. Заседание Конституционного Совета протоколируется и по мере необходимости стенографируется.

2. Протокол заседания Конституционного Совета ведется на языке конституционного производства.

3. Порядок ведения протокола заседания Конституционного Совета, требования, предъявляемые к его содержанию, а также иные вопросы протоколирования заседаний Конституционного Совета определяются председателем Конституционного Совета.

Статья 29. Язык конституционного производства

1. Конституционное производство осуществляется, а принимаемые Конституционным Советом решения излагаются на казахском либо русском языках.

2. Участвующим в конституционном производстве лицам, не владеющим языком конституционного производства, Конституционный Совет обеспечивает перевод на их родной язык или язык, которым они владеют.

Статья 30. Прекращение конституционного производства

1. Конституционное производство подлежит прекращению на любой стадии, но до вынесения итогового решения, в случаях:

1) отказа субъекта от заявленного им обращения;

2) отмены или утраты юридической силы акта, конституционность которого оспаривается;

3) неподведомственности заявленного обращения Конституционному Совету.

2. Решение Конституционного Совета о прекращении конституционного производства по заявленному обращению лишает субъекта обращения возможности повторно обратиться в Конституционный Совет по тем же основаниям.

Глава V

Решения Конституционного Совета республики

Статья 31. Виды решений Конституционного Совета

1. Решением Конституционного Совета является всякий акт, принимаемый на его заседании.

2. Решения Конституционного Совета подразделяются на итоговые решения, которыми осуществляются конституционные полномочия Конституционного Совета, и другие решения, которыми осуществляются иные полномочия Конституционного Совета.

Статья 32. Форма решений Конституционного Совета

Решения Конституционного Совета принимаются в форме:

1) постановлений, в том числе нормативных постановлений, являющихся составной частью действующего права Республики Казахстан;

2) заключений;

3) посланий.

Статья 33. Принятие решений Конституционным Советом

1. Конституционный Совет принимает решения коллегиально.

2. Конституционный Совет принимает решение большинством голосов от общего числа его членов путем открытого, а по требованию хотя бы одного члена Конституционного Совета - тайного голосования.

3. В случае, если при принятии решения произошло разделение голосов членов Конституционного Совета поровну, голос Председателя Конституционного Совета является решающим, который во всех случаях подает свой голос последним. При замещении Председателя Конституционного Совета по его уполномочию соответствующим членом Конституционного Совета это правило не применяется. В этом случае проводится повторное голосование с участием Председателя или члена Конституционного Совета, не участвовавшего в первом голосовании.

4. Во время совещания Конституционного Совета никто из его членов, участвующих в заседании, не вправе воздерживаться или не участвовать в голосовании.

5. Принятые Конституционным Советом решения до их подписи Председателем предварительно скрепляются подписями членов Конституционного Совета, принимавших участие в голосовании.

Статья 34. Особое мнение члена Конституционного Совета

Член Конституционного Совета, не согласный с его итоговым решением, вправе свое мнение изложить в письменном виде.

Статья 35. Дополнительное решение Конституционного Совета

Пункт 1 изложен в редакции Конституционного закона РК от 17.06.08 г. № 41-IV (см. стар. ред.)

1. Конституционный Совет принимает дополнительные решения в случаях, если:

1) ставится вопрос об истолковании решения Конституционного Совета. В этом случае дополнительное решение принимается по ходатайству участников конституционного производства либо государственных органов и должностных лиц, обязанных исполнить итоговое решение Конституционного Совета;

2) необходимо исправить допущенные в решении Конституционного Совета неточности и ошибки редакционного характера. В этом случае дополнительное решение принимается Конституционным Советом по собственной инициативе.

2. Дополнительное решение не должно противоречить действительному содержанию, смыслу и назначению решения Конституционного Совета.

3. Дополнительное решение принимается Конституционным Советом в заседании, порядок проведения которого определяется регламентом Конституционного Совета.

Статья 36 изложена в редакции Конституционного закона РК от 17.06.08 г. № 41-IV (см. стар. ред.)

Статья 36. Пересмотр решения Конституционного Совета

1. Решение Конституционного Совета может быть пересмотрено им по инициативе Президента Республики Казахстан или по собственной инициативе в случаях, если:

1) изменилась норма Конституции, на основании которой было принято решение;

2) открылись новые существенные для предмета обращения обстоятельства.

2. В интересах защиты прав и свобод человека и гражданина, обеспечения национальной безопасности, суверенитета и целостности государства решение Конституционного Совета может быть пересмотрено им по инициативе Президента Республики Казахстан.

3. О пересмотре решения Конституционный Совет выносит постановление, которым отменяет это решение.

4. В случае пересмотра итогового решения Председатель Конституционного Совета своим распоряжением определяет дату и порядок проведения нового заседания по данному вопросу.

Статья 37. Содержание итогового решения Конституционного Совета

В итоговом решении Конституционного Совета должны быть указаны:

1) наименование, дата и место его вынесения;

2) состав Конституционного Совета, его вынесшего;

3) субъекты обращения и их представители;

4) предмет обращения;

5) нормы Конституции и настоящего Конституционного закона, устанавливающие право Конституционного Совета рассматривать принятое к производству обращение;

6) обстоятельства, установленные Конституционным Советом;

7) наименование акта, конституционность которого проверялась, с указанием источника его опубликования или получения;

8) решений должностного лица, конституционность которых проверялась;

9) участки, округа, административно-территориальные единицы, правильность проведения выборов Президента, депутатов Парламента или республиканского референдума, на которых проверялась;

10) содержание нормы (норм) Конституции, подвергшейся официальному толкованию;

11) процедуры, установленные пунктами 1, 2 статьи 47 Конституции, соблюдение которых проверялось;

12) доводы в пользу решения, к которому пришел Конституционный Совет;

13) нормы Конституции, которыми руководствовался Конституционный Совет;

14) формулировка решения;

15) порядок и сроки исполнения и опубликования решения;

16) окончательность решения.

Статья 38. Юридическая сила решения Конституционного Совета

1. Итоговое решение Конституционного Совета вступает в силу со дня его принятия, является общеобязательным на всей территории республики, окончательным и не подлежащим обжалованию. Порядок вступления в силу иных решений определяется Конституционным Советом.

См. также: Постановление Конституционного Совета РК от 13 декабря 2001 года № 19/2 Об официальном толковании пунктов 1 и 5 статьи 52, подпункта 4) пункта 1 статьи 72 и пункта 3 статьи 74 Конституции РК

2. На итоговое решение Конституционного Совета в целом или в его части могут быть внесены возражения Президента республики, которые:

В подпункт 1 внесены изменения в соответствии с Конституционным законом РК от 17.06.08 г. № 41-IV (см. стар. ред.)

1) вносятся не позднее чем в месячный срок со дня получения Президентом текста решения;

2) преодолеваются двумя третями голосов от общего числа членов Конституционного Совета.

3. При непреодолении возражений Президента республики решение Конституционного Совета считается непринятым и конституционное производство прекращается.

Статья 39. Последствия принятия Конституционным Советом итоговых решений

1. Законы и международные договоры республики, признанные не соответствующими Конституции, не могут быть подписаны либо соответственно ратифицированы и введены в действие. Признание законов соответствующими Конституции возобновляет течение сроков их подписания. Признание международных договоров республики соответствующими Конституции возобновляет процесс их ратификации.

В пункт 2 внесены изменения в соответствии с Конституционным законом РК от 17.06.08 г. № 41-IV (см. стар. ред.)

2. Законы и иные нормативные правовые акты, признанные неконституционными, в том числе ущемляющими закрепленные Конституцией права и свободы человека и гражданина, утрачивают юридическую силу, не подлежат применению и отменяются. Решение судов и иных правоприменительных органов, основанные на таком законе или ином нормативном правовом акте, исполнению не подлежат.

3. Выборы Президента республики, признанные не соответствующими Конституции, решением Центральной избирательной комиссии на соответствующих избирательных участках (административно-территориальных единицах) признаются недействительными. Признание выборов Президента соответствующими Конституции влечет регистрацию избранного Президента республики.

4. Выборы депутатов Сената и Мажилиса Парламента, признанные не соответствующими Конституции, решением Центральной избирательной комиссии в соответствующих административно-территориальных единицах и избирательных округах признаются недействительными. Признание выборов депутатов Сената и Мажилиса Парламента соответствующими Конституции влечет регистрацию избранных депутатов.

5. Результаты республиканского референдума, признанного не соответствующим Конституции, решением Центральной комиссии референдума на соответствующих участках голосования (административно-территориальных единицах) признаются недействительными. Признание проведенного референдума соответствующим Конституции влечет возобновление подведения итогов референдума.

6. Заключение о несоблюдении установленных конституционных процедур перед принятием Парламентом в соответствии с пунктами 1, 2 статьи 47 Конституции соответственно решения о досрочном освобождении от должности, окончательного решения об отрешении Президента республики влечет прекращение рассмотрения вопроса соответственно о досрочном освобождении от должности, об отрешении Президента. Заключение о соблюдении установленных конституционных процедур влечет продолжение рассмотрения вопроса соответственно о досрочном освобождении от должности Президента республики, об отрешении от должности Президента республики.

Статья 40 изложена в редакции Конституционного закона РК от 17.06.08 г. № 41-IV (см. стар. ред.)

Статья 40. Исполнение решений Конституционного Совета

1. Конституционный Совет может определить порядок и сроки исполнения принятых им решений.

В случае если решение Конституционного Совета требует увеличения государственных расходов или сокращения государственных доходов, то Конституционный Совет определяет сроки исполнения принятых им решений по согласованию с Правительством Республики Казахстан.

2. О мерах, принятых во исполнение решения Конституционного Совета, сообщается ему соответствующими государственными органами и должностными лицами в срок, установленный Конституционным Советом.

3. Содержащиеся в решениях Конституционного Совета рекомендации и предложения по совершенствованию законодательства подлежат обязательному рассмотрению уполномоченными государственными органами и должностными лицами с обязательным уведомлением Конституционного Совета о принятом решении.

Статья 41. Направление и опубликование решений Конституционного Совета

1. Итоговые решения Конституционного Совета:

1) направляются в течение двух дней после принятия решения установленным Конституцией субъектам обращения или их представителям, а также во всех случаях Президенту, Палатам Парламента, Верховному Суду, Генеральному прокурору, Министру юстиции республики;

2) публикуются на казахском и русском языках в официальных республиканских печатных изданиях.

2. Иные решения при необходимости публикуются и направляются соответствующим государственным органам и должностным лицам в случаях и в порядке, установленных регламентом Конституционного Совета.

Глава VI

Заключительные и переходные Положения

Статья 42. Финансирование деятельности Конституционного Совета

Финансирование деятельности Конституционного Совета осуществляется за счет средств республиканского бюджета.

Статья 43. Аппарат Конституционного Совета

Информационно-справочную, научно-консультативную и другую вспомогательную работу выполняет аппарат Конституционного Совета, деятельность которого регулируется действующими законодательством, Регламентом Конституционного Совета и Положением об аппарате Конституционного Совета.

Статья 44. Символы и печать Конституционного Совета

1. Над зданием Конституционного Совета вывешивается Государственный флаг Республики Казахстан.

2. В зале заседания Конституционного Совета находятся изображение Государственного герба Республики Казахстан, Государственный флаг Республики Казахстан и издание Конституции Республики Казахстан.

3. В кабинете Председателя Конституционного Совета находится Государственный флаг Республики Казахстан.

4. Конституционный Совет имеет печать с изображением Государственного герба Республики Казахстан и своим наименованием.

Статья 45. Удостоверения Председателя и членов Конституционного Совета

Председателю и членам Конституционного Совета выдаются удостоверения установленного образца, подписываемые Президентом республики.

Статья 46. Порядок формирования и срок полномочий первого состава Конституционного Совета

Порядок формирования и срок полномочий Конституционного Совета первого состава определяются статьей 97 Конституции республики.

Статья 47. Порядок вступления в силу и действия настоящего Конституционного закона

Настоящий Конституционный закон:

1) вступает в силу со дня опубликования;

2) распространяется на споры и правоотношения, возникшие после вступления его в силу.

Президент Республики Казахстан

Н. НАЗАРБАЕВ

Verfassungsgesetz der Republik Kirgisistan

über die Verfassungskammer des Obersten Gerichtes

http://constpalata.kg/about/pravovy-e-osnovy-deyatel-nosti-kp/ vom 14.10.2014

Кыргыз Республикасынын конституциалык Мыйзамы

Кыргыз Республикасынын Жогорку сотунун

Конституциялык палатасы жөнүндө

Бишкек шаары

2011-жылдын 13-июну N 37

(Кыргыз Республикасынын 2012-жылдын 26-майындагы N 66, 2013-жылдын 26-июнундагы N 105 конституциялык Мыйзамдарынын редакцияларына ылайык)

I бөлүм

Кыргыз Республикасынын Жогорку сотунун конституциялык палатасынын статусу жана анын ишин уюштуруу

1-глава

Жалпы жоболор

1-берене. Кыргыз Республикасынын Жогорку сотунун Конституциялык палатасы

Кыргыз Республикасынын Жогорку сотунун Конституциялык палатасы (мындан ары – Конституциялык палата) конституциялык сот өндүрүшү аркылуу өз алдынча конституциялык көзөмөлдү жүзөгө ашыруучу жогорку сот органы болуп саналат.

2-берене. Конституциялык палатанын ишинин негизги принциптери

Көз карандысыздык, коллегиалдуулук, айкындык, атаандаштык жана тараптардын тең укуктуулугу Конституциялык палатанын ишинин негизги принциптери болуп саналат.

3-берене. Конституциялык палата жөнүндө мыйзамдар

1. Конституциялык палатаны уюштуруу, компетенциясы, курамы, түзүү жана төрагасын, төраганын орун басарын шайлоо жана бошотуу тартиби Кыргыз Республикасынын Конституциясында (мындан ары – Конституция) жана ушул конституциялык Мыйзамда аныкталат.

2. Конституциялык палатанын компетенциясына кирген маселелерди кароо жана чечимдерди кабыл алуу, Конституцияда жана ушул конституциялык Мыйзамда белгиленген конституциялык сот өндүрүшү тартибинде жүзөгө ашырылат.

3. Конституциялык палатанын судьяларынын статусу, көз карандысыздыгынын кепилдиктери, аларды жоопкерчиликке тартуунун, кызматтан четтетүүнүн жана бошотуунун тартиби конституциялык мыйзамдарда, мыйзамдарда аныкталат.

4-берене. Конституциялык палатанын ыйгарым укуктары

1. Конституциялык палата:

1) мыйзамдар жана башка ченемдик укуктук актылар Конституцияга карама-каршы келген учурда, аларды конституциялык эмес деп табат;

2) Кыргыз Республикасы үчүн күчүнө кире элек эл аралык келишимдердин конституциялуулугу тууралуу корутунду берет;

3) Конституцияга өзгөртүүлөр тууралуу мыйзамдын долбооруна карата корутунду берет.

2. Конституциялык палата өзүнүн ишин натыйжалуу уюштуруу максатында ошондой эле:

1) Конституциялык палатанын регламентин кабыл алат, Конституциялык палатанын аппараты жөнүндө жобону, чыгымдардын сметасынын чектеринде анын түзүмүн жана штаттык санын бекитет;

2) кайрылуу келип түшкөнүнө байланыштуу бардык мамлекеттик органдардан жана жергиликтүү өз алдынча башкаруу органдарынан, алардын кызмат адамдарынан, коомдук бирикмелерден, юридикалык жана жеке жактардан маалыматтарды жана документтерди суратып алууга, ошондой эле адистерди эксперттик жана илимий-консультативдик иштерге тартууга укуктуу;

3) ал тарабынан кабыл алынган актылардын аткарылышына жыл сайын талдоо жүргүзөт жана жалпы маалымат үчүн жарыялайт.

2-глава

Конституциялык палатанын курамы жана ишин уюштуруу

5-берене. Конституциялык палатанын курамы

1. Конституциялык палата он бир судьядан: Конституциялык палатанын төрагасынан, төраганын орун басарынан жана тогуз судьядан турат.

2. Конституциялык палатанын судьялары "Кыргыз Республикасынын судьяларынын статусу жөнүндө" Кыргыз Республикасынын конституциялык Мыйзамында (мындан ары – судьялардын статусу жөнүндө конституциялык Мыйзам) белгиленген тартипте шайланат.

6-берене. Конституциялык палатанын төрагасын, төраганын орун басарын жана судья-катчысын шайлоонун тартиби

1. Конституциялык палатанын судьяларынын жыйналышы өзүнүн курамынан төраганы, төраганын орун басарын жана судья-катчыны үч жылдык мөөнөткө шайлайт.

Бир эле судья Конституциялык палатанын төрагасы, төраганын орун басары болуп катары менен эки мөөнөткө шайлана албайт.

2. Конституциялык палатанын судьяларынын жыйналышы ага Конституциялык палатанын судьяларынын курамынын жалпы санынын үчтөн экиден кем эмеси катышканда укук ченемдүү болуп эсептелет.

Төраганы, төраганын орун басарын, судья-катчыны шайлоо боюнча Конституциялык палатанын судьяларынын жыйналышы Конституциялык палатанын жашы улуу судьясынын төрагалыгы алдында өтөт.

Конституциялык палатанын төрагасынын, төраганын орун басарынын жана судья-катчысынын кызматына талапкерлер Конституциялык палатанын судьялары тарабынан же өзүн-өзү көрсөтүү жолу менен көрсөтүлүшү мүмкүн.

3. Конституциялык палатанын төрагасы, төраганын орун басары жана судья-катчысы жашыруун добуш берүү менен шайланат. Шайлоону өткөрүүнүн тартиби Конституциялык палатанын регламентинде аныкталат.

Эгерде алар үчүн Конституциялык палатанын судьяларынын курамынын жалпы санынын көпчүлүгү добуш берсе, Конституциялык палатанын төрагасы, төраганын орун басары жана судья-катчысы шайланган болуп эсептелет.

7-берене. Конституциялык палатанын төрагасын, төраганын орун басарын жана судья-катчысын кызмат ордунан бошотуу үчүн негиздер

1. Конституциялык палатанын төрагасы, төраганын орун басары, судья-катчысы өздөрүнүн кызматтарынан алар шайланган мөөнөтү бүткөндө же өз каалоосу боюнча бошотулат.

Конституциялык палатанын төрагасынын, төраганын орун басарынын жана судья-катчысынын ыйгарым укуктары, ошондой эле Конституциялык палатанын судьясы катары ыйгарым укуктары токтотулганда, аларды судьянын кызматынан мөөнөтүнөн мурда бошоткон учурда токтотулат.

2. Конституциялык палатанын иштеп жаткан төрагасынын ыйгарым укуктарынын мөөнөтү бүткөнүнө же ыйгарым укуктары мөөнөтүнөн мурда токтотулганына же кызматынан мөөнөтүнөн мурда бошотулганына байланыштуу, Конституциялык палатанын жаңы төрагасын шайлаганга чейин төраганын милдеттерин Конституциялык палатанын төрагасынын орун басары аткарат.

Конституциялык палатанын төрагасы, төраганын орун басары, судья-катчысы болбогон учурда, Конституциялык палатанын төрагасынын милдеттерин, Конституциялык палатанын судьяларынын жыйналышы тарабынан бул милдеттер жүктөлгөн Конституциялык палатанын судьясы убактылуу аткарат.

8-берене. Конституциялык палатанын төрагасы

Конституциялык палатанын төрагасы Конституциялык палатанын судьясынын милдетин аткаруу менен бирге:

1) иштерди жана башка маселелерди Конституциялык палатанын жыйналышында кароого даярдоону жетектейт;

2) Конституциялык палатанын жыйналыштарын чакырат, карала турган маселелерди талкуугa киргизет, жыйналыштарга төрагалык кылат;

3) Конституциялык палатанын атынан чыгат жана сүйлөйт;

4) келип түшкөн кайрылууларды Конституциялык палатанын судьяларынын ортосунда бөлүштүрөт;

5) Конституциялык палатанын регламентин анын бекитүүсүнө сунуштайт;

6) жыйналышты өткөрүүнүн, анын катышуучуларынын жана катышып олтургандардын коопсуздугун камсыз кылуу боюнча чараларды аныктайт;

7) Конституциялык палатанын аппаратына жалпы жетекчиликти жүзөгө ашырат, мамлекеттик кызмат жөнүндө мыйзамдын талаптарына ылайык аппараттын жетекчисин кызматка дайындайт жана бошотот, ошондой эле Конституциялык палатанын бекитүүсүнө Конституциялык палатанын аппараты тууралуу жобону жана анын түзүмүн сунуштайт;

8) Конституциялык палатанын жыйналыштарынын чечимдеринин, корутундуларынын, токтомдорунун, аныктамаларынын көчүрмөлөрүнө жана протоколдоруна кол коет;

9) ушул конституциялык Мыйзамга жана Конституциялык палатанын регламентине ылайык, башка ыйгарым укуктарды жүзөгө ашырат.

Конституциялык палатанын төрагасы буйруктарды жана тескемелерди чыгарат.

9-берене. Конституциялык палатанын төрагасынын орун басары

Конституциялык палатанын төрагасынын орун басары Конституциялык палатанын судьясынын милдеттерин аткаруу менен бирге Конституциялык палатанын төрагасы жок болгондо же анын тапшыруусу боюнча Конституциялык палатанын төрагасынын милдеттерин аткарат.

Конституциялык палатанын төрагасынын орун басары болбогон учурда төраганын милдеттерин аткаруу судья-катчыга жүктөлөт.

10-берене. Конституциялык палатанын судья-катчысы

Конституциялык палатанын судья-катчысы Конституциялык палатанын судьясынын милдетин аткаруу менен бирге:

1) Конституциялык палатанын жыйналыштарын даярдоо боюнча уюштуруу иштерин жүзөгө ашырат жана Конституциялык палатанын чечимдерин аткарууну камсыз кылуучу чараларды көрөт;

2) Конституциялык палатанын жыйналышын алып баруу жана протоколун өз убагында тариздөө боюнча иштерди уюштурат;

3) Конституциялык палатанын жыйналыштарынын чечимдеринин, токтомдорунун, корутундуларынын, аныктамаларынын көчүрмөлөрүнө жана протоколдоруна кол коет;

4) Конституциялык палатанын ишин маалыматтык камсыздоону уюштурат;

5) ушул конституциялык Мыйзамга жана Конституциялык палатанын регламентине ылайык башка ыйгарым укуктарды жүзөгө ашырат.

II бөлүм

Конституциялык сот өндүрүшү

3-глава

Конституциялык сот өндүрүшүнүн принциптери

11-берене. Көз карандысыздык

1. Конституциялык палата көз карандысыз жана Конституцияга, ушул конституциялык Мыйзамга жана Конституциялык палатанын регламентине баш ийет.

2. Конституциялык палатанын чечимдери Конституцияга негизделет жана судьялардын ар кандай кызыкчылыктардан эркин болгон укуктук көз карашын билдирет.

3. Конституциялык палатанын судьялары өздөрүнүн эркин билдирүү эркиндигине сырттан таасир тийгизүүнү жокко чыгарган шарттарда чечим кабыл алат.

4. Конституциялык палатанын иш-аракетине кандай гана болбосун кийлигишүүгө жол берилбейт жана мындай кийлигишүү мыйзамда каралган жоопкерчиликке алып келет.

12-берене. Иштерди кароонун коллегиялуулугу

1. Конституциялык палатада иштерди кароо жана алар боюнча чечим кабыл алуу коллегиялуу түрдө жүргүзүлөт.

Конституциялык палата өз ишин анын курамында Конституциялык палатанын судьяларынын жалпы санынын үчтөн экиден кем эмеси болгондо, ошондой эле ушул конституциялык Мыйзамда каралган учурларда, үч судьядан турган коллегиялар менен жүзөгө ашырат.

Коллегиялардын курамы жана түзүү тартиби Конституциялык палатанын регламентинде аныкталат.

2. Судья аны кызматынан четтеткен же ушул конституциялык Мыйзамда белгиленген тартипте өзүнүн катышуусун алып койгон же катышуусун алдырганы жөнүндө маселе канааттандыраарлык чечилгенден тышкары учурларда, Конституциялык палатанын жыйналышына катышуудан четтетилиши мүмкүн эмес.

13-берене. Конституциялык сот өндүрүшүнүн айкындуулугу

1. Конституциялык палатада иштерди кароо ачык жүргүзүлөт. Ушул конституциялык Мыйзамда каралган учурларда гана жабык жыйналыштарды өткөрүүгө жол берилет. Жыйналыштар жарандык коомдун жана жалпыга маалымдоо каражаттарынын өкүлдөрү үчүн жетимдүү болгон соттук жыйналыш залында өткөрүлөт.

2. Конституциялык палата катышуучуларды өзүнүн жыйналыштарынын убактысы жана орду жөнүндө жазуу жүзүндө кабарландырат жана соттук жыйналыштар жөнүндө маалыматты Конституциялык палатанын имаратында, ошондой эле Конституциялык палатанын расмий сайтында, жыйналыштар башталганга чейин он кун мурда жайгаштырат.

3. Конституциялык палатанын чечимдери жана корутундулары жарыя уктурулат.

14-берене. Оозеки териштирүү

Конституциялык палатанын жыйналыштарында териштирүү оозеки жүргүзүлөт. Конституциялык палата соттук жыйналышта жыйналыштын катышуучуларынын түшүндүрмөлөрүн угууга милдеттүү жана көрсөтүлгөн документтерди жарыя окууга укуктуу.

15-берене. Конституциялык сот өндүрүшүнүн тили

1. Конституциялык сот өндүрүшү мамлекеттик тилде жүзөгө ашырылат. Сот өндүрүшүнүн катышуучуларынын өтүнүчү боюнча расмий тилде жүзөгө ашырылышы мүмкүн.

2. Сот өндүрүшүнүн тилин билбеген конституциялык сот өндүрүшүнүн катышуучуларына башка тилде түшүнүк берүү жана котормочунун кызматынан пайдалануу укугу камсыз кылынат.

16-берене. Иштин түздөн-түз каралышы

1. Конституциялык палата ишти ушул конституциялык Мыйзамда белгилеген тартипте түздөн-түз карабай туруп анын маңызы боюнча чечим жана корутунду кабыл алууга укуксуз.

2. Конституциялык палатанын судьялары жыйналыш ачылган учурдан тартып жабылганга чейин ишти кароого жеке өздөрү катышат.

3. Судьянын жыйналышка катышуусуна тоскоолдук кылган учурларды кошпогондо, судьялардын эч кимиси ишти кароодон четтөөгө укуксуз.

4. Эгерде анын катышуусу кворумду камсыз кылуу үчүн зарыл болсо, жыйналышка жаңы судьянын киришүүсү иш боюнча өндүрүштү соттук териштирүүнүн башталышынан тартып кайрадан баштоого алып келет.

5. Судьялардын кворуму болгондо, судьянын ишти андан ары кароого катышууга мүмкүн эместиги өндүрүштү улантууга тоскоолдук кылбайт, бирок кеткен судьянын судьялардын кеңешмесине жана чечимдерди же корутундуларды кабыл алууга катышуусун жокко чыгарат.

6. Жыйналышка катышкан судьялардын эч кимиси Конституциялык палатанын кеңешмесинде добуш берүүдө калыс калууга укуксуз; чечим жана корутунду жарыяланганга чейин ар бир судья иш боюнча өз көз карашын жеке өзү билдирүүгө милдеттүү.

17-берене. Тараптардын атаандаштыгы жана тең укуктуулугу

Тараптар Конституциялык палатанын жыйналышында атаандаштыктын негизинде өз көз караштарын коргоо боюнча бирдей укуктардан жана мүмкүнчүлүктөрдөн пайдаланат.

4-глава

Иштердин Конституциялык палатага караштуулугу

18-берене. Иштердин караштуулугу

1. Конституциялык палата конституциялык сот өндүрүшүнүн алкагында төмөнкү иштерди карайт:

1) мыйзамдар жана башка ченемдик укуктук актылар Конституцияга карама-каршы келген учурда, аларды конституцияга ылайык эмес деп табуу жөнүндө;

2) Кыргыз Республикасы үчүн күчүнө кире элек эл аралык келишимдердин конституциялуулугу жөнүндө корутунду берүү тууралуу;

3) Конституцияга өзгөртүүлөр тууралуу мыйзамдын долбooруна корутунду берүү жөнүндө.

2. Кээ бирөөлөрү Конституциялык палатанын кароосуна таандык, ал эми айрымдары башка мамлекеттик бийлик органдарынын кароосуна таандык болгон бир нече өз ара байланышкан талаптарды бириктирүүдө, Конституциялык палатанын компетенциясына кирген маселелер боюнча талаптар гана каралууга жатат.

19-берене. Ишти чечүүнүн чектери

1. Конституциялык палата укук маселелерин гана белгилейт жана чечет.

2. Конституциялык палата талаштагы ченемдик укуктук актынын конституциялуулугун текшерүү менен, анын Конституцияга ылайыктуулугун төмөнкүлөр боюнча белгилейт:

1) ченемдердин мазмуну боюнча;

2) ченемдик укуктук актынын таризи боюнча;

3) кабыл алуу, кол коюу, жарыялоо жана колдонууга киргизүү тартиби боюнча.

3. Конституциялык палата Конституцияга өзгөртүүлөр тууралуу мыйзамдын долбооруна корутунду берүү менен, анын төмөнкүлөргө ылайыктуулугун белгилейт:

1) адамдын жана жарандын пайдубал укуктарына жана эркиндиктерине, алардын чектөөлөрүнүн мүмкүнчүлүгүнө;

2) демократиялык, укуктук, дин аралашпаган мамлекеттин принциптерине;

3) Конституциянын 114-беренесинде каралган ага өзгөртүүлөр киргизүү тартибине.

4. Конституциялык палата кайрылууда ченемдик укуктук актынын конституциялуулугу күмөн саналган бөлүгүнө гана тийиштүү болгон предмет боюнча актыларды чыгарат. Мында Конституциялык палата кайрылууда баяндалган жүйөөлөргө жана пикирлерге көз каранды эмес.

5-глава

Конституциялык палатага кайрылуу субъекттери

20-берене. Конституциялык палатага кайрылуу субъекттери

1. Конституциялык палатага кайрылуу укугу төмөнкүлөргө таандык:

1) жеке же юридикалык жакка (жактарга), эгерде ал Конституцияда таанылган анын укуктары жана эркиндиктери мыйзамдарда жана башка ченемдик укуктук актыларда бузулган деп эсептесе;

2) Жогорку Кеңешке;

3) Жогорку Кеңештин фракциясына (фракцияларына);

4) Президентке;

5) Өкмөткө;

6) Премьер-министрге;

7) Кыргыз Республикасынын судьясына (судьяларына);

8) жергиликтүү өз алдынча башкаруу органдарына;

9) Башкы прокурорго;

10) Акыйкатчыга (Омбудсменге).

2. Ушул berененин 1-бөлүгүнүн 2-6, 8-10-пункттарында көрсөтүлгөн органдар жана кызмат адамдары Конституциялык палатага – сунуштама, башка адамдар – өтүнүч, ал эми судья (судьялар) суроо-талап таризиндеги кайрылууларды беришет.

Ушул berененин 1-бөлүгүнүн 2-6, 8-10-пункттарында көрсөтүлгөн органдар жана кызмат адамдары компетенция маселелер боюнча Конституциялык палатага кайрылган учурда, алардын компетенциясына тиешелүү бөлүгүнө гана сунуштама киргизиши мүмкүн.

21-берене. Мыйзамдарды жана башка ченемдик укуктук актыларды конституциялык эмес деп табуу жөнүндө кайрылууга укук

Мыйзамдарды жана башка ченемдик укуктук актыларды конституциялык эмес деп табуу жөнүндө кайрылуу укугуна ушул конституциялык Мыйзамдын 20-беренесинин 1-бөлүгүндө көрсөтүлгөн субъекттер ээ.

22-берене. Кыргыз Республикасы үчүн күчүнө кире элек эл аралык келишимдердин конституциялуулугу жөнүндө корутунду берүү тууралуу кайрылууга укук

Кыргыз Республикасы үчүн күчүнө кире элек эл аралык келишимдердин конституциялуулугу жөнүндө корутунду берүү тууралуу кайрылуу укугуна ушул конституциялык Мыйзамдын 20-беренесинин 1-бөлүгүнүн 2-6-пункттарында көрсөтүлгөн субъекттер ээ.

23-берене. Конституцияга өзгөртүүлөр тууралуу мыйзамдын долбоору боюнча корутунду берүү жөнүндө кайрылууга укук

Конституцияга өзгөртүүлөр тууралуу мыйзамдын долбоору боюнча корутунду берүү жөнүндө кайрылуу укугуна ушул конституциялык Мыйзамдын 20-беренесинин 1-бөлүгүнүн 2-5, 10-пункттарында көрсөтүлгөн субъекттер ээ.

6-глава

Конституциялык палатага кайрылуу

24-берене. Конституциялык палатада каралуучу иштин себептери жана негиздери

Ушул конституциялык Мыйзамдын талаптарына жооп берүүчү сунуштамалар, өтүнүчтөр жана суроо-талаптар таризиндеги Конституциялык палатага кайрылуу Конституциялык палатада каралуучу иштин себептери болуп эсептелет.

Мыйзамдын, башка ченемдик укуктук актынын, Кыргыз Республикасы үчүн күчүнө кире элек эл аралык келишимдин же Конституцияга өзгөртүүлөр тууралуу мыйзамдын долбоорунун Конституцияга ылайык келүүсү жөнүндөгү маселеде күмөндүүлүктүн пайда болуусу – ишти кароого негиз болуп эсептелет.

25-берене. Кайрылууга коюлган жалпы талаптар

1. Конституциялык палатага кайрылуу жазуу жүзүндө берилет жана укук берилген адам (адамдар) тарабынан кол коюлат.

2. Кайрылуу, ошондой эле ага тиркелген материалдар мамлекеттик же расмий тилде берилет.

3. Кайрылууда төмөнкүлөр көрсөтүлүүгө тийиш:

1) Конституциялык палатанын аталышы;

2) кайрылуучунун аталышы, дареги жана ага тиешеси бар башка зарыл маалыматтар;

3) кызмат орду боюнча өкүлчүлүктү кошпогондо, кайрылуучунун өкүлүнүн аталышы, дареги жана анын ыйгарым укуктары жөнүндө маалыматтар, ага тиешеси бар башка маалыматтар;

4) конституциялуулугу текшерилүүгө жаткан ченемдик укуктук актыга кол койгон же аны чыгарган мамлекеттик органдын, кызмат адамынын аталышы, дареги;

5) Конституциялык палатага кайрылууга укук берген Конституциянын жана ушул конституциялык Мыйзамдын ченемдери;

6) тарап өзүнүн талабын негиздеген жана өзү берген фактыларды ырастаган жагдайлар;

7) талашылып жаткан ченемдик актынын толук аталышы, номуру, кабыл алынган датасы, жарыяланган булактары жана башка реквизиттери;

8) конкреттүү, ушул конституциялык Мыйзамда көрсөтүлгөн кайрылууну кароо негиздери;

9) кайрылуучунун коюлган маселе боюнча көзкарашы жана аны Конституциянын ченемдерине шилтеме менен укуктук негиздемеси;

10) Конституциялык палатага сунуштама, өтүнүч, суроо-талап менен байланышкан кайрылуунун талабы;

11) тиркелген документтердин тизмеги.

26-берене. Кайрылууга тиркелүүчү документтер

Кайрылууга төмөнкүлөр тиркелет:

1) кайрылуучу тарап конституциялуулугун толугу менен же айрым бөлүгүндө талашып жаткан ченемдик укуктук актынын текстинин көчүрмөсү;

2) өкүлчүлүк кызмат орду боюнча жүргүзүлүүчү учурларды кошпогондо, өкүлдүн ыйгарым укуктарын тастыктоо күбөлүгү же башка документ.

Зарыл учурда кайрылууга Конституциялык палатанын жыйналышына чакырылууга жаткан адамдардын тизмеси, алардын даректери, ошондой эле башка документтер жана материалдар тиркелүүсү мүмкүн.

27-берене. Конституциялык палатага келип түшкөн кайрылууларды каттоо

Конституциялык палатага келип түшкөн кайрылуулар милдеттүү түрдө алардын келип түшкөн күнү катталууга жатат.

7-глава

Кайрылууларды өндүрүшкө кабыл алуу, иштерди кароого даярдоо жана конституциялык палатада иштерди кароо

28-берене. Кайрылууну өндүрүшкө кабыл алуу

1. Кайрылууну сот өндүрүшүнө кабыл алуу жөнүндө маселени катталган учурдан тартып отуз жумушчу күндүн ичинде чечүү үчүн келип түшкөн кайрылуу Конституциялык палатанын төрагасы тарабынан Конституциялык палатанын үч судьядан турган коллегиясына берилет.

2. Кайрылууну жана ага тиркелген документтерди текшерүү коллегиянын судьяларынын бирине тапшырылат. Кайрылууну өндүрүшкө кабыл алуу жөнүндөгү же аны кабыл алуудан баш тартуу жөнүндөгү аныктама коллегиянын көпчүлүк добушу менен кабыл алынат.

Кайрылуу өндүрүшкө кабыл алынган учурда, кайрылууну текшерүү тапшырмасын алган мындан ары судья-баяндамачы деп аталуучу судья жыйналышка ишти даярдоону жүргүзөт, аны кабыл алуудан баш тартылган учурда материалдарды арыз ээсине кайтарып берет.

3. Коллегия кайрылууну өндүрүшкө кабыл алуудан төмөнкү учурларда баш тартат:

1) эгерде кайрылуу таризи жана мазмуну боюнча ушул конституциялык Мыйзамдын талаптарына ылайык келбесе;

2) эгерде кайрылуу тиешелүү эмес органдан же жактан (субъекттен) келип түшсө;

3) эгерде кайрылуу тараптын Конституциялык палатада иш жүргүзүүгө ыйгарым укуктарга ээ болбогон өкүлү тарабынан берилсе же болбосо өкүл ушул конституциялык Мыйзамда каралбаган адам болуп эсептелсе;

4) эгерде кайрылууда билдирилген талап Конституциялык палатанын кароосуна караштуу болбосо;

5) эгерде кайрылууда көрсөтүлгөн маселенин конституциялуугу Конституциялык палата тарабынан текшерилсе жана анын өз күчүн сактаган актысы бар болсо.

4. Конституциялуулугу талашылып жаткан актыны жокко чыгаруу же анын күчүн жоготушу кайрылууну Конституциялык палатанын өндүрүшүнө кабыл алуудан баш тартууга алып келет.

5. Кайрылууну өндүрүшкө кабыл алуудан баш тартуу жөнүндө же болбосо аны кабыл алуу тууралуу аныктама тараптар тарабынан Конституциялык палатага даттанылышы мүмкүн. Конституциялык палата тарабынан бул маселени кароонун жыйынтыктары боюнча өзүнчө токтом кабыл алынат.

6. Кыргыз Республикасы үчүн күчүнө кире элек эл аралык келишимдердин конституциялуугу жөнүндө кайрылуусунун өндүрүшкө кабыл алуусу Конституциялык палатада ишти кароо аяктаганга чейин талашылып жаткан эл аралык келишимдердин күчүнө кирүү процессинин токтотула турушуна алып келет.

29-берене. Конституциялык палатада маселелерди кароонун мөөнөттөрү

Конституциялык палата өндүрүшкө кабыл алынган кайрылууну аны кабыл алган күндөн тартып беш айдын ичинде карайт жана ал боюнча акт чыгарат. Бул мөөнөт Конституциялык палатанын төрагасынын чечими боюнча бир айга узартылышы мүмкүн.

30-берене. Ишти кароого даярдоо

1. Өндүрүшкө кабыл алынган кайрылуу боюнча судья-баяндамачы ишти эки айлык мөөнөттө кароого даярдоону жүргүзөт, бул үчүн ал:

1) иш боюнча тараптарды аныктайт, аларга ушул конституциялык Мыйзамда каралган алардын процесстик укуктарын жана милдеттерин түшүндүрөт;

2) тараптарды сурайт;

3) ишке тиешеси бар зарыл документтерди жана башка маалыматтарды кошумча талап кылуу жөнүндө аныктама чыгарат;

4) тиешелүү кызмат адамдарын жана башка адамдарды сурайт;

5) зарыл болгон учурда, жыйналышка чакыртылууга жана чакыртылып келтирилүүгө тийиш болгон күбөлөрдүн, эксперттердин жана башка адамдардын чөйрөсүн аныктайт;

6) ар кандай адамдардын өз ара байланышкан талаптарын бир сот өндүрүшүнө бириктирүү жөнүндө же бир кайрылууда билдирилген караштуулугу жок талаптарды өзүнчө бөлүп чыгаруу жөнүндө маселени чечет;

7) ишти Конституциялык палатанын жыйналышында кароого карата дайындоо жөнүндө аныктама чыгарат, жыйналыштын катышуучуларын кабардар кылат жана зарыл жактардын катышуусун камсыз кылат;

8) болгон материалдар боюнча актынын долбоорун даярдайт;

9) жыйналыш башталганга чейин он күндөн кечиктирбестен иштин материалдарынын көчүрмөлөрүн Конституциялык палатанын бардык судьяларына жана жыйналыштын катышуучуларына тапшырууну камсыз кылат;

10) ишти туура чечүүнү камсыз кылуу боюнча башка аракеттерди жүргүзөт.

2. Билдирилген талаптардын өзгөчө татаалдыгына же алардын өтө маанилүүлүгүнө жараша, ишти кароого даярдоо бир нече судьяларга тапшырылышы мүмкүн.

31-берене. Конституциялык сот өндүрүшүнүн катышуучулары

Тараптар, алардын өкүлдөрү, күбөлөр, эксперттер, котормочулар конституциялык сот өндүрүшүнүн катышуучулары болуп эсептелет.

32-берене. Тараптар жана алардын өкүлдөрү

1. Конституциялык сот өндүрүшүндө тараптар деп төмөнкүлөр таанылат:

1) кайрылуучу тарап – сунуштамалары жана өтүнүчтөрү өндүрүшкө кабыл алынган жактар же органдар;

2) жоопкер-тарап – ченемдик укуктук актыны чыгарган, ага кол койгон орган же кызмат адамдары же конституциялуулугу жөнүндө маселе коюлуп жаткан Конституцияга өзгөртүүлөр киргизүү тууралуу мыйзамдын долбоорун, эл аралык келишимди ратификациялоону, бекитүүнү же Кыргыз Республикасы үчүн башка ыкма менен күчүнө киргизүүнү демилгелеген субъекттер.

2. Кызмат орду боюнча, мыйзам боюнча өкүлдөр, адвокаттар тараптардын өкүлдөрү боло алышат. Ар бир тарап үчтөн көп эмес өкүлгө ээ болушу мүмкүн. Тараптар бир эле маселе боюнча ишти жүргүзүүнү алардын бирөөсүнө тапшырууга укуктуу.

Тараптардын өкүлдөрүнүн ыйгарым укуктары жарандык процесстик мыйзамдарда каралган тартипте таризделет.

3. Конституциялык палата тарабынан суроо-талабы өндүрүшкө кабыл алынган судья (судьялар) тарап деп таанылбайт, жыйналышка чакырылбайт.

4. Тараптар бирдей процесстик укуктардан пайдаланат.

Тараптар жана алардын өкүлдөрү иштин материалдары менен таанышууга, алардан ичинен жазып алууларды жүргүзүүгө, көчүрмөлөрдү алууга, далилдерди берүүгө, далилдерди иликтөөгө катышууга, процесстин жүрүшүндө келип чыккан бардык маселелер боюнча өз жүйөлөрүн жана пикирлерин билдирүүгө, корутунду сөз сүйлөөгө укуктуу.

Ошондой эле, тараптар өтүнүч билдирүүгө, судьяларга оозеки жана жазуу жүзүндө түшүнүктөрдү берүүгө, берилген сунуштамалар жана өтүнүчтөр боюнча өз пикирин айтууга укуктуу.

Кайрылуучу тарап өз талаптарынын негизин же предметин өзгөртүүгө, алардын көлөмүн көбөйтүүгө же азайтууга, талаптардан баш тартууга укуктуу.

Жоопкер-тарап аларды толук же жарым-жартылай моюнга алууга же аларга каршы пикирлерин билдирүүгө укуктуу.

5. Ар бир тарап далилдерди берүүгө жана өз талаптарынын жана каршы пикирлеринин негизи катары таянган жагдайларды далилдөөгө укуктуу.

Тараптар өз укуктарын ак ниеттүү пайдаланууга милдеттүү. Сотко атайын жалган маалыматтарды берүү Конституциялык палатаны урматтабагандык катары бааланат жана мыйзам боюнча жоопкерчиликке алып келет.

Тараптар жана алардын өкүлдөрү Конституциялык палатанын чакыруусу боюнча келүүгө, көрсөтмө берүүгө жана суроолорго жооп берүүгө милдеттүү.

33-берене. Күбөлөр

1. Аныкталуусу Конституциялык палатанын карамагына берилген иш жүзүндөгү жагдайларды изилдөөнүн зарылчылыгы болгондо, андай жагдайлар жөнүндө маалыматтары же материалдары бар жактар күбө катары чакырылышы мүмкүн.

2. Күбө Конституциялык палатага каралып жаткан иштин маңызына тиешелүү, жеке өзүнө белгилүү жагдайларды билдирүүгө жана Конституциялык палатанын судьяларынын жана тараптардын суроолоруна жооп берүүгө милдеттүү. Зарыл болгондо ал жазуу жүзүндөгү белгилөөлөрүн, ошондой эле документтерди жана башка материалдарды пайдалана алат.

34-берене. Эксперт

1. Каралып жаткан ишке тиешелүү маселелер боюнча атайын билимдери бар адам Конституциялык палатанын жыйналышына эксперт катары чакырылышы мүмкүн. Эксперт корутунду берүүгө тийиш болгон маселелер баяндамачы-судья же Конституциялык палата тарабынан аныкталат.

2. Эксперт Конституциялык палатанын уруксаты боюнча иштин материалдары менен таанышууга, тараптарга жана күбөлөргө суроо берүүгө, ошондой эле өзүнө кошумча материалдарды берүү жөнүндө өтүнүч билдирүүгө укуктуу.

3. Корутундуну баяндагандан кийин, эксперт Конституциялык палатанын судьяларынын жана тараптардын кошумча суроолоруна жооп берүүгө милдеттүү.

35-берене. Конституциялык палатада каралуучу укуктун айрым маселелери боюнча башка жактардын катышуусу

1. Жеке жана юридикалык жактар, мамлекеттик органдар, коомдук бирикмелер, эл аралык уюмдар Конституциялык палатада каралуучу конкреттүү иште укуктун айрым маселелери боюнча өздөрүнүн жазуу жүзүндөгү түшүндүрмөлөрүн, жүйөөлөрүн жана ой-пикирлерин берүүгө укуктуу. Мында Конституциялык палата алардын жүйөөлөрүнө жана ой-пикирлерине байланбайт.

2. Ушул берененин 1-бөлүгүндө көрсөтүлгөн субъекттердин жазуу жүзүндөгү түшүндүрмөлөрү, жүйөөлөрү жана ой-пикирлери аталган субъекттер чагылдыргысы келген укук маселелеринин тизмеси, ошондой эле аталган маселелерде алардын компетенттүүлүгү жөнүндө күбөлөндүргөн маалымат камтылууга тийиш.

Судья-баяндамачы ушул берененин 1-бөлүгүндө көрсөтүлгөн субъекттерге өз демилгеси боюнча кайрылууга укуктуу.

36-берене. Судьянын (судьялардын) өзүнүн катышуусун алуу жана анын (алардын) катышуусун алдыруу

1. Конституциялык палатанын судьясы конституциялык сот өндүрүшүнүн кайсы гана этабында болбосун өзүнүн катышуусун алууну төмөнкү учурларда билдирүүгө милдеттүү:

1) эгерде судья кароонун предмети болуп саналган актыны кабыл алууга мурда кызмат абалына байланыштуу катышса;

2) эгерде ишти чечүүдө судьянын объективдүүлүгү сот өндүрүшүнүн катышуучулары менен туугандык же башка жеке байланыштардан улам күмөн саноого алып келиши мүмкүн болсо;

3) эгерде анын адилеттүүлүгүнө жана калыстыгына таасир тийгизиши мүмкүн болгон башка олуттуу жагдайлар болсо.

Ушул эле негиздер боюнча тараптар судьянын (судьялардын) катышуусун алдырууну билдирүүгө укуктуу.

2. Тараптардын өтүнүчү боюнча, Конституциялык палата ушул берененин 1-бөлүгүндө көрсөтүлгөн жагдайлар болгондо, катышуудан баш тартуу жөнүндө маселе чечиле турган судьяны уккандан кийин анын катышуудан баш тарткандыгы жөнүндө жүйөөлүү аныктама чыгарат.

Мында бул ишти кароо үчүн кворумдун бузулушуна алып келсе, анда судьянын (судьялардын) өзү катышуудан баш тартууга (анын (алардын) катышуудан баш тартууга) жол берилбейт, ал жөнүндө Конституциялык палата аныктама чыгарат.

37-берене. Ачык жыйналыштар

Ушул конституциялык Мыйзамда каралгандан тышкары учурларда, Конституциялык палатанын жыйналыштары ачык өтөт.

Катышып отургандар жыйналыштын жүрүшүн өз орундарынан белгилеп жаза алышат. Мында жыйналышты киного жана сүрөткө, видеого тартууга, радиодон жана телевизордон түз берүүгө Конституциялык палатанын уруксаты менен жол берилет. Эгерде алар жыйналышты алып баруунун тиешелүү тартибине кийлигишсе, төрагалык кылуучу эскертүүдөн кийин, айрым адамдарды жыйналыш залынан чыгарып жибере алат.

38-берене. Жабык жыйналыштар

Конституциялык палата мамлекеттик сырды сактоо, жарандардын коопсуздугун камсыз кылуу, алардын жеке турмушундагы сырды жана коомдук адептүүлүктү коргоо зарыл болгон учурларда, жабык жыйналышты дайындайт.

Ишти жабык жыйналышта кароонун зарылдыгы жөнүндө жүйөөлүү аныктама чыгарылып, ал жыйналыш башталаар алдында жалпыга жарыяланат.

Жабык жыйналышка Конституциялык палатанын судьялары, тараптар жана алардын өкүлдөрү катышат. Сот өндүрүшүнө башка катышуучулардын катышуу мүмкүндүгү Конституциялык палата тарабынан аныкталат. Жыйналышты алып баруунун тиешелүү тартибин түздөн-түз камсыз кылуучу Конституциялык палатанын аппаратынын кызматкерлеринин катышуусу судьялар менен макулдашуу боюнча төрагалык кылуучу тарабынан аныкталат.

39-берене. Жыйналышты кийинкиге калтыруу

1. Конституциялык палатанын жыйналышы төмөнкүдөй учурларда кийинкиге калтырылышы мүмкүн:

1) судьялардын кимдир бирөөсүнүн ооруп калгандыгына же башка себептер менен келбей калгандыгына байланыштуу сот жыйналышында кворумдун бузулушунан улам;

2) катышуусу милдеттүү жана келбей калышы ишти туура чечүүгө таасир тийгизиши мүмкүн деп табылган тараптардын же тараптардын биринин, күбөнүн же эксперттин келбей калышынан улам;

3) эгерде Конституциялык палата каралып жаткан ишти жетиштүү даярдалган эмес деп тапса;

4) талап кылынган материалдардын өз убагында тапшырылбаганынан улам, эгерде алар ишти чечүү үчүн олуттуу мааниге ээ болсо;

5) сот жыйналышынын нормалдуу жүрүшүнө же ишти ар тараптуу кароого тоскоолдук кылган башка жагдайлар болсо, эгерде андай жагдайларды сот жыйналышынын жүрүшүндө жоюу мүмкүн болбосо.

2. Конституциялык палатанын жыйналышын кийинкиге калтыруу жөнүндө чечим сот жыйналышына катышкан судьялардын санынын көпчүлүк добушу менен кабыл алынат. Сот жыйналышын кийинкиге калтыруу тууралуу чечим кабыл алууда, Конституциялык палата жыйналыш которулган датаны дайындайт.

40-берене. Иш боюнча өндүрүштү токтото туруу

1. Ишти ушул конституциялык Мыйзамда белгиленген мөөнөттө кароо мүмкүн болбогон учурларда, Конституциялык палата ал боюнча өндүрүштү келип чыккан тоскоолдуктарды жоюу үчүн зарыл болгон, бирок үч айдан ашпаган мөөнөткө токтото турууга укуктуу. Мында аны кароонун мөөнөтү да токтотулат.

Иш боюнча өндүрүш аны токтото туруу үчүн негиз болгон жагдайлар жоюлганда кайра жаңыртылат. Конституциялык палата тарабынан иш боюнча өндүрүштү токтото туруу башка иштерди кароого тоскоолдук кылбайт.

2. Ишти кароо ал токтотулуп турган учурдан тартып кайра жаңыртылат, ал эми мурда угулган эксперттерди, адистерди жана күбөлөрдү кайталап чакыртуу зарыл учурларда гана жүргүзүлөт. Өндүрүштү кайра баштоодо, Конституциялык палата аныктама чыгарат жана ишке катышуучу адамдарга бул жөнүндө кабарландырылат.

Эгерде Конституциялык палатанын жыйналышы судьялардын башка курамында кайра башталса, ишти кароо кайрадан башталат.

41-берене. Иш боюнча өндүрүштү токтотуу

1. Конституциялык палата иш боюнча өндүрүштү төмөнкүдөй учурларда токтотот:

1) арыз берүүчү өз талаптарынан баш тартканда, маңызы боюнча Конституциялык палатанын чечими кабыл алынганга чейин тарап маселени өз ыктыяры менен алып салганда;

2) эгерде ишти даярдоонун же кароонун процессинде ал Конституциялык палатанын кароосуна таандык эмес экендиги аныкталса. Мында иш кароосуна таандык болгон орган милдеттүү түрдө көрсөтүлөт;

3) эгерде конституциялуулугу талашылып жаткан акт ишти даярдоо же кароо процессинде жокко чыгарылса же ал күчүн жоготсо, ушул актынын иш аракети менен жеке жана юридикалык жактардын конституциялык укуктары жана эркиндиктери бузулгандан тышкары учурларда;

4) иш боюнча тараптардын бири болуп саналган жеке жак каза болгондо;

5) эгерде иш боюнча тарап катары чыккан юридикалык жак укук мураскорун аныктабастан жоюлганда.

2. Иш боюнча өндүрүштү токтотуу жөнүндө маселени чечүү Конституциялык палата тарабынан сот жыйналышына катышкан судьялардын көпчүлүк добушу менен кабыл алынат.

Конституциялык палатанын иш боюнча өндүрүштү токтотуу жөнүндө аныктамасы тараптарды Конституциялык палатага ошол эле талап жана ошол эле негиздер боюнча кайтадан кайрылуу мүмкүнчүлүгүнөн ажыратат.

42-берене. Иштерди кароонун тартиби

1. Конституциялык палатада иштерди кароо жыйналыштарда Конституциялык палатанын төрагасынын төрагалыгында жүргүзүлөт, ал эми ал жок учурда, төрагалык кылуу ушул конституциялык Мыйзамдын 7 жана 9-беренелеринин эрежелери боюнча аныкталат.

2. Ишти маңызы боюнча кароону баштаганга чейин төрагалык кылуучу:

1) Конституциялык палатанын жыйналышын ачат жана карала турган ишти жарыялайт;

2) Конституциялык палатанын курамын жарыялайт;

3) сот жыйналышынын катчысына жыйналышка чакырылган катышуучулардын, күбөлөрдүн, эксперттердин, зарыл болгон учурда котормочунун бар экендиги жана келбей калгандардын себептери жөнүндө баяндама жасоо үчүн сөз берет. Тарап ишти анын катышуусу менен кароону өтүнгөн жана өзүнүн келбегендиги тууралуу жүйөлүү себепти келтиргенден тышкары учурларда, тараптын же анын өкүлүнүн Конституциялык палатанын жыйналышына келбегендиги ишти кароого кедерги болбойт;

4) тараптардын ыйгарым укуктарын текшерет;

5) тараптарга алардын укуктарын жана милдеттерин, ал эми чакырылган жактарга – алардын милдеттерин жана жоопкерчиликтерин түшүндүрөт;

6) жыйналыштын катышуучуларынан аларга кошумча күбөлөрдү, эксперттерди чакыртуу жөнүндө, кошумча далилдерди талап кылуу тууралуу, жыйналыштын жүрүшүндө келип чыккан башка маселелер боюнча өтүнүч бар же жок экендигин сурайт, аларды соттун чечүүсүнө коет;

7) сот залынан күбөлөрдү, эксперттерди чыгарат;

8) иштин маңызы боюнча кароонун башталгандыгы жөнүндө жарыялайт.

3. Ар бир ишти кароодо:

1) судья-баяндамачынын сөзү угулат, ал иштин маңызын, аны кароонун жүйөөлөрүн жана негиздерин, болгон материалдардын мазмунун баяндайт жана Конституциялык палатанын судьяларында келип чыккан суроолорго жооп берет;

2) ар бир тараптын түшүндүрмөлөрү угулат;

3) тараптарга бири-бирине жана процесстин башка катышуучуларына суроо берүү мүмкүнчүлүгү берилет, андан кийин Конституциялык палатанын судьялары суроо берет. Соттук жыйналыштын жүрүшүндө коюлган маселелердин жол берилүүчүлүгү Конституциялык палата тарабынан чечилет;

4) күбөлөрдүн, эксперттердин көрсөтүүлөрүн угуудан мурда төрагалык кылуучусу алардын ким экендигин аныктайт жана көрсөтүү берүүдөн баш тарткандыгы жана атайылап жалган көрсөтүү же корутунду бергендиги үчүн мыйзамдарда жазык жоопкерчилиги каралгандыгы жөнүндө аларды жазуу жүзүндө эскертет, котормочу атайылап жалган которгондугу үчүн жоопкерчилик жөнүндө эскертилет;

5) соттук жыйналышта сотко берилген документтер жарыяланышы же көрүү үчүн таратылышы мүмкүн. Түп нускасы күмөн саноого алып келген документтер жарыяланууга жана көрүп-билүүгө жатпайт. Конституциялык палатанын чечими боюнча изилденген документтердин түп нускасы же күбөлөндүрүлгөн көчүрмөсү иштин материалдарына тиркелүүгө жатат;

6) иштин материалдарын иликтөө аяктагандан кийин Конституциялык палата тараптардын корутунду сөздөрүн угат, төрагалык кылуучу иш боюнча териштирүү аяктагандыгы жана судьялардын кеңешме бөлмөсүнө кете тургандыгы жөнүндө жарыя кылат.

43-берене. Маселени кароону кайра баштоо

Эгерде Конституциялык палата тараптардын корутунду сөздөрүнөн кийин ишти чечүү үчүн маанилүү болгон кошумча жагдайларды аныктоонун же жаңы далилдерди изилдөөнүн зарылчылыгын тапса, ал маселени кайра кароо жөнүндө аныктама чыгарат.

Кошумча изилдөө аяктагандан кийин тараптардын кайрадан корутунду сөз сүйлөөгө укугу бар, бирок жаңы жагдайлар жана далилдер менен байланышта гана.

44-берене. Конституциялык палатанын жыйналышынын протоколу

1. Конституциялык палатанын жыйналышында сот жыйналышынын катчысы тарабынан протокол жүргүзүлөт.

2. Сот жыйналышынын протоколунда төмөнкүдөй маалыматтар камтылууга тийиш:

1) сот жыйналышынын өткөрүү орду жана убактысы жөнүндө;

2) иштин аталышы жөнүндө;

3) ишти карап жаткан судьялардын курамы жөнүндө;

4) жыйналыштын катчысы жана процесстин ар бир катышуучусу жөнүндө;

5) күбөлөр жана эксперттер жөнүндө;

6) тараптардын түшүнүктөрү;

7) күбөлөрдүн көрсөтмөлөрү, эксперттердин корутундулары, аларга берилген суроолор жана аларга жооптор;

8) сот жыйналышынын жүрүшүндө болгон бардык иш аракеттер жөнүндө, алар кандай болуп өткөн иретте;

9) сот жыйналышынын жүрүшүндө келип чыккан маселелер боюнча судьялардын пикирлери жана айткандары жана судьялардын добуш берүүсүнүн натыйжалары жөнүндө.

3. Протоколдун толуктугун камсыз кылуу үчүн, стенографияны жана техникалык каражаттарды колдонууга жол берилет, алардын колдонулушу жөнүндө жыйналыштын протоколунда көрсөтүлөт.

Иштин материалдарына протокол жана сот тарабынан колдонулган техникалык каражаттар: фонограмма, видеотасма, кинотасма тиркелет.

4. Протокол жыйналыш аяктагандан кийин беш жумуш күндөн кечиктирбестен таризделүүгө тийиш.

Протоколго Конституциялык палатанын төрагалык кылуучусу жана судья-катчысы тарабынан кол коюлат.

45-берене. Процесстик коргоо чараларын колдонуу

1. Конституциялык палатанын, жыйналыштын катышуучуларынын беделин коргоо жана конституциялык сот өндүрүшүн жүргүзүүнүн тиешелүү тартибин камсыз кылуу максатында, Конституциялык палата тарабынан төмөнкүдөй тариздердин биринде билдирилүүчү ар бир укук бузгандык үчүн адамдарды сот жыйналышынын залынан чыгарууга же аларга эсептик көрсөткүчтүн беш эселенген өлчөмүнө чейин айып салууга жол берилет:

1) соттун процесстик ишине кийлигишкендик, судьяга таасир көрсөткөндүк;

2) ишти даярдоо жана кароо процессинде Конституциялык палатанын талаптарын жүйөөлүү себептерсиз аткарбай койгондук же өз убагында аткарбагандык;

3) Конституциялык палатага жүйөөлүү себептерсиз келбей койгондук же келбей коюунун себептери жөнүндө билдирбегендик;

4) Конституциялык палатанын жыйналышынын тартибин бузгандык, Конституциялык палатанын судьяларына баш ийбегендик, Конституциялык палатада кабыл алынган жол-жоболорду жана этикеттин эрежелерин этибарга албагандык;

5) жыйналыштын катышуучуларынын чыгып сүйлөөсүнүн ырааттуулугун өз алдынча бузгандык;

6) мазактоочу сөздөрдү колдонгондук.

2. Эгерде ушул беренеде көрсөтүлгөн укук бузуулар сот жыйналышынын процессинде айкындалса, процесстик коргоо чаралары Конституциялык палатанын протоколдук аныктамасы боюнча дароо колдонулат.

3. Башка учурларда процесстик коргоо чаралары Кыргыз Республикасынын мыйзамдарында каралган тартипте колдонулат.

4. Укук бузуучу айып салуу жөнүндө билдирүүнү алган күндөн тартып беш күндөн кечиктирбестен айыпты төлөөгө милдеттүү. Беш күндүк мөөнөттө айыпты төлөөдөн баш тартса же төлөбөй койсо, Конституциялык палатанын айып салуу жөнүндө аныктамасы аткаруу өндүрүшү жөнүндө мыйзамдарга ылайык аткартылат.

8-глава

Конституциялык палатанын актылары

46-берене. Конституциялык палатанын актыларынын түрлөрү

1. Конституциялык палата актыларды чечимдер, корутундулар, токтомдор жана аныктамалар түрүндө кабыл алат.

2. Конституциялык палата кайрылууларды кароонун натыйжасында Конституциянын 97-беренесинин 6-бөлүгүнүн 1-пунктунда каралган ыйгарым укуктары боюнча чечим, ал эми аталган берененин 6-бөлүгүнүн 2 жана 3-пункттары менен корутунду кабыл алат.

3. Конституциялык палатанын чечими жана корутундусу Кыргыз Республикасынын атынан чыгарылат жана Конституциялык палатанын төрагалык кылуучусу жана судьялары тарабынан кол коюлат.

4. Конституциялык палатанын башка актылары токтом, өзүнчө же протоколдук аныктама түрүндө кабыл алынат.

47-берене. Конституциялык палатанын актыларын кабыл алуунун тартиби

1. Конституциялык палатанын актылары кеңешме бөлмөсүндө ар бир судьяны атап, сурап ачык добуш берүү аркылуу кабыл алынат.

2. Кеңешме учурунда судьялар каралып жаткан маселе боюнча өз көз караштарын эркин билдире алат жана башка судьялардан өз көз караштарын тактоону өтүнө алат. Сүйлөөнүн саны жана узактыгы чектелиши мүмкүн эмес.

3. Конституциялык палатанын кеңешмесине Конституциялык палатанын ушул ишти карап жаткан судьялары гана катышат. Башка жактардын катышуусуна жол берилбейт.

4. Судья добуш берүүдө калыс калууга же ага катышпай коюга укуксуз. Төрагалык кылуучу бардык учурларда акыркы болуп добуш берет.

5. Кеңешменин протоколунда добушка коюлган маселелер жана добуштун натыйжалары милдеттүү түрдө жазылат. Протокол судья-катчы тарабынан жүргүзүлөт, бардык катышкан судьялар тарабынан кол коюлат жана жарыя кылынууга жатпайт.

6. Кеңешмеге катышкан судьялар талашуунун мазмунун жана добуштун натыйжаларын жарыя кылууга укугу жок.

7. Конституциялык палата кайрылууда билдирилген талаптарды толугу менен же жарым-жартылай канааттандырганда же канааттандырбай калтырганда иш маңызы боюнча чечилди деп эсептелинет.

8. Конституциялык палатанын актысы эгерде аны жактап жыйналышка катышкан судьялардын көпчүлүгү добуш берсе, кабыл алынды деп эсептелинет. Бир дагы сунуш көпчүлүк добуш албаган учурда, төрагалык кылуучу добуштардын көпчүлүгүн алган эки сунушту кайталап добушка коет.

9. Чечимди же корутундуну кабыл алууда добуштар тең бөлүнүп калган учурда, чечим же корутунду конституциялуулугу талашылып жаткан актынын пайдасына кабыл алынат. Башка актыларды кабыл алууда добуштар тең чыкса, төрагалык кылуучу добуш берген акт кабыл алынды деп эсептелинет.

10. Конституциялык палатанын актысы негиздүү жана жүйөөлүү болууга тийиш.

11. Конституциялык палатанын чечими жана корутундусу аларга кол коюлгандан кийин токтоосуз Конституциялык палатанын ачык жыйналышында толук көлөмүндө жарыя кылынат. Өзгөчө учурларда өтө татаал иштер боюнча чечимдин же корутундунун жүйөлөнгөн бөлүгүн түзүү он күнгө чейинки мөөнөткө калтырылышы мүмкүн, бирок алардын резолюциялык бөлүгү ошол эле жыйналышта жарыя кылынат.

48-берене. Конституциялык палатанын актысынын мазмуну

Конституциялык палатанын актысында каралып жаткан маселенин мүнөзүнө жараша төмөнкүлөр көрсөтүлүүгө тийиш:

1) актынын аталышы, анын чыгарылган датасы жана орду;

2) чечимди же корутундуну токтомдоштурган Конституциялык палатанын өздүк курамы; жыйналыштын катчысы;

3) тараптар жана алардын өкүлдөрү;

4) талаптардын предмети, аны кароонун себептери жана негиздери;

5) Конституциялык палатанын бул маселени кароо укугун белгилеген Конституциянын жана ушул конституциялык Мыйзамдын ченемдери;

6) тараптардын жүйөлөрү;

7) Конституциялык палата тарабынан белгиленген иш жүзүндөгү жана башка жагдайлар;

8) анын жарыяланган же алынган булагын көрсөтүү менен, конституциялуулугу текшерилип жаткан ченемдик укуктук актынын так аталышы;

9) конституциялуулугу текшерилген ченемдик укуктук акт, Конституцияга өзгөртүүлөр киргизүү жөнүндө мыйзамдын долбоору же Кыргыз Республикасы үчүн колдонууга кире элек эл аралык келишим;

10) Конституциялык палата кабыл алган актынын пайдасындагы жүйөөлөр, ал эми зарыл болгондо, ошондой эле тараптардын ырастоолорун четке кагуучу жүйөлөөр;

11) Конституциялык палата актыны кабыл алган учурда жетекчиликке алган Конституциянын жана ушул конституциялык Мыйзамдын ченемдери;

12) каралган иштин маңызы боюнча соттун тыянагы;

13) актынын биротоло экендигине жана аны аткаруунун милдеттүүлүгүнө карата көрсөтмө;

14) актынын күчүнө кирүү тартиби, ошондой эле аткаруунун жана жарыялоонун тартиби, мөөнөттөрү жана өзгөчөлүктөрү.

49-берене. Конституциялык палатанын судьясынын өзгөчө пикири

Конституциялык палатанын актысына макул болбогон, же Конституциялык палата тарабынан каралган маселенин маңызы боюнча чечим же корутунду кабыл алуу үчүн добуш берген, бирок кандайдыр бир маселе боюнча же кабыл алынган актынын жүйөөсү боюнча добуш берүүдө азчылыкта калган Конституциялык палатанын судьясы өзүнүн өзгөчө пикирин жазуу жүзүндө баяндоого укуктуу.

Судьянын өзгөчө пикири иштин материалдарына тиркелет жана актынын өзү жарыяланууга жаткан ошол эле басылмаларда Конституциялык палатанын актысы менен бирге жарыяланат.

50-берене. Актыдагы так эместиктерди оңдоо

Конституциялык палата актыны жарыялагандан кийин, андагы аталыштардагы, белгилемелердеги так эместиктерди, каталарды жана айкын редакциялык жана техникалык кемчиликтерди оңдошу мүмкүн, ал жөнүндө аныктама чыгарат.

51-берене. Конституциялык палатанын актыларынын юридикалык күчү

1. Кайрылууну өндүрүшкө кабыл алуу жөнүндө же аны кабыл албоо тууралуу аныктамадан тышкары, Конституциялык палатанын актылары акыркы болуп саналат жана даттанууга жатпайт. Конституциялык палатанын чечимдери жана корутундулары жарыяланган учурдан тартып, ал эми башка актылары кол коюлган учурдан тартып күчүнө кирет.

Ченемдик укуктук актыны же анын бөлүгүн конституциялык эмес деп табуу жөнүндө чечимдин юридикалык күчү ошол эле мазмундагы ченемдик укуктук актыны же анын бөлүгүн кайра кабыл алуу менен жоюлуп кетиши мүмкүн эмес.

2. Конституциялык палатанын актылары бардык мамлекеттик органдар, жергиликтүү өз алдынча башкаруу органдары, кызмат адамдары, коомдук бирикмелер, юридикалык жана жеке жактар үчүн милдеттүү жана республиканын бардык аймагында аткарылууга жатат.

3. Конституциялык палата тарабынан мыйзамдардын жана башка ченемдик укуктук актылардын же алардын жоболорунун конституциялык эместигин белгилөө тиешелүү мамлекеттик органдарын жана кызмат адамдарын сот актыларынан тышкары, аларга негизделген, алар тарабынан чыгарылган ченемдик укуктук актыларды Конституцияга жана Конституциялык палатанын актыларына ылайык келтирүүнү милдеттендирет. Аларды ылайык келтирүүгө же жокко чыгарууга чейин түздөн-түз Конституция, ошондой эле Конституциялык палатанын чечими колдонулат.

4. Конституциялык эмес деп табылган, мыйзамдардын жана башка ченемдик актылардын ченемдерине негизделген сот актылары, укуктары жана эркиндиктери козголгон жарандардын даттануулары боюнча ар бир конкреттүү учурда ошол актыны кабыл алган сот тарабынан кайра каралат.

5. Конституциялык палатанын корутундусу менен конституциялык эмес деп табылган күчүнө кире элек эл аралык келишимдер аракетке киргизилиши жана колдонулушу тийиш эмес.

52-берене. Конституциялык палатанын актыларын аткаруу

1. Конституциялык палатанын чечимдери жана корутундулары ченемдик укуктук актылар кароонун предмети болгон тараптарга, мамлекеттик органдарга жана кызмат адамдарына жөнөтүлөт жана мамлекеттик бийлик органдарынын расмий басылмаларында, ошондой эле “Кыргыз Республикасынын Жогорку сотунун Конституциялык палатасынын Жарчысына”, ал эми зарыл болгондо жана башка басылмаларда жарыяланат.

2. Конституциялык палатанын соттук актыларын аткарбоо, талапка ылайык эмес аткаруу, же аткарууга тоскоолдук кылуу, ошондой эле Конституциялык палатанын ишине кийлигишүү мыйзамда белгиленген жоопкерчиликке алып келет.

53-берене. Конституциялык палатанын жекече аныктамалары

1. Сот жыйналышында мыйзамдуулук бузулган учурлар табылса, Конституциялык палата жекече аныктама чыгарууга жана аны тиешелүү мамлекеттик органдарга, жергиликтүү өз алдынча башкаруу органдарына, юридикалык жактарга жана (же) алардын кызмат адамдарына жиберүүгө укуктуу, алар жекече аныктаманын көчүрмөсүн алган мөөнөттөн тартып бир айдын ичинде кабыл алынган чаралар жөнүндө кабарлоого милдеттүү.

2. Кабыл алынган чаралар жөнүндө билдирбеген учурда, күнөөлүү кызмат адамдары мыйзамдарга ылайык жоопко тартылышы мүмкүн. Мында бул жагдай тиешелүү кызмат адамдарын Конституциялык палатанын жекече аныктамасы боюнча кабыл алынган чаралар жөнүндө кабарлоо милдетинен бошотпойт.

III бөлүм

Корутунду жоболор

54-берене. Конституциялык палатанын ишин каржылык камсыз кылуу

1. Конституциялык палатанын ишин каржылоо республикалык бюджеттин каражатынан камсыз кылынат.

2. Конституциялык палата кезектеги каржылык жылга бюджеттин долбоорун өз алдынча иштеп чыгат, ал өзгөртүүсүз бюджетке киргизилет жана Кыргыз Республикасынын Судьялар кеңешине берилет.

3. Конституциялык палата Конституциялык палатаны каржылоо үчүн бюджетте каралган акча каражаттарын өз алдынча тескейт.

4. Республикалык бюджетти бекитүүдө Конституциялык палатанын чыгымдарынын сметасы өткөн каржылык жылга салыштырмалуу азайтылышы мүмкүн эмес.

55-берене. Конституциялык палатанын аппараты

1. Конституциялык палатанын иши анын аппараты тарабынан камсыз кылынат.

2. Мамлекеттик кызмат жөнүндө мыйзамдарга ылайык, Конституциялык палатанын төрагасы тарабынан дайындалуучу жана кызматтан бошотулуучу аппараттын жетекчиси Конституциялык палатанын аппаратын түздөн-түз жетектөөнү жүзөгө ашырат.

Конституциялык палатанын аппаратынын кызматкерлери мамлекеттик кызматкерлер болуп саналат, мамлекеттик кызмат жөнүндө мыйзамдарга, ошондой эле эмгек жөнүндө мыйзамдарга ылайык аппараттын жетекчиси тарабынан дайындалат жана кызматтарынан бошотулат.

3. Конституциялык палатанын аппараты:

1) Конституциялык палатанын кадрдык, уюштуруучулук, илимий-талдоочулук, маалыматтык-маалымдамалык, материалдык-техникалык жана башка жактан камсыздалышын жүзөгө ашырат;

2) конституциялык сот өндүрүшү менен байланышпаган маселелер боюнча келгендерди кабыл алат;

3) Конституциялык палатанын дарегине кайрылууларды алдын ала тартипте жана Конституциялык палатанын судьялары тарабынан иликтөөнү талап кылган маселелерге тиешеси болбогон учурларда карайт;

4) ишти жана башка маселелерди жыйналыштарда жана кеңешмелерде кароого даярдоодо судьяларга көмөк көрсөтөт.

5) Конституциялык палатанын актыларынын аткарылышын камсыз кылуу боюнча мамлекеттик органдардын ишин иликтейт жана жалпылайт;

6) белгиленген ыйгарым укуктардын чегинде башка ишти жүзөгө ашырат.

56-берене. Конституциялык палатанын расмий басылмасы

"Кыргыз Республикасынын Жогорку сотунун Конституциялык палатасынын Жарчысы" Конституциялык палатанын расмий басылмасы болуп саналат.

57-берене. Конституциялык палатанын сот бийлигинин символдору

Конституциялык палатанын жыйналыш залында Кыргыз Республикасынын Мамлекеттик гербинин сүрөтү, Кыргыз Республикасынын Мамлекеттик желеги жана Конституциясынын китепчеси турат.

Конституциялык палатанын судьялары жыйналыштарды үлгүсү жана сыпаттамасы Судьялар кеңешинин сунушу боюнча Өкмөт тарабынан бекитилген мантиячан өткөрүшөт.

58-берене. Конституциялык палатанын мөөрү

Конституциялык палатанын Кыргыз Республикасынын герби түшүрүлгөн жана өзүнүн аталышы жазылган мөөрү болот.

59-берене. Конституциялык палатанын жайгашкан орду

Конституциялык палатанын туруктуу жайгашкан орду Кыргыз Республикасынын борбору Бишкек шаары болуп саналат.

Конституциялык палатанын жыйналыштары эреже катары анын туруктуу ордунда өткөрүлөт. Конституциялык палата өзү зарыл деп тапса, жыйналышты башка жерде да өткөрө алат.

IV бөлүм

Өткөөл жоболор

60-берене. Конституция жана ушул конституциялык Мыйзам күчүнө киргенге чейин түшкөн кайрылууларды кароонун тартиби

Конституция жана ушул конституциялык Мыйзам күчүнө киргенге чейин түшкөн кайрылуулар Конституциялык палата тарабынан Конституциянын 97-беренесинде белгиленген ыйгарым укуктарынын чегинде каралат жана чечилет.

61-берене. Конституциялык палатаны түзүүнүн тартиби

1. (Биринчи абзац КР 2012-жылдын 26-майындагы N 66 конституциялык Мыйзамына ылайык күчүн жоготту)

Кыргыз Республикасынын Конституциялык сотунун таратылгандыгына байланыштуу ыйгарым укуктары токтотулган Кыргыз Республикасынын Конституциялык сотунун судьялары Конституциялык палатанын судьялык бош кызмат ордун ээлөө сынагына жаңы Конституцияга ылайык катыша алышат.

2. Конституциялык палата анын ыйгарым укуктуу курамы түзүлгөндөн кийин Конституциялык палатанын төрагасын, төраганын орун басарын, судья-катчысын ушул конституциялык Мыйзамда белгиленген тартипте шайлайт жана токтоосуз ишке киришет.

3. Конституциялык палата Кыргыз Республикасынын Конституциялык сотунун укук мураскору болуп саналат. Ушул конституциялык Мыйзам күчүнө киргенге чейин белгиленген Конституциялык соттун көз карандысыздыгынын материалдык кепилдиги, анын ичинде Кыргыз Республикасынын Конституциялык соту мурда ээлеген өзүнчө имарат Конституциялык палатада сакталып калат.

Конституциялык палатанын ишин материалдык-техникалык камсыздоо Кыргыз Республикасынын Конституциялык сотунун мүлкүнүн базасында Өкмөт тарабынан Кыргыз Республикасынын Конституциялык сотунун 2010-жылга бекитилген бюджетинин чегинде жүргүзүлөт.

(КР 2012-жылдын 26-майындагы N 66, 2013-жылдын 26-июнундагы N 105 конституциялык Мыйзамдарынын редакцияларына ылайык)

62-берене. Ушул конституциялык Мыйзамдын күчүнө кириши

1. Ушул конституциялык Мыйзам расмий жарыяланган күндөн тартып күчүнө кирет.

“Эркин Тоо” газетасынын 2011-жылдын 17-июнунда N 47 жарыяланды

2. Төмөнкүлөр күчүн жоготту деп табылсын:

- “Кыргыз Республикасынын Конституциялык соту жөнүндө” Кыргыз Республикасынын Мыйзамы (Кыргыз Республикасынын Жогорку Кеңешинин Ведомосттору, 1994-ж., N 2, 46-ст.);

- “Кыргыз Республикасынын Конституциялык сот өндүрүшү жөнүндө” Кыргыз Республикасынын Мыйзамы (Кыргыз Республикасынын Жогорку Кеңешинин Жарчысы, 2009-ж., N 7, N 745-ст.).

Кыргыз Республикасынын Президенти, Р.Отунбаева

2011-жылдын 12-майында Кыргыз Республикасынын Жогорку Кеңеши тарабынан кабыл алынган

Verfassungsgesetz der Republik Kirgisistan

über die Verfassungskammer des Obersten Gerichtes

http://constpalata.kg/ru/about/pravovy-e-osnovy-deyatel-nosti-kp/ vom 14.10.2014

Конституционный Закон Кыргызской Республики

О Конституционной палате Верховного суда

Кыргызской Республики

г.Бишкек от 13 июня 2011 года N 37

(В редакции конституционных Законов КР от 26 мая 2012 года N 66, 26 июня 2013 года N 105)

Глава 1

Общие положения

Статья 1. Конституционная палата Верховного суда Кыргызской Республики

Конституционная палата Верховного суда Кыргызской Республики (далее — Конституционная палата) является высшим судебным органом, самостоятельно осуществляющим конституционный контроль посредством конституционного судопроизводства.

Статья 2. Основные принципы деятельности Конституционной палаты

Основными принципами деятельности Конституционной палаты являются независимость, коллегиальность, гласность, состязательность и равноправие сторон.

Статья 3. Законодательство о Конституционной палате

1. Организация, компетенция, состав, порядок формирования, избрания и освобождения председателя и заместителя председателя Конституционной палаты определяются Конституцией Кыргызской Республики (далее Конституция) и настоящим конституционным Законом.

2. Рассмотрение и принятие решений по вопросам, относящимся к компетенции Конституционной палаты, осуществляются в порядке конституционного судопроизводства, установленного Конституцией и настоящим конституционным Законом.

3. Статус, гарантии независимости, порядок привлечения к ответственности, отстранения и освобождения от должности судей Конституционной палаты определяются конституционными законами, законами.

Статья 4. Полномочия Конституционной палаты

1. Конституционная палата:

1) признает неконституционными законы и иные нормативные правовые акты в случае их противоречия Конституции;

2) дает заключение о конституционности не вступивших в силу для Кыргызской Республики международных договоров;

3) дает заключение к проекту закона об изменениях в Конституцию.

2. В целях эффективной организации своей деятельности Конституционная палата также:

1) принимает регламент Конституционной палаты, утверждает положение об аппарате Конституционной палаты, ее структуру и штатную численность в пределах сметы расходов;

2) в связи с поступившим обращением вправе запрашивать информацию и документы от всех государственных органов и органов местного самоуправления, их должностных лиц, общественных объединений, юридических и физических лиц, а также привлекать специалистов к экспертной и научно-консультационной работе;

3) ежегодно анализирует исполнение принятых ею актов и публикует для всеобщего сведения.

Глава 2

Состав и организация деятельности Конституционной палаты

Статья 5. Состав Конституционной палаты

1. Конституционная палата состоит из одиннадцати судей: председателя, заместителя председателя и девяти судей Конституционной палаты.

2. Судьи Конституционной палаты избираются в порядке, установленном конституционным Законом Кыргызской Республики «О статусе судей Кыргызской Республики» (далее — конституционным Законом о статусе судей).

Статья 6. Порядок избрания председателя, заместителя председателя

и судьи-секретаря Конституционной палаты

1. Собрание судей Конституционной палаты избирает из своего состава председателя, заместителя председателя и судью-секретаря сроком на три года.

Один и тот же судья не может быть избран председателем, заместителем председателя Конституционной палаты два срока подряд.

2. Собрание судей Конституционной палаты считается правомочным при участии в нем не менее двух третей от общего состава судей Конституционной палаты.

Собрание судей Конституционной палаты по избранию председателя, заместителя председателя, судьи-секретаря проводится под председательством старейшего судьи Конституционной палаты.

Кандидаты на должность председателя, заместителя председателя и судьи-секретаря Конституционной палаты могут выдвигаться судьями Конституционной палаты либо путем самовыдвижения.

3. Председатель, заместитель председателя и судья-секретарь Конституционной палаты избираются тайным голосованием. Порядок проведения голосования определяется регламентом Конституционной палаты.

Председатель, заместитель председателя и судья-секретарь Конституционной палаты считаются избранными, если за них проголосовало большинство от общего состава судей Конституционной палаты.

Статьи 7. Основания для освобождения от должности председателя, заместителя председателя и судьи-секретаря Конституционной палаты

1. Председатель, заместитель председателя и судья-секретарь Конституционной палаты освобождаются от своих должностей по истечении срока, на который они были избраны, либо по собственному желанию.

Полномочия председателя, заместителя председателя и судьи-секретаря Конституционной палаты прекращаются также в случае их досрочного освобождения от должности судьи, прекращения полномочий в качестве судьи Конституционной палаты.

2. До избрания нового председателя Конституционной палаты в связи с истечением сроков полномочий или досрочным прекращением полномочий либо досрочным освобождением от должности действующего председателя Конституционной палаты обязанности председателя исполняет заместитель председателя Конституционной палаты.

В случае отсутствия председателя, заместителя председателя, судьи-секретаря Конституционной палаты обязанности председателя Конституционной палаты временно исполняет судья Конституционной палаты, на которого собранием судей Конституционной палаты возложены эти обязанности.

Статья 8. Председатель Конституционной палаты

Председатель Конституционной палаты наряду с исполнением обязанностей судьи Конституционной палаты:

1) руководит подготовкой дел и иных вопросов к рассмотрению на заседании Конституционной палаты;

2) созывает заседания Конституционной палаты, вносит на обсуждение вопросы, подлежащие рассмотрению, председательствует на заседаниях;

3) представляет Конституционную палату и выступает от ее имени;

4) распределяет поступившие обращения между судьями Конституционной палаты;

5) представляет на утверждение Конституционной палаты ее регламент;

6) определяет меры по обеспечению проведения заседания, безопасности его участников и присутствующих;

7) осуществляет общее руководство аппаратом Конституционной палаты, назначает и освобождает от должности руководителя аппарата в соответствии с требованиями законодательства о государственной службе, а также представляет на утверждение Конституционной палаты положение об аппарате Конституционной палаты и его структуру;

8) подписывает копии решений, заключений, постановлений, определений и протоколы заседаний Конституционной палаты;

9) осуществляет другие полномочия в соответствии с настоящим конституционным Законом и регламентом Конституционной палаты.

Председатель Конституционной палаты издает приказы и распоряжения.

Статья 9. Заместитель председателя Конституционной палаты

Заместитель председателя Конституционной палаты наряду с исполнением обязанностей судьи Конституционной палаты исполняет обязанности председателя Конституционной палаты в его отсутствие или по его поручению.

В случае отсутствия заместителя председателя Конституционной палаты исполнение обязанностей председателя возлагается на судью-секретаря.

Статья 10. Судья-секретарь Конституционной палаты

Судья-секретарь Конституционной палаты наряду с исполнением обязанностей судьи Конституционной палаты:

1) осуществляет организационную работу по подготовке заседаний Конституционной палаты и принимает меры, обеспечивающие исполнение решений Конституционной палаты;

2) организует работу по ведению и своевременному оформлению протокола заседания Конституционной палаты;

3) подписывает копии решения, постановления, заключения, определения и протоколы заседаний Конституционной палаты;

4) организует информационное обеспечение деятельности Конституционной палаты;

5) осуществляет другие полномочия в соответствии с настоящим конституционным Законом и регламентом Конституционной палаты.

Раздел II

Конституционное судопроизводство

Глава 3

Принципы конституционного судопроизводства

Статья 11. Независимость

1. Конституционная палата независима и подчиняется Конституции, настоящему конституционному Закону и регламенту Конституционной палаты.

2. Решения Конституционной палаты основываются на Конституции и выражают правовую позицию судей, свободную от каких бы то ни было пристрастий.

3. Судьи Конституционной палаты принимают акты в условиях, исключающих постороннее воздействие на свободу их волеизъявления.

4. Какое бы то ни было вмешательство в деятельность Конституционной палаты не допускается и влечет за собой предусмотренную законом ответственность.

Статья 12. Коллегиальность рассмотрения дел

1. Рассмотрение дел и принятие по ним решений производятся в Конституционной палате коллегиально.

Конституционная палата осуществляет свою деятельность при наличии в ее составе не менее двух третей от общего числа судей Конституционной палаты, а также коллегиями из трех судей в предусмотренных настоящим конституционным Законом случаях.

Состав и порядок формирования коллегий определяются регламентом Конституционной палаты.

2. Судья не может быть отстранен от участия в заседании Конституционной палаты, кроме случаев его отстранения от должности либо при удовлетворительном решении вопроса о самоотводе или отводе в установленном настоящим конституционным Законом порядке.

Статья 13. Гласность конституционного судопроизводства

1. Рассмотрение дел в Конституционной палате проводится открыто. Проведение закрытых заседаний допускается лишь в случаях, предусмотренных настоящим конституционным Законом. Заседания проводятся в зале судебного заседания, доступном для представителей гражданского общества и средств массовой информации.

2. Конституционная палата письменно уведомляет участников о времени и месте своих заседаний и размещает информацию о судебных заседаниях в помещении Конституционной палаты, а также на официальном сайте Конституционной палаты за десять дней до начала заседаний.

3. Решения и заключения Конституционной палаты провозглашаются публично.

Статья 14. Устность разбирательства

Разбирательство в заседаниях Конституционной палаты происходит устно. Конституционная палата в судебном заседании обязана заслушать объяснения участников заседания и вправе огласить представленные документы.

Статья 15. Язык конституционного судопроизводства

1. Конституционное судопроизводство осуществляется на государственном языке. По ходатайству участников судопроизводство может осуществляться на официальном языке.

2. Участникам конституционного судопроизводства, не владеющим языком судопроизводства, обеспечивается право давать объяснения на другом языке и пользоваться услугами переводчика.

Статья 16. Непосредственность рассмотрения дел

1. Конституционная палата не вправе принимать решение или заключение по существу дела без непосредственного его рассмотрения в установленном настоящим конституционным Законом порядке.

2. Судьи Конституционной палаты лично участвуют в рассмотрении дела с момента открытия и до закрытия заседания.

3. Никто из судей не вправе уклониться от рассмотрения дела, за исключением случаев, препятствующих участию судьи в заседании.

4. Вступление в заседание нового судьи влечет возобновление производства по делу с начала судебного разбирательства, если его участие необходимо для обеспечения кворума.

5. Невозможность участия судьи в дальнейшем рассмотрении дела не препятствует продолжению производства при наличии кворума судей, но исключает участие выбывшего судьи в совещании судей и принятии решения или заключения.

6. Во время совещания Конституционной палаты никто из судей, участвующих в заседании, не вправе воздерживаться от голосования; каждый судья обязан лично выразить свою позицию по делу до оглашения решения или заключения.

Статья 17. Состязательность и равноправие сторон

Стороны пользуются равными правами и возможностями по отстаиванию своей позиции на основе состязательности в заседании Конституционной палаты.

Глава 4

Подведомственность дел Конституционной палате

Статья 18. Подведомственность дел

1. В рамках конституционного судопроизводства Конституционная палата рассматривает дела:

1) о признании неконституционными законов и иных нормативных правовых актов в случае их противоречия Конституции;

2) о даче заключения о конституционности не вступивших в силу для Кыргызской Республики международных договоров;

3) о даче заключения к проекту закона об изменениях в Конституцию.

2. При объединении нескольких связанных между собой требований, из которых одни подведомственны Конституционной палате, а другие — иным органам государственной власти, рассмотрению подлежат лишь требования по вопросам, входящим в компетенцию Конституционной палаты.

Статья 19. Пределы разрешения дела

1. Конституционная палата устанавливает и решает исключительно вопросы права.

2. Конституционная палата, проверяя конституционность оспариваемого нормативного правового акта, устанавливает соответствие его Конституции:

1) по содержанию норм;

2) по форме нормативного правового акта;

3) по порядку принятия, подписания, опубликования и введения в действие.

3. Конституционная палата, давая заключение к проекту закона об изменениях в Конституцию, устанавливает его соответствие:

1) фундаментальным правам и свободам человека и гражданина, допустимости их ограничений;

2) принципам демократического, правового, светского государства;

3) предусмотренному статьей 114 Конституции порядку внесения изменений в нее.

4. Конституционная палата выносит акты по предмету, затронутому в обращении, лишь в отношении той части нормативного правового акта, конституционность которой подвергается сомнению. Конституционная палата при этом не связана доводами и соображениями, изложенными в обращении.

Глава 5

Субъекты обращения в Конституционную палату

Статья 20. Субъекты обращения в Конституционную палату

1. Право на обращение в Конституционную палату принадлежит:

1) физическому (физическим) или юридическому (юридическим) лицу, если оно считает, что законами и иными нормативными правовыми актами нарушаются его права и свободы, признаваемые Конституцией;

2) Жогорку Кенешу;

3) фракции (фракциям) Жогорку Кенеша;

4) Президенту;

5) Правительству;

6) Премьер-министру;

7) судье (судьям) Кыргызской Республики;

8) органам местного самоуправления;

9) Генеральному прокурору;

10) Акыйкатчы (Омбудсмену).

2. Органы и должностные лица, указанные в пунктах 2-6, 8-10 части 1 настоящей статьи, подают в Конституционную палату обращения в форме представления, иные лица — ходатайства, а судья (судьи) — запроса.

В случае обращения в Конституционную палату по вопросам компетенции органы и должностные лица, указанные в пунктах 2-6, 8-10 части 1 настоящей статьи, могут вносить представления только в части, касающейся их компетенции.

Статья 21. Право на обращение о признании неконституционными

законов и иных нормативных правовых актов

Правом на обращение о признании неконституционными законов и иных нормативных правовых актов обладают субъекты, указанные в части 1 статьи 20 настоящего конституционного Закона.

Статья 22. Право на обращение о даче заключения

о конституционности не вступивших в силу для Кыргызской

Республики международных договоров

Правом на обращение о даче заключения о конституционности не вступивших в силу для Кыргызской Республики международных договоров обладают субъекты, указанные в пунктах 2-6 части 1 статьи 20 настоящего конституционного Закона.

Статья 23. Право на обращение о даче заключения к проекту закона

об изменениях в Конституцию

Правом на обращение о даче заключения к проекту закона об изменениях в Конституцию обладают субъекты, указанные в пунктах 2-5, 10 части 1 статьи 20 настоящего конституционного Закона.

Глава 6

Обращение в Конституционную палату

Статья 24. Поводы и основания к рассмотрению дела

в Конституционной палате

Поводом к рассмотрению дела в Конституционной палате является обращение в Конституционную палату в форме представления, ходатайства или запроса, отвечающее требованиям настоящего конституционного Закона.

Основанием к рассмотрению дела является обнаружившаяся неопределенность в вопросе о том — соответствует ли Конституции закон, иной нормативный правовой акт, не вступивший в силу для Кыргызской Республики международный договор или проект закона об изменениях в Конституцию.

Статья 25. Общие требования к обращению

1. Обращение в Конституционную палату подается в письменной форме и подписывается управомоченным лицом (управомоченными лицами).

2. Обращения, а также прилагаемые к ним материалы представляются на государственном или официальном языке.

3. В обращении должны быть указаны:

1) наименование Конституционной палаты;

2) наименование, адрес и иные необходимые данные, касающиеся обращающегося;

3) наименование, адрес и иные данные о представителе обращающегося и его полномочиях, кроме случаев представительства по должности;

4) наименование, адрес государственного органа, должностного лица, подписавшего или издавшего нормативный правовой акт, конституционность которого подлежит проверке;

5) нормы Конституции и настоящего конституционного Закона, дающие право на обращение в Конституционную палату;

6) обстоятельства, на которых сторона основывает свое требование, и доказательства, подтверждающие изложенные стороной факты;

7) точное наименование, номер, дата принятия, источники опубликования и иные реквизиты оспариваемого нормативного акта;

8) конкретные, указанные в настоящем конституционном Законе, основания к рассмотрению обращения;

9) позиция обращающегося по поставленному им вопросу и его правовое обоснование со ссылкой на соответствующие нормы Конституции;

10) требование, обращенное в связи с представлением, ходатайством, запросом к Конституционной палате;

11) перечень прилагаемых документов.

Статья 26. Документы, прилагаемые к обращению

К обращению прилагаются;

1) копия текста нормативного правового акта, конституционность которого в целом или в отдельной части оспаривается обращающейся стороной;

2) доверенность или иной документ, подтверждающий полномочия представителя, кроме случаев, когда представительство будет осуществляться по должности.

В случае необходимости к обращению могут быть приложены список лиц, подлежащих вызову на заседание Конституционной палаты, их адреса, а также другие документы и материалы.

Статья 27. Регистрация обращений, поступающих в Конституционную палату

Обращения, поступающие в Конституционную палату, подлежат обязательной регистрации в день их поступления.

Глава 7

Принятие обращений к производству, подготовка дел к рассмотрению и рассмотрение дел в Конституционной палате

Статья 28. Принятие обращения к производству

1. Поступившее обращение председателем Конституционной палаты передается коллегии из трех судей Конституционной палаты для решения в течение тридцати рабочих дней с момента регистрации вопроса о принятии обращения к производству.

2. Проверка обращения и прилагаемых к нему документов поручается одному из судей коллегии. Определение о принятии обращения к производству либо об отказе в его принятии принимается коллегией большинством голосов.

В случае принятия обращения к производству судья, которому была поручена проверка обращения, именуемый в дальнейшем судьей-докладчиком, проводит подготовку дела на заседание, в случае отказа в его принятии возвращает материалы заявителю.

3. Коллегия отказывает в принятии обращения к производству:

1) если обращение по форме и содержанию не соответствует требованиям настоящего конституционного Закона;

2) если обращение исходит от ненадлежащего органа или лица (субъекта);

3) если обращение подано представителем стороны, не имеющим полномочий на ведение дела в Конституционной палате, либо представителем является лицо, не предусмотренное настоящим конституционным Законом;

4) если заявленное в обращении требование неподведомственно Конституционной палате;

5) если конституционность указанного в обращении вопроса проверялась Конституционной палатой и имеется ее акт, сохраняющий свою силу.

4. Отмена или утрата силы акта, конституционность которого оспаривается, влечет за собой отказ в принятии обращения к производству Конституционной палаты.

5. Определение об отказе в принятии обращения к производству либо о его принятии может быть обжаловано сторонами в Конституционную палату. По результатам рассмотрения этого вопроса Конституционной палатой принимается отдельное постановление.

6. Принятие к производству обращения о конституционности не вступивших в силу для Кыргызской Республики международных договоров влечет за собой приостановление процесса вступления в силу оспариваемых международных договоров до окончания рассмотрения дела Конституционной палатой.

Статья 29. Сроки рассмотрения вопросов в Конституционной палате

Конституционная палата рассматривает принятое к производству обращение и выносит по нему акт в течение пяти месяцев со дня его принятия к производству. Этот срок по решению председателя Конституционной палаты может быть продлен на один месяц.

Статья 30. Подготовка дела к рассмотрению

1. По принятому к производству обращению судья-докладчик в двухмесячный срок проводит подготовку дела к рассмотрению, для чего он:

1) определяет стороны по делу, разъясняет им их процессуальные права и обязанности, предусмотренные настоящим конституционным Законом;

2) опрашивает стороны;

3) выносит определение об истребовании дополнительно относящихся к делу необходимых документов и иной информации;

4) опрашивает соответствующих должностных и иных лиц;

5) в случае необходимости определяет круг свидетелей, экспертов и иных лиц, подлежащих приглашению и вызову в заседание;

6) решает вопрос о соединении в одном судопроизводстве связанных между собой требований разных лиц либо о выделении неподведомственных требований, заявленных в одном обращении;

7) выносит определение о назначении дела к рассмотрению на заседании Конституционной палаты, извещает участников заседания и обеспечивает участие необходимых лиц;

8) готовит проект акта по имеющимся материалам;

9) не позднее чем за десять дней до начала заседания обеспечивает вручение копий материалов дела всем судьям Конституционной палаты и участникам заседания;

10) проводит иные действия по обеспечению правильного разрешения дела.

2. Ввиду особой сложности заявленных требований либо исключительной их важности подготовка дела к рассмотрению может быть поручена нескольким судьям.

Статья 31. Участники конституционного судопроизводства

Участниками конституционного судопроизводства считаются стороны, их представители, свидетели, эксперты, переводчики.

Статья 32. Стороны и их представители

1. Сторонами в конституционном судопроизводстве признаются:

1) обращающаяся сторона — лица или органы, представления и ходатайства которых приняты к производству;

2) сторона-ответчик — орган или должностные лица, издавшие, подписавшие нормативный правовой акт, или субъекты, инициировавшие проект закона о внесении изменений в Конституцию, ратификацию, утверждение или иной способ вступления в силу для Кыргызской Республики международного договора, о конституционности которых ставится вопрос.

2. Представителями сторон могут быть представители по должности, по закону, адвокаты. Каждая из сторон может иметь не более трех представителей. Стороны по одному и тому же вопросу вправе поручить ведение дела одному из них.

Полномочия представителей сторон оформляются в порядке, предусмотренном гражданским процессуальным законодательством.

3. Судья (судьи), запрос которого принят к производству Конституционной палатой, стороной не признается, на заседание не вызывается.

4. Стороны пользуются равными процессуальными правами.

Стороны и их представители имеют право знакомиться с материалами дела, производить из них выписки, снимать копии, представлять доказательства, участвовать в исследовании доказательств, представлять свои доводы и соображения по всем возникающим в ходе процесса вопросам, выступать с заключительной речью.

Стороны также имеют право заявлять ходатайства, давать устные и письменные объяснения судьям, высказывать свое мнение по заявленным представлениям и ходатайствам.

Обращающаяся сторона имеет право изменить основания или предмет требований, увеличить или уменьшить их объем, отказаться от требований.

Сторона-ответчик вправе признать их полностью или частично либо возражать против них.

5. Каждая сторона вправе представлять доказательства и доказывать те обстоятельства, на которые она ссылается как на основание своих требований и возражений.

Стороны обязаны добросовестно пользоваться своими правами. Сообщение суду заведомо ложных сведений расценивается как неуважение к Конституционной палате и влечет ответственность по закону.

Стороны и их представители обязаны явиться по вызову Конституционной палаты, дать объяснения и ответить на вопросы.

Статья 33. Свидетели

1. При необходимости исследования фактических обстоятельств, установление которых отнесено к ведению Конституционной палаты, на заседание могут быть вызваны в качестве свидетелей лица, располагающие сведениями или материалами о таких обстоятельствах.

2. Свидетель обязан сообщить Конституционной палате обстоятельства, касающиеся существа рассматриваемого дела, которые известны ему лично, и ответить на вопросы судей Конституционной палаты и сторон. При необходимости он может пользоваться письменными заметками, а также документами и другими материалами.

Статья 34. Эксперт

1. На заседание Конституционной палаты может быть вызвано в качестве эксперта лицо, обладающее специальными познаниями по вопросам, касающимся рассматриваемого дела. Вопросы, по которым экспертом должно быть дано заключение, определяются судьей-докладчиком либо Конституционной палатой.

2. Эксперт с разрешения Конституционной палаты вправе знакомиться с материалами дела, задавать вопросы сторонам и свидетелям, а также заявлять ходатайства о предоставлении ему дополнительных материалов.

3. После изложения заключения эксперт обязан ответить на дополнительные вопросы судей Конституционной палаты и сторон.

Статья 35. Участие иных лиц по отдельным вопросам права, рассматриваемым Конституционной палатой

1. Физические и юридические лица, государственные органы, общественные объединения, международные организации вправе представлять свои письменные объяснения, доводы и соображения по отдельным вопросам права, рассматриваемым Конституционной палатой в конкретном деле. При этом Конституционная палата не связана с их доводами и соображениями.

2. Письменные объяснения, доводы и соображения, указанные в части 1 настоящей статьи, субъектов должны содержать перечень вопросов права, которые данные субъекты собираются осветить, а также информацию, свидетельствующую о их компетентности в данных вопросах.

Судья-докладчик вправе обратиться к указанным в части 1 настоящей статьи субъектам по собственной инициативе.

Статья 36. Самоотвод и отвод судьи (судей)

1. Судья Конституционной палаты обязан заявить самоотвод на любом этапе конституционного судопроизводства в случаях:

1) если судья ранее в силу должностного положения участвовал в принятии акта, являющегося предметом рассмотрения;

2) если объективность судьи в разрешении дела может быть поставлена под сомнение ввиду его родственных или иных личных связей с участниками судопроизводства;

3) если имеются иные веские обстоятельства, которые могут повлиять на его непредвзятость и беспристрастность.

По этим же основаниям стороны вправе заявить отвод судье (судьям).

2. Конституционная палата по ходатайству сторон при наличии обстоятельств, указанных в части 1 настоящей статьи, выносит мотивированное определение об отводе судьи после заслушивания судьи, вопрос об отводе которого должен быть решен.

При этом не допускается самоотвод (отвод) судьи (судей), если это приведет к нарушению кворума для рассмотрения дела, о чем Конституционная палата выносит определение.

Статья 37. Открытые заседания

Заседания Конституционной палаты проходят открыто, за исключением случаев, предусмотренных настоящим конституционным Законом.

Присутствующие могут фиксировать ход заседания с занимаемых ими мест. При этом кино- и фотосъемка, видеозапись, прямая радио- и телетрансляция заседания допускаются с разрешения Конституционной палаты. Председательствующий после предупреждения может удалить отдельных лиц из зала заседания, если ими допущено вмешательство в надлежащий порядок ведения заседания.

Статья 38. Закрытые заседания

Конституционная палата назначает закрытое заседание в случаях, когда это необходимо для охраны государственной тайны, обеспечения безопасности граждан, тайны их личной жизни и защиты общественной нравственности.

О необходимости слушания дела в закрытом заседании выносится мотивированное определение, которое перед началом заседания объявляется публично.

На закрытом заседании присутствуют судьи Конституционной палаты, стороны и их представители. Возможность присутствия других участников судопроизводства определяется Конституционной палатой. Присутствие сотрудников аппарата Конституционной палаты, непосредственно обеспечивающих надлежащий порядок ведения заседания, определяется председательствующим по согласованию с судьями.

Статья 39. Отложение заседания

1. Заседание Конституционной палаты может быть отложено в следующих случаях:

1) ввиду заболевания или отсутствия по другим причинам кого-либо из судей в судебном заседании, влекущего нарушение кворума;

2) ввиду неявки сторон или одной стороны, свидетеля или эксперта, явка которых была признана обязательной, и их отсутствие может повлиять на правильное разрешение дела;

3) если Конституционная палата найдет рассматриваемое дело недостаточно подготовленным;

4) ввиду несвоевременного представления истребованных материалов, если они имеют существенное значение для разрешения дела;

5) при наличии других обстоятельств, препятствующих нормальному ходу судебного заседания или всестороннему рассмотрению дела, если эти обстоятельства не могут быть устранены в ходе судебного заседания.

2. Решение об отложении судебного заседания Конституционной палаты принимается большинством голосов от числа судей, участвующих в заседании суда. При принятии решения об отложении судебного заседания Конституционная палата назначает дату, на которую переносится заседание.

Статья 40. Приостановление производства по делу

1. В случаях, когда рассмотрение дела невозможно в течение установленного настоящим конституционным Законом срока, Конституционная палата вправе приостановить по нему производство на срок, необходимый для устранения возникших препятствий, но не более чем на три месяца. При этом приостанавливается и срок его рассмотрения.

Производство по делу возобновляется при отпадении обстоятельств, послуживших основанием для его приостановления. Приостановление производства по делу Конституционной палатой не препятствует рассмотрению других дел.

2. Рассмотрение дела возобновляется с момента, на котором оно было приостановлено, а вторичный вызов заслушанных экспертов, специалистов, свидетелей производится лишь в необходимых случаях. При возобновлении производства Конституционная палата выносит определение и извещает об этом лиц, участвующих в деле.

Если заседание Конституционной палаты возобновляется в ином составе судей, рассмотрение дела начинается заново.

Статья 41. Прекращение производства по делу

1. Конституционная палата прекращает производство по делу в случаях:

1) отказа заявителя от требований, добровольного снятия стороной вопроса до принятия решения Конституционной палатой по существу;

2) если в процессе подготовки или рассмотрения дела будет установлено, что оно неподведомственно Конституционной палате. При этом обязательно указывается орган, которому оно подведомственно;

3) если акт, конституционность которого оспаривается, был отменен или утратил силу в процессе подготовки или рассмотрения дела, за исключением случаев, когда действием этого акта были нарушены конституционные права и свободы физических и юридических лиц;

4) смерти физического лица, являющегося одной из сторон по делу;

5) если юридическое лицо, выступающее стороной по делу, ликвидировано без определения правопреемника.

2. Решение вопроса о прекращении производства по делу принимается Конституционной палатой большинством голосов судей, участвующих в заседании суда.

Определение Конституционной палаты о прекращении производства по делу лишает стороны возможности повторного обращения в Конституционную палату с тем же требованием и по тем же основаниям.

Статья 42. Порядок рассмотрения дел

1. Рассмотрение дел в Конституционной палате проводится в заседании под председательством председателя Конституционной палаты, а при его отсутствии председательствование определяется по правилам статей 7 и 9 настоящего конституционного Закона.

2. До начала рассмотрения дела по существу председательствующий:

1) открывает заседание Конституционной палаты и объявляет дело, подлежащее рассмотрению;

2) объявляет состав Конституционной палаты;

3) предоставляет слово секретарю судебного заседания для доклада о присутствии вызванных участников заседания, свидетелей, экспертов, при необходимости переводчика и о причинах неявки отсутствующих. Неявка стороны или ее представителя в заседание Конституционной палаты не препятствует рассмотрению дела, за исключением случаев, когда сторона ходатайствует о рассмотрении дела с ее участием и подтверждает уважительную причину своего отсутствия;

4) проверяет полномочия сторон;

5) разъясняет сторонам их права и обязанности, а вызванным лицам их обязанности и ответственность;

6) опрашивает участников заседания о наличии у них ходатайств о вызове дополнительных свидетелей, экспертов, об истребовании дополнительных доказательств, по другим вопросам, возникшим в ходе заседания, ставит их на разрешение суда;

7) удаляет из зала суда свидетелей, экспертов;

8) объявляет о начале рассмотрения дела по существу.

3. При рассмотрении каждого дела:

1) заслушивается выступление судьи-докладчика, который излагает существо дела, повод и основания для его рассмотрения, содержание имеющихся материалов и отвечает на вопросы, возникшие у судей Конституционной палаты;

2) заслушивается объяснение каждой стороны;

3) сторонам предоставляется возможность задать вопросы друг другу и иным участникам процесса, а затем задают вопросы судьи Конституционной палаты. Допустимость поставленных вопросов в ходе судебного заседания решается Конституционной палатой;

4) перед заслушиванием показаний свидетелей, экспертов председательствующий устанавливает их личность и в письменной форме предупреждает их о предусмотренной законом уголовной ответственности за отказ от дачи показаний и за дачу заведомо ложных показаний или заключений, переводчик предупреждается об ответственности за заведомо ложный перевод;

5) в судебном заседании представленные суду документы могут быть оглашены или розданы на обозрение. Не подлежат оглашению и обозрению документы, подлинность которых вызывает сомнение. Исследованные документы по решению Конституционной палаты подлежат приобщению к материалам дела в подлинниках либо в заверенных копиях;

6) по окончании исследования материалов дела Конституционная палата выслушивает заключительные речи сторон, председательствующий объявляет об окончании разбирательства по делу и удалении судей в совещательную комнату.

Статья 43. Возобновление рассмотрения вопроса

Если после заключительных выступлений сторон Конституционная палата признает необходимым выяснить дополнительные обстоятельства, имеющие существенное значение для разрешения дела, или исследовать новые доказательства, она выносит определение о возобновлении рассмотрения вопроса.

По окончании дополнительного исследования стороны имеют право на повторные заключительные выступления, но лишь в связи с новыми обстоятельствами и доказательствами.

Статья 44. Протокол заседания Конституционной палаты

1. В заседании Конституционной палаты секретарем судебного заседания ведется протокол.

2. Протокол судебного заседания должен содержать следующие данные:

1) о месте и времени проведения судебного заседания;

2) о наименовании дела;

3) о составе судей, рассматривающих дело;

4) о секретаре заседания и каждом участнике процесса;

5) о свидетелях и экспертах;

6) объяснения сторон;

7) показания свидетелей, заключения экспертов, заданные им вопросы и ответы на них;

8) обо всех действиях, происходивших в ходе судебного заседания, в том порядке, в каком они имели место;

9) о мнениях и высказываниях судей и результатах голосования судей по вопросам, возникшим в ходе судебного заседания.

3. Для обеспечения полноты протокола допускается применение стенографии и технических средств, с указанием в протоколе заседания о их применении.

К материалам дела приобщаются протокол и примененные судом технические средства: фонограмма, видеопленка, кинопленка.

4. Протокол должен быть оформлен не позднее пяти рабочих дней по окончании заседания.

Протокол подписывается председательствующим и судьей-секретарем Конституционной палаты.

Статья 45. Применение мер процессуальной защиты

1. С целью защиты достоинства Конституционной палаты, участников заседания и обеспечения надлежащего порядка ведения конституционного судопроизводства Конституционной палатой допускается удаление лиц из зала судебного заседания или наложение штрафа в размере до пятикратного расчетного показателя за каждый случай нарушения, выразившегося в одной из следующих форм:

1) вмешательство в процессуальную деятельность суда, оказание воздействия на судью;

2) неисполнение или несвоевременное исполнение без уважительных причин требований Конституционной палаты в процессе подготовки и рассмотрения дела;

3) неявка без уважительных причин или неуведомление о причинах неявки в Конституционную палату;

4) нарушение порядка заседания Конституционной палаты, неподчинение судьям Конституционной палаты, пренебрежение к принятым в Конституционной палате процедурам и правилам этикета;

5) самовольное нарушение участниками заседания последовательности выступлений;

6) использование оскорбительных выражений.

2. Если указанные в данной статье нарушения были проявлены в процессе судебного заседания, меры процессуальной защиты применяются немедленно по протокольному определению Конституционной палаты.

3. В иных случаях меры процессуальной защиты применяются в порядке, предусмотренном законодательством Кыргызской Республики.

4. Нарушитель обязан уплатить штраф не позднее пяти дней со дня уведомления его о наложении штрафа. В случае отказа от уплаты или неуплаты штрафа в пятидневный срок определение Конституционной палаты о наложении штрафа приводится в исполнение в соответствии с законодательством об исполнительном производстве.

Глава 8

Акты Конституционной палаты

Статья 46. Виды актов Конституционной палаты

1. Конституционная палата принимает акты в виде решений, заключений, постановлений и определений.

2. Конституционная палата в результате рассмотрения обращений по полномочиям, предусмотренным пунктом 1 части 6 статьи 97 Конституции, принимает решение, а пунктами 2 и 3 части 6 указанной статьи — заключение.

3. Решение и заключение Конституционной палаты выносятся именем Кыргызской Республики и подписываются председательствующим и судьями Конституционной палаты.

4. Иные акты Конституционной палаты принимаются в форме постановления, отдельного или протокольного определения.

Статья 47. Порядок принятия актов Конституционной палатой

1. Акты Конституционной палаты принимаются открытым голосованием путем поименного опроса судей в совещательной комнате.

2. В ходе совещания судьи могут свободно излагать собственную позицию по рассматриваемому вопросу и просить других судей уточнить их позиции. Число и продолжительность выступлений не могут быть ограничены.

3. В совещании Конституционной палаты участвуют только судьи Конституционной палаты, рассматривающие данное дело. Присутствие посторонних лиц не допускается.

4. Судья не вправе воздерживаться или не участвовать в голосовании. Председательствующий во всех случаях голосует последним.

5. В протоколе совещания в обязательном порядке фиксируются вопросы, ставившиеся на голосование, и результаты голосования. Протокол ведется судьей-секретарем, подписывается всеми присутствовавшими судьями и не подлежит оглашению.

6. Судьи, присутствовавшие на совещании, не вправе разглашать содержание дискуссий и результаты голосования.

7. Дело считается разрешенным по существу, когда Конституционная палата удовлетворяет полностью или частично либо оставляет без удовлетворения заявленные в обращении требования.

8. Акт Конституционной палаты считается принятым, если за него проголосовало большинство от присутствующих на заседании судей. В случае, когда ни одно предложение не собрало большинства голосов, председательствующий ставит на повторное голосование два предложения, собравшие наибольшее количество голосов.

9. В случае если при принятии решения или заключения голоса разделились поровну, то решение или заключение принимается в пользу конституционности оспариваемого акта. При равенстве голосов при принятии иных актов считается принятым акт, за который голосовал председательствующий.

10. Акт Конституционной палаты должен быть обоснованным и мотивированным.

11. Решение и заключение Конституционной палаты провозглашаются в полном объеме в открытом заседании Конституционной палаты немедленно после их

подписания. В исключительных случаях по особо сложным делам составление мотивировочной части решения или заключения может быть отложено на срок до десяти дней, но их резолютивная часть оглашается в том же заседании.

Статья 48. Содержание акта Конституционной палаты

В акте Конституционной палаты, в зависимости от характера рассматриваемого вопроса, должны быть указаны:

1) наименование акта, дата и место его вынесения;

2) персональный состав Конституционной палаты, постановивший решение или заключение; секретарь заседания;

3) стороны и их представители;

4) предмет требований, поводы и основания к его рассмотрению;

5) нормы Конституции и настоящего конституционного Закона, устанавливающие право Конституционной палаты рассматривать данный вопрос;

6) доводы сторон;

7) фактические и иные обстоятельства, установленные Конституционной палатой;

8) точное наименование нормативного правового акта, конституционность которого проверялась, с указанием источника его опубликования или получения;

9) нормативный правовой акт, проект закона о внесении изменений в Конституцию или не вступивший в силу для Кыргызской Республики международный договор, конституционность которых проверялась;

10) доводы в пользу принятого Конституционной палатой акта, а при необходимости также доводы, опровергающие утверждения сторон;

11) нормы Конституции и настоящего конституционного Закона, которыми руководствовалась Конституционная палата при принятии акта;

12) вывод суда по существу рассмотренного дела;

13) указание на окончательность акта и обязательность его исполнения;

14) порядок вступления акта в силу, а также порядок, сроки и особенности исполнения и опубликования.

Статья 49. Особое мнение судьи Конституционной палаты

Судья Конституционной палаты, не согласный с актом Конституционной палаты, либо голосовавший за принятое решение или заключение по существу рассматриваемого Конституционной палатой вопроса, но оставшийся в меньшинстве при голосовании по какому-либо другому вопросу или по мотивировке принятого акта, вправе изложить свое особое мнение в письменном виде.

Особое мнение судьи приобщается к материалам дела и публикуется вместе с актом Конституционной палаты в тех же изданиях, где подлежит опубликованию сам акт.

Статья 50. Исправление неточностей в акте

Конституционная палата после провозглашения акта может исправить допущенные в нем неточности в наименованиях, обозначениях, описки и явные редакционные и технические погрешности, о чем выносит определение.

Статья 51. Юридическая сила актов Конституционной палаты

1. Акты Конституционной палаты являются окончательными и обжалованию не подлежат, кроме определения о принятии обращения к производству либо об отказе в его принятии. Решения и заключения Конституционной палаты вступают в силу с момента провозглашения, а иные акты — с момента подписания.

Юридическая сила решения о признании нормативного правового акта или его части неконституционным не может быть преодолена повторным принятием этого же нормативного правового акта или его части такого же содержания.

2. Акты Конституционной палаты обязательны для всех государственных органов, органов местного самоуправления, должностных лиц, общественных объединений, юридических и физических лиц и подлежат исполнению на всей территории республики.

3. Установление Конституционной палатой неконституционности законов и иных нормативных правовых актов или их положений обязывает соответствующие государственные органы и должностных лиц привести в соответствие с Конституцией и актами Конституционной палаты изданные ими нормативные правовые акты, основанные на них, за исключением судебных актов. До приведения их в соответствие или отмены непосредственно применяются Конституция, а также решения Конституционной палаты.

4. Судебные акты, основанные на нормах законов и иных нормативных актов, признанных неконституционными, пересматриваются судом, принявшим этот акт, в каждом конкретном случае по жалобам граждан, чьи права и свободы были затронуты.

5. Невступившие в силу международные договоры, признанные неконституционными заключением Конституционной палаты, не подлежат введению в действие и применению.

Статья 52. Исполнение актов Конституционной палаты

1. Решения и заключения Конституционной палаты направляются сторонам, государственным органам и должностным лицам, чьи нормативные правовые акты были предметом рассмотрения, и публикуются в официальных изданиях органов государственной власти, а также в «Вестнике Конституционной палаты Верховного суда Кыргызской Республики», а при необходимости — и в иных изданиях.

2. Неисполнение, ненадлежащее исполнение либо воспрепятствование исполнению судебных актов Конституционной палаты, а также вмешательство в деятельность Конституционной палаты влекут установленную законом ответственность.

Статья 53. Частные определения Конституционной палаты

1. При выявлении в судебном заседании случаев нарушения законности Конституционная палата вправе вынести частное определение и направить его соответствующим государственным органам, органам местного самоуправления, юридическим лицам и (или) их должностным лицам, которые обязаны в месячный срок с момента получения копии частного определения сообщить о принятых ими мерах.

2. В случае несообщения о принятых мерах виновные должностные лица могут быть привлечены к ответственности в соответствии с законодательством. При этом данное обстоятельство не освобождает соответствующих должностных лиц от обязанности сообщить о мерах, принятых по частному определению Конституционной палаты.

Раздел III

Заключительные положения

Статья 54. Финансовое обеспечение деятельности Конституционной палаты

1. Финансирование деятельности Конституционной палаты обеспечивается из средств республиканского бюджета.

2. Конституционная палата самостоятельно разрабатывает проект бюджета на очередной финансовый год, который включается в бюджет без изменений и представляется Совету судей Кыргызской Республики.

3. Конституционная палата самостоятельно распоряжается денежными средствами, предусмотренными бюджетом для финансирования Конституционной палаты.

4. При утверждении республиканского бюджета смета расходов Конституционной палаты не может быть уменьшена по сравнению с предыдущим финансовым годом.

Статья 55. Аппарат Конституционной палаты

1. Деятельность Конституционной палаты обеспечивается ее аппаратом.

2. Непосредственное руководство аппаратом Конституционной палаты осуществляет руководитель аппарата, назначаемый и освобождаемый от должности председателем Конституционной палаты в соответствии с законодательством о государственной службе.

Работники аппарата Конституционной палаты являются государственными служащими, назначаются и освобождаются от должностей руководителем аппарата в соответствии с законодательством о государственной службе, а также законодательством о труде.

3. Аппарат Конституционной палаты:

1) осуществляет кадровое, организационное, научно-аналитическое, информационно-справочное, материально-техническое и иное обеспечение Конституционной палаты;

2) проводит прием посетителей по вопросам, не связанным с конституционным судопроизводством;

3) рассматривает обращения в адрес Конституционной палаты в предварительном порядке и в случаях, когда они не затрагивают вопросов, требующих изучения судьями Конституционной палаты;

4) содействует судьям в подготовке дел и иных вопросов к рассмотрению в заседаниях и на совещаниях;

5) изучает и обобщает деятельность государственных органов по обеспечению исполнения актов Конституционной палаты;

6) осуществляет иную деятельность в пределах установленных полномочий.

Статья 56. Официальное издание Конституционной палаты

Официальным изданием Конституционной палаты является «Вестник Конституционной палаты Верховного суда Кыргызской Республики».

Статья 57. Символы судебной власти Конституционной палаты

В зале заседания Конституционной палаты находятся изображение Государственного герба Кыргызской Республики, Государственный флаг Кыргызской Республики и издание Конституции.

Судьи Конституционной палаты заседают в мантиях, описание и образцы которых утверждаются Правительством по предложению Совета судей.

Статья 58. Печать Конституционной палаты

Конституционная палата имеет печать с изображением Государственного герба Кыргызской Республики и своим наименованием.

Статья 59. Местопребывание Конституционной палаты

Постоянным местопребыванием Конституционной палаты является столица Кыргызской Республики город Бишкек.

Заседания Конституционной палаты проводятся, как правило, в месте его постоянного пребывания. Конституционная палата может провести заседание и в другом месте, когда она сочтет это необходимым.

Раздел IV

Переходные положения

Статья 60. Порядок рассмотрения обращений, поступивших до вступления в силу Конституции и настоящего конституционного Закона

Обращения, поступившие до вступления в силу Конституции и настоящего конституционного Закона, рассматриваются и разрешаются Конституционной палатой в пределах ее полномочий, установленных статьей 97 Конституции.

Статья 61. Порядок формирования Конституционной палаты

1. (Абзац первый утратил силу в соответствии с конституционным Законом КР от 26 мая 2012 года N 66)

Судьи Конституционного суда Кыргызской Республики, чьи полномочия были прекращены в связи с расформированием Конституционного суда Кыргызской Республики могут участвовать в конкурсе на замещение вакантной должности судей Конституционной палаты в соответствии с новой Конституцией.

2. Конституционная палата после сформирования ее правомочного состава избирает председателя, заместителя председателя, судью-секретаря Конституционной палаты в порядке, установленном настоящим конституционным Законом, и немедленно приступает к работе.

3. Конституционная палата является правопреемником Конституционного суда Кыргызской Республики. Материальные гарантии независимости Конституционного суда, установленные до вступления в силу настоящего конституционного Закона, в том числе и отдельное здание, ранее занимаемое Конституционным судом Кыргызской Республики, сохраняется за Конституционной палатой.

Материально-техническое обеспечение деятельности Конституционной палаты производится Правительством на базе имущества Конституционного суда Кыргызской Республики в пределах утвержденного бюджета Конституционного суда Кыргызской Республики на 2010 год.

(В редакции конституционных Законов КР от 26 мая 2012 года N 66, 26 июня 2013 года N 105)

Статья 62. Вступление в силу настоящего конституционного Закона

1. Настоящий конституционный Закон вступает в силу со дня официального опубликования.

Опубликован в газете «Эркин Тоо» от 17 июня 2011 года N 47

2. Признать утратившими силу:

- Закон Кыргызской Республики «О Конституционном суде Кыргызской Республики» (Ведомости Жогорку Кенеша Кыргызской Республики, 1994 г., N 2, ст.46);

- Закон Кыргызской Республики «О конституционном судопроизводстве Кыргызской Республики» (Ведомости Жогорку Кенеша Кыргызской Республики, 2009 г., N 7, ст.745).

Президент Кыргызской Республики

Р.Отунбаева

Принят Жогорку Кенешем Кыргызской Республики 12 мая 2011 года

Verfassungsgerichtsgesetz der Republik Tadschikistan

http://www.constcourt.tj/index.php?option=com_content&view=article&id=26:-l-r&catid=1:2009-06-24-10-52-55&Itemid=5 vom15.10.2014

Қонуни конститутсионии Ҷумҳурии Тоҷикистон «Дар бораи Суди конститутсионии Ҷумҳурии Тоҷикистон»

(АМО ҶТ соли 1995, №21, мод.223; соли 1997, №9, мод.110; соли 1998, №10, мод. 111,115; соли 2000, №6, мод. 349; соли 2001, №4, мод.200; соли 2004, №2, мод.43; соли 2006, №3, мод.142; соли 2007, №7, мод.650; соли 2008, №3, мод. 180; соли 2008, №10, мод. 794; соли 2009, наряди қонунҳо 5 августи соли 2009 №537)
дар ҳолати назоратӣ то 15.08 соли 2009

ФАСЛИ I

ТАШКИЛИ СУДИ КОНСТИТУТСИОНИИ ҶУМҲУРИИ ТОҶИКИСТОН ВА ВАЗЪИ ҲУҚУҚИИ СУДЯҲО

БОБИ 1
ҚОИДАҲОИ УМУМӢ

Моддаи 1. Суди конститутсионии Ҷумҳурии Тоҷикистон ҳамчун мақомоти ҳокимияти судӣ

Суди конститутсионии Ҷумҳурии Тоҷикистон ҳамчун мақомоти мустақили ҳокимияти судӣ бо мақсади ҳифз, таъмини волоият ва амали бевоситаи Конститутсияи (Сарқонуни) Ҷумҳурии Тоҷикистон ва ҳимояи ҳуқуқу озодиҳои инсон ва шаҳрванд таъсис гардидааст.(дар т/нав аз 5.08.2009 сол, №537)

Моддаи 2. Принсипҳои асосии фаъолияти Суди конститутсионии Ҷумҳурии Тоҷикистон

Принсипҳои асосии фаъолияти Суди конститутсионии Ҷумҳурии Тоҷикистон аз мустақилият, дастҷамъӣ, ошкорбаёнӣ, мубоҳиса ва баробарҳуқуқии тарафҳо иборат аст.(дар т/нав аз 5.08.2009 сол, №537)

Моддаи 3. Қонунгузории Ҷумҳурии Тоҷикистон дар бораи Суди конститутсионии Ҷумҳурии Тоҷикистон

Қонунгузории Ҷумҳурии Тоҷикистон дар бораи Суди конститутсионии Ҷумҳурии Тоҷикистон ба Конститутсияи (Сарқонуни) Ҷумҳурии Тоҷикистон асос ёфта, аз Қонуни конститутсионии мазкур ва дигар санадҳои меъёрии ҳуқуқии Ҷумҳурии Тоҷикистон, инчунин санадҳои ҳуқуқии байналмилалие, ки Тоҷикистон онҳоро эътироф намудааст, иборат мебошад. (дар т/нав аз 5.08.2009 сол, №537)

БОБИ 2

ҲАЙАТИ СУДИ КОНСТИТУТСИОНИИ ҶУМҲУРИИ ТОҶИКИСТОН ВА ТАРТИБИ ИНТИХОБИ ОН

Моддаи 4. Ҳайати Суди конститутсионии Ҷумҳурии Тоҷикистон

Суди конститутсионии Ҷумҳурии Тоҷикистон аз 7 нафар судя: Раис, муовини Раис ва 5 судяи Суди конститутсионии Ҷумҳурии Тоҷикистон иборат аст. Яке аз судяҳо намояндаи Вилояти Мухтори Кӯҳистони Бадахшон мебошад.
Ба вазифаи судяи Суди конститутсионии Ҷумҳурии Тоҷикистон ҳуқуқшиносе интихоб мешавад, ки синни ӯ аз 30 кам ва аз 65 зиёд набошад ва беш аз 10 сол собиқаи кории касбӣ дошта бошад. (қ.2 дар т/нав аз 5.08.2009 сол, №537)

Моддаи 5. Мӯҳлати ваколати судяҳои Суди конститутсионии Ҷумҳурии Тоҷикистон

Судяи Суди конститутсионии Ҷумҳурии Тоҷикистон ба мӯҳлати 10 сол интихоб мешавад. (ққҷт аз 28.02.04, №11)
Агар мӯҳлати ваколати судяи Суди конститутсионии Ҷумҳурии Тоҷикистон дар мавриди дида баромадани кор бо иштироки ӯ ба охир расад, ваколаташ то баррасии интиҳоии он кор нигоҳ дошта мешавад.

Моддаи 6. Тартиби интихоби судяҳои Суди конститутсионии Ҷумҳурии Тоҷикистон

Раис, муовини Раис ва судяҳои Суди конститутсионии Ҷумҳурии Тоҷикистон аз тарафи Маҷлиси миллии Маҷлиси Олии Ҷумҳурии Тоҷикистон бо пешниҳоди Президенти Ҷумҳурии Тоҷикистон ба тариқи алоҳида интихоб карда мешаванд. Шахсе интихобшуда ҳисоб мегардад, ки аксарияти овози шумораи умумии аъзои Маҷлиси миллиро гирифта бошад. (ққҷт аз 06.06.2000, №2)
Суди конститутсионии Ҷумҳурии Тоҷикистон ҳуқуқ дорад дар сурати интихоб шудани камаш аз се ду ҳиссаи ҳайати он ба фаъолияти худ оғоз намояд.
Дар сурати пеш аз мӯҳлат аз вазифа рафтани Раис, муовини ӯ ё судяҳои Суди конститутсионии Ҷумҳурии Тоҷикистон, Маҷлиси миллии Маҷлиси Олии Ҷумҳурии Тоҷикистон дар иҷлосияи худ бо пешниҳоди Президенти Ҷумҳурии Тоҷикистон мувофиқи тартибе, ки Қонуни конститутсионии мазкур муқаррар кардааст, ба ҷои онҳо шахсони дигарро интихоб менамояд. (қҷт аз 06.06.2000, №2), (ққҶТ аз 5.08.2009 сол, №537)

Моддаи 7. Савганди судяҳои Суди конститутсионии Ҷумҳурии Тоҷикистон

Раис, муовини Раис ва судяҳои Суди конститутсионии Ҷумҳурии Тоҷикистон баъди интихоб шудан дар иҷлосияи Маҷлиси миллии Маҷлиси Олии Ҷумҳурии Тоҷикистон чунин савганд ёд мекунанд: (қҷт аз 06.06.2000, №2)
«Ман ба сифати Раис, муовини Раис, судяи Суди конститутсионии Ҷумҳурии Тоҷикистон савганд ёд мекунам, ки Конститутсияи Ҷумҳурии Тоҷикистонро сидқан риоя ва ҳифз менамоям, вазифаҳои ба зиммаам ҳамчун Раис, муовини Раис, судяи Суди конститутсионии Ҷумҳурии Тоҷикистон гузошташударо софдилона иҷро карда, фақат ва фақат ба Конститутсияи Ҷумҳурии Тоҷикистон итоат мекунам» .

БОБИ 3

СУДЯҲОИ СУДИ КОНСТИТУТСИОНИИ ҶУМҲУРИИ ТОҶИКИСТОН

Моддаи 8. Мустақилияти судяҳои Суди конститутсионии Ҷумҳурии Тоҷикистон

Судяҳои Суди конститутсионии Ҷумҳурии Тоҷикистон дар вақти иҷрои вазифаҳои худ мустақил буда, фақат тобеи Конститутсияи Ҷумҳурии Тоҷикистон ва ҳамин Қонуни конститутсионӣ мебошанд. Ягон хел мудохила ба фаъолияти онҳо, инчунин ба ягон шакле таъсиррасонӣ ба мақсади мамониат кардан ба фаъолияти онҳо мумкин нест ва барои чунин амал аз рӯи Қонун ҷавобгарӣ пешбинӣ карда мешавад.
Мақоми судяи Суди конститутсионӣ бо ваколати вакилӣ, узвияти ҳизби сиёсӣ ва иттиҳодияҳои ҷамъиятии сиёсӣ, ишғоли вазифаи дигар, фаъолияти соҳибкорӣ, иҷрои кор ва гирифтани музд дар дигар мақомоти давлатӣ ва ҷамъиятӣ, машғулият бо фаъолияти хусусӣ, ба истиснои фаъолияти эҷодӣ, илмӣ ва омӯзгорӣ номувофиқ мебошад.
Судяи Суди конститутсионӣ ҳуқуқ надорад, ки дар суд ё дигар мақомоти ҳифзи ҳуқуқ ба сифати ҳимоятгар ё намоянда, ба ғайр аз намояндаи қонунӣ будан, иштирок кунад, ягон шахсро барои соҳиб шудан ба ҳуқуқ ё озод гардидан аз масъулият ҳимоя намояд.
Дар давоми мӯҳлати ваколат судяҳои Суди конститутсионӣ иваз карда намешаванд. Онҳоро аз ваколаташон маҳрум кардан, ваколаташонро маҳдуд кардан, аз вазифа холӣ кардан мумкин нест, ба истиснои ҳолатҳое, ки ҳамин Қонуни конститутсионӣ пешбинӣ кардааст.
Аз фаъолияти Суди конститутсионӣ ва судяҳои он оид ба масъалаҳои мурофиаи конститутсионӣ ҳисобот дода намешавад. Суди конститутсионӣ ҳар сол ба Маҷлиси миллӣ ва Маҷлиси намояндагони Маҷлиси Олии Ҷумҳурии Тоҷикистон ва Президенти Ҷумҳурии Тоҷикистон дар бораи вазъи қонунияти конститутсионӣ дар Ҷумҳурии Тоҷикистон нома мефиристад. (қҷт аз 06.06.2000, №2), (ққЧТ аз 5.08.2009 сол, №537)

Моддаи 9. Дахлнопазирии судяҳои Суди конститутсионии Ҷумҳурии Тоҷикистон

Судяҳои Суди конститутсионии Ҷумҳурии Тоҷикистон дахлнопазиранд.
Судяи Суди конститутсионии Ҷумҳурии Тоҷикистонро бе розигии Маҷлиси миллии Маҷлиси Олии Ҷумҳурии Тоҷикистон ба ҷавобгарии ҷиноӣ кашидан, ҳабс кардан,

мавриди чораҳои ҷазои маъмурӣ, ки ба воситаи суд он татбиқ мегардад, қарор додан мумкин нест. Дастгир кардан, маҷбуран овардани вай фақат дар мавриде мумкин аст, ки дар ҷои содир намудани ҷиноят дошта шудааст ва дар ин бора фавран ба Раиси Суди конститутсионӣ ё муовини ӯ хабар дода шуда бошад. Парвандаи ҷиноӣ нисбати судяи Суди конститутсионӣ фақат аз тарафи Прокурори генералии Ҷумҳурии Тоҷикистон оғоз карда мешавад. Парвандаи ҷиноӣ ва парванда дар бораи ҳуқуқвайронкунии маъмурӣ нисбати судяи Суди конститутсионӣ фақат тобеи Суди Олии Ҷумҳурии Тоҷикистон мебошад. (қҷт аз 06.06.2000, №2)
Дохил шудан ба манзил, ҷои кори судяи Суди конститутсионӣ, ба нақлиёти шахсӣ ё хизматии вай ва аз назар гузаронидани он ҷоҳо, кофтуков, гирифтан, инчунин тафтиш ва кофтукови шахсии судяи Суди конститутсионӣ, ҳамчунин тафтиш ва мусодира намудани молу мулк ва ҳуҷҷатҳои ба вай тааллуқдошта фақат бо иҷозати Прокурори генералии Ҷумҳурии Тоҷикистон бинобар мавҷуд будани парвандаи ҷиноии оғозшуда нисбати он судя мумкин аст. (ққҶТ аз 5.08.2009 сол, №537)
Бе розигии Суди конститутсионии Ҷумҳурии Тоҷикистон нисбати судяи Суди конститутсионӣ татбиқ намудани чораҳои маҷбурии хусусияти тиббӣ дошта, ғайриқобили амал донистан ва аз қобилияти амал маҳдуд намудани ӯ ва инчунин нисбати он дар суд парвандаи дахлдор оғоз намудан мумкин нест.
Судяи Суди конститутсиониро барои изҳори ақидааш дар мурофиаи конститутсионӣ мавриди ягон хел таъсиррасонӣ қарор додан мумкин нест.

Моддаи 10. Боздоштани ваколатҳои судяи Суди конститутсионии

Ҷумҳурии Тоҷикистон
Ваколатҳои судяи Суди конститутсионии Ҷумҳурии Тоҷикистонро Суди конститутсионӣ дар ҳолатҳои зерин метавонад боздорад:
1) агар судяи Суди конститутсионии Ҷумҳурии Тоҷикистон бо вайронкунии тартиби муқарраргардида интихоб шуда бошад;
2) агар бо тартиби муқарраршуда барои ҳабси судя ва ё ба ҷавобгарии ҷиноӣ кашидани вай розигӣ дода шуда бошад.
Суди конститутсионии Ҷумҳурии Тоҷикистон ваколатҳои судяро то аз байн рафтани асосҳои дар боло зикршуда боздошта метавонад.
Мавҷудияти асосҳои барои боздоштани ваколатҳои судя бо таъиноти Суди конститутсионӣ муқаррар ва ҳал карда мешавад.

Моддаи 11. Бозхонди судяи Суди конститутсионии Ҷумҳурии Тоҷикистон

Бозхонди судяи Суди конститутсионии Ҷумҳурии Тоҷикистон аз тарафи Маҷлиси миллии Маҷлиси Олии Ҷумҳурии Тоҷикистон бо пешниҳоди Президенти Ҷумҳурии Тоҷикистон дар мавридҳои зерин амалӣ мегардад: (қҷт аз 06.06.2000, №2), (қҷт аз 12.05.2001, №23)
1) ба сабаби қонеъ гардонидани ҳоҳиши судя дар бораи истеъфояш;
2) нисбати ӯ мавҷуд будани ҳукми айбдоркунии Суди Олии Ҷумҳурии Тоҷикистон, ки эътибори қонунӣ пайдо кардааст;
3) дар асоси қарори қувваи қонунӣ пайдокардаи суд дар бораи ғайриқобили амал, бедарак ғоибшуда ё фавтида донистани он;
4) ба сабаби вафоти судя;
5) машғул шудани судя ба фаъолияте, ки ба вазифаи ӯ номувофиқ аст;

6) маҳрум шудани судя аз шаҳрвандии Ҷумҳурии Тоҷикистон;
7) содир намудани кирдоре, ки шаъну эътибори судяро паст мезанад;
8) бе сабабҳои узрнок зиёда аз ду маротиба пай дар пай иштирок накардани судя дар маҷлисҳои Суди конститутсионӣ ва ё саркашӣ кардани ӯ аз овоздиҳӣ;
9) ба сабаби вазъи саломатӣ ва ё бо дигар сабабҳои узрнок муддати дуру дароз (на камтар аз чор моҳ пай дар пай) вазифаҳои худро иҷро накардани судя;
10) ба охир расидани мӯҳлати ваколати судяи Суди конститутсионии Ҷумҳурии Тоҷикистон. (ққҷт аз 06.06.2000, №2), (ққҷт аз 12.05.2001, №23)
11) вайрон кардани тартиби муқаррарнамудаи қонунгузории Ҷумҳурии Тоҷикистон оид ба танзими анъана ва ҷашну маросимҳо (ҚКҶТ аз 30.07.07с., №292 (АМО ҶТ с.2007, №7, мод.650))
Баъди бозхонди судяи Суди конститутсионӣ ваколатҳояш ҳамчун Раиси Суди конститутсионии Ҷумҳурии Тоҷикистон, муовини он ва котиби Суди конститутсионӣ низ қатъ мегардад.

Моддаи 11-1. Истеъфои судяи Суди конститутсионии Ҷумҳурии Тоҷикистон

Истеъфои судяи Суди конститутсионии Ҷумҳурии Тоҷикистон бо ифтихор аз вазифа рафтани ӯ мебошад. Барои судяе, ки дар истеъфо мебошад, номи судяи Суди конститутсионии Ҷумҳурии Тоҷикистон, кафолати дахлнопазирии шахсиаш ва мансубияташ ба ҷомеаи судяҳо нигоҳ дошта шуда, ба ӯ шаҳодатномаи судяи дар истеъфобудаи Суди конститутсионии Ҷумҳурии Тоҷикистон дода мешавад.
Ҳар судяи Суди конститутсионии Ҷумҳурии Тоҷикистон ҳуқуқ дорад, бо хоҳиши худ сарфи назар аз синну сол ба истеъфо барояд.
Судяи Суди конститутсионии Ҷумҳурии Тоҷикистон он гоҳ ба истеъфо баромада ҳисоб мешавад, ки агар ӯ бо асосҳои зерин бозхонд шуда бошад:
аризаи хаттиаш дар бораи ба истеъфо рафтан қонеъ гардида бошад;
агар мӯҳлати ваколаташ ба охир расида бошад;
агар ҳалномаи суд дар бораи ғайри қобили амал донистани ӯ қувваи қонунӣ пайдо карда бошад;
агар бо сабаби вазъи саломатӣ ё бо дигар сабабҳои узрнок муддати дуру дароз (на камтар аз чор моҳ пай дар пай) вазифаи худро иҷро карда натавонад.
Ба судяи Суди конститутсионии дар истеъфобуда, ки аз рӯи касби ҳуқуқшиносӣ ба таври умумӣ на камтар аз бист сол собиқаи корӣ дорад, бо майлу хоҳишаш нафақа ё баробари ҳаштод фоизи музди меҳнати судяи фаъолияткунандаи Суди конститутсионии Ҷумҳурии Тоҷикистон таъминотпулии ҳармоҳаи умрбод дода мешавад. (қҷт аз 12.05.2001, №23)

Моддаи 12. Муҳофизати ҳуқуқи меҳнатии судяҳои Суди конститутсионии Ҷумҳурии Тоҷикистон

Ба судяи Суди конститутсионӣ, ки мӯҳлати ваколаташ ба охир расидааст ва ё хоҳиши ӯ барои ба истеъфо баромаданаш қонеъ гардонида шудааст, вазифаи (кори) пештарааш ва ё вазифаи (кори) ба он баробар дода мешавад.
Муддати дар вазифаи судяи Суди конститутсионӣ кор кардан ба собиқаи кор аз рӯи ихтисос (хизмат) ба ҳисоб гирифта мешавад.

Моддаи 13. Дарачаҳои тахассусии судяҳои Суди конститутсионии Ҷумҳурии Тоҷикистон ва рутбаҳои кормандони Дастгоҳи Суди конститутсионии Ҷумҳурии Тоҷикистон

Ба Раис, муовини ӯ ва судяҳои Суди конститутсионии Ҷумҳурии Тоҷикистон дарачаҳои тахассусӣ ва ба кормандони Дастгоҳи Суди конститутсионӣ рутбаҳо дода мешаванд.
Дарачаҳои тахассусии судяҳои Суди конститутсионӣ ва рутбаҳои кормандони Дастгоҳи Суди конститутсиониро Маҷлиси намояндагони Маҷлиси Олии Ҷумҳурии Тоҷикистон муқаррар мекунад.
Низомномаи тартиби додани дарачаҳои тахассусии судяҳои Суди конститутсионии Ҷумҳурии Тоҷикистон ва рутбаҳои кормандони Дастгоҳи онро Президенти Ҷумҳурии Тоҷикистон тасдиқ мекунад. (қҷт аз 06.06.2000, №2), (қҷт аз 03.03.06, №159)

БОБИ 4

САЛОҲИЯТИ СУДИ КОНСТИТУТСИОНИИ ҶУМҲУРИИ ТОҶИКИСТОН

Моддаи 14. Салоҳиятҳои Суди конститутсионии Ҷумҳурии Тоҷикистон (ққҶТ аз 5.08.2009 сол, №537)

Суди конститутсионии Ҷумҳурии Тоҷикистон масъалаи ба Конститутсияи Ҷумҳурии Тоҷикистон мутобиқ будани лоиҳаи тағйиру иловаҳои ба Конститутсияи Ҷумҳурии Тоҷикистон воридшаванда, лоиҳаи қонунҳо ва дигар масъалаҳоеро, ки ба раъйпурсии умумихалқӣ пешниҳод карда мешаванд, муайян менамояд. (ққҷт аз 20.03.2008с. №368)
Суди конститутсионии Ҷумҳурии Тоҷикистон парвандаҳоро оид ба Конститутсияи Ҷумҳурии Тоҷикистон мутобиқат доштани:
а) қонунҳо, санадҳои ҳуқуқии якҷояи Маҷлиси миллӣ ва Маҷлиси намояндагон, Маҷлиси миллӣ, Маҷлиси намояндагон, Президент, Ҳукумат, Суди Олӣ, Суди Олии иқтисодӣ ва дигар мақомоти давлатию ҷамъиятӣ, шартномаҳои байналмилалии эътибори қонун пайдонакардаи Тоҷикистон; (қҷт аз 28.02.2004, №11), (ққҷт аз 20.03.2008с. №368)
б) санадҳои ҳуқуқии мақомоти маҳаллии намояндагӣ ва иҷроияи ҳокимият, шартномаҳои аз тарафи вилоятҳо, ноҳияҳо ва шаҳрҳои Ҷумҳурӣ басташуда;
в) шартномаҳои байни мақомоти ҷумҳуриявӣ ва маҳаллии ҳокимият;
г)салоҳиятҳои дигареро, ки Конститутсия ва қонунҳо муайян кардаанд, ҳаллу фасл мекунад. (қҷт аз 06.06.2000, №2), (қҷт аз 28.02.2004, №11), (ққҶТ аз 5.08.2009 сол, №537)
Суди конститутсионии Ҷумҳурии Тоҷикистон баҳсҳои вобаста ба салоҳиятро:
а) байни мақомоти ҷумҳуриявии ҳокимияти давлатӣ;
б) байни мақомоти ҷумҳуриявӣ ва маҳаллии ҳокимияти давлатӣ;
в) байни мақомоти маҳаллии ҳокимияти давлатӣ ва мақомоти ҳудудии худидоракунии маҳаллӣ ҳаллу фасл мекунад. (қҷт аз 06.06.2000, №2)
Суди конститутсионии Ҷумҳурии Тоҷикистон масъалаҳоро оид ба вайронкунии ҳуқуқу озодиҳои конститутсионии шаҳрвандон вобаста ба қонун ва дигар санади ҳуқуқии татбиқшуда ё татбиқшаванда дар муносибати мушаххаси ҳуқуқӣ баррасӣ мекунад,

инчунин ба Конститутсияи Ҷумҳурии Тоҷикистон мутобиқ будани қонун, дигар санади ҳуқуқӣ ва тавзеҳоти дастурии Пленумҳои Суди Олии Ҷумҳурии Тоҷикистон, Суди Олии иқтисодии Ҷумҳурии Тоҷикистонро дар парвандаи мушаххас, ки аз тарафи суд нисбаташон татбиқ шудааст, бо тартибе, ки Қонуни конститутсионии мазкур муқаррар кардааст, муайян менамояд.(ққчт аз 20.03.2008с. №368)
Суди конститутсионии Ҷумҳурии Тоҷикистон дар сурати аз тарафи Президент содир шудани хиёнат ба давлат хулоса медиҳад. (қчт аз 06.06.2000, №2)

Моддаи 15.Салоҳиятҳои дигари Суди конститутсионии Ҷумҳурии Тоҷикистон (ққЧТ аз 5.08.2009 сол, №537)

Суди конститутсионии Ҷумҳурии Тоҷикистон:
а)дастури Суди конститутсионии Ҷумҳурии Тоҷикистонро қабул мекунад; (ққЧТ аз 5.08.2009 сол, №537)
б) салоҳиятҳои судяҳои Суди конститутсиониро дар ҳолатҳое, ки ин Қонуни конститутсионӣ пешбинӣ кардааст, бозмедорад; (ққЧТ аз 5.08.2009 сол, №537)
в) котиби Суди конститутсионии Ҷумҳурии Тоҷикистонро интихоб мекунад;
г) салоҳиятҳои дигареро, ки Қонун ба вай додааст, амалӣ менамояд. (қчт аз 06.06.2000, №2), (қчт аз 28.02.2004, №11),(ққЧТ аз 5.08.2009 сол, №537)
Суди конститутсионии Ҷумҳурии Тоҷикистон ҳуқуқ дорад аз ҳамаи мақомоти давлатӣ, корхонаҳо ва ташкилотҳо, ҳизбҳои сиёсӣ ва дигар иттиҳодияҳои ҷамъиятӣ, муассисаҳои илмӣ ва марказҳои иттилоотӣ маълумоти зарурӣ дархост намояд ва гирад, инчунин ба тартиби муқаррargardида мутахассисонро ба кори экспертӣ ва илмию машваратӣ ҷалб намояд. (ққЧТ аз 5.08.2009 сол, №537)

Моддаи 16. Ҳатмӣ будани санадҳои Суди конститутсионии Ҷумҳурии Тоҷикистон

Санадҳои Суди конститутсионии Ҷумҳурии Тоҷикистон қатъӣ буда, нисбати онҳо шикоят кардан мумкин нест ва иҷрои онҳо аз тарафи ҳамаи мақомот, корхонаҳо, муассисаҳо, ташкилотҳо, ҳизбҳои сиёсӣ ва дигар иттиҳодияҳои ҷамъиятӣ, шахсони мансабдор ва шаҳрвандон, ки қарорҳо ба онҳо дахл доранд, ҳатмӣ мебошанд. Барои иҷро накардани онҳо мувофиқи Қонун ҷавобгарӣ пешбинӣ шудааст. (қчт аз 28.02.2004, №11), (ққЧТ аз 5.08.2009 сол, №537)
Суди конститутсионии Ҷумҳурии Тоҷикистон оиди масъалаҳое, ки дар қисми чоруми моддаи 14-уми ҳамин Қонуни конститутсионӣ пешбинӣ шудааст, хулоса медиҳад, ки он аз тарафи Маҷлиси миллӣ ва Маҷлиси намояндагони Маҷлиси Олии Ҷумҳурии Тоҷикистон ба асос гирифта мешавад. (қчт аз 28.02.2004, №11)
Қонунҳо ва дигар санадҳои меъёрии ҳуқуқӣ ё баъзе нуқтаҳои онҳо, ки аз тарафи Суди конститутсионӣ ғайриконститутсионӣ дониста шудаанд, эътибори худро гум мекунанд, дар баробари ин амали дигар санадҳои меъёрии ҳуқуқӣ ва санадҳои дигаре, ки ба санади ғайриконститутсионӣ эътирофшуда асос ёфтаанд, бекор мегарданд. Дар ҳолати аз тарафи Суди конститутсионии Ҷумҳурии Тоҷикистон қабул шудани хулоса дар бораи риоя нашудани тартиби пешниҳоди айбдоркунии Президенти Ҷумҳурии Тоҷикистон дар содир намудани хиёнат ба давлат, баррасии айбдоркунӣ қатъ карда мешавад. (қчт аз 28.02.2004, №11)
Санадҳои судҳо ва дигар мақомоти татбиққунандаи қонун, ки ба санади меъёрию ҳуқуқии ғайриконститутсионӣ донисташуда асос ёфтаанд, мавриди иҷро қарор намегиранд. (қчт аз 28.02.2004, №11)

Аз тарафи Суди конститутсионӣ ғайриконститутсионӣ донистани шартномаҳои байналмилалии эътибори қонун пайдонакардаи Ҷумҳурии Тоҷикистон онро ифода мекунад, ки ин шартномаҳо ё баъзе нуқтаҳои онҳо барои Ҷумҳурии Тоҷикистон эътибор надоранд.(ққЧТ аз 5.08.2009 сол, №537)
Таъиноти Суди конститутсионӣ дар бораи қатъи кор оид ба парванда тарафҳоро аз имконияти муроҷиати такрорӣ ба Суди конститутсионӣ бо ҳамон талабот ва бо ҳамон асосҳо маҳрум менамояд. (қчт аз 22.05.98, №614), (қчт аз 28.02.2004, №11)

Моддаи 17. Раиси Суди конститутсионии Ҷумҳурии Тоҷикистон

Раиси Суди конститутсионии Ҷумҳурии Тоҷикистон:
а) ба тайёр намудани парвандаҳо ва дигар масъалаҳо барои баррасӣ дар маҷлиси Суди конститутсионӣ роҳбарӣ мекунад;
б) маҷлиси Суди конститутсиониро даъват мекунад, барои баррасии он масъалаҳоро пешниҳод менамояд ва дар он раисӣ мекунад;
в) ҳар сол ба Маҷлиси миллӣ ва Маҷлиси намояндагони Маҷлиси Олии Ҷумҳурии Тоҷикистон ва Президенти Ҷумҳурии Тоҷикистон дар бораи вазъи қонунияти конститутсионӣ дар ҷумҳурӣ нома мефиристад;
г) Суди конститутсиониро дар муносибатҳо бо мақомоти давлатӣ ва ҷамъиятӣ, корхонаҳо, муассисаҳо, ташкилотҳо ва шахсони мансабдор намояндагӣ мекунад;
д) вазифаҳои муовини Раиси Суди конститутсиониро муайян мекунад;
е) кори судяҳои Суди конститутсиониро ташкил мекунад ва ба дастгоҳи он роҳбарӣ менамояд;
ж) ба Суди конститутсионӣ дастури онро барои қабул пешниҳод мекунад; (ққЧТ аз 5.08.2009 сол, №537)
з) номзадии котиби Суди конститутсиониро пешниҳод менамояд;
и) барои гузаронидани маҷлисҳо, таъмини амнияти иштирокчиён ва ҳозирони он тадбирҳо меандешад;
к) кормандони Дастгоҳи Суди конститутсиониро ба кор қабул ва аз кор озод менамояд; (ққЧТ аз 5.08.2009 сол, №537)
л) ба санадҳо ва протоколҳои маҷлисҳои Суди конститутсионӣ имзо мекунад; (қчт аз 28.02.2004, №11)
м) Низомномаро дар бораи Дастгоҳи Суди конститутсионӣ, сохтор ва штати он тасдиқ мекунад;
н) мувофиқи қонунгузорӣ дар бораи Суди конститутсионии Ҷумҳурии Тоҷикистон ваколатҳои дигарро иҷро мекунад. (қчт аз 28.02.2004, №11)
Раиси Суди конститутсионии Ҷумҳурии Тоҷикистон дар доираи ваколатҳои худ амру фармонҳо мебарорад. (ққЧТ аз 5.08.2009 сол, №537)
Раиси Суди конститусионӣ ҳуқуқ дорад дар ҷаласаҳои якҷояи Маҷлиси миллӣ ва Маҷлиси намояндагон, ҷаласаҳои Маҷлиси миллӣ, Маҷлиси намояндагони Маҷлиси Олии Ҷумҳурии Тоҷикистон, Ҳукумати Ҷумҳурии Тоҷикистон, Пленумҳои Суди Олӣ ва Суди Олии иқтисодӣ, дигар мақомоти давлатӣ ва ҷамъиятӣ иштирок намояд. (қчт аз 28.02.2004, №11)

Моддаи 18. Муовини Раиси Суди конститутсионии Ҷумҳурии Тоҷикистон

Муовини Раиси Суди конститутсионии Ҷумҳурии Тоҷикистон дар сурати набудани Раис ё вазифаи худро иҷро карда натавонистанаш вазифаи ӯро иҷро мекунад, мувофиқи салоҳдиди Раиси Суди конститутсионӣ дигар вазифаҳои алоҳидаи ӯро иҷро менамояд.

Моддаи 19. Котиби Суди конститутсионии Ҷумҳурии Тоҷикистон

Котиби Суди конститутсионии Ҷумҳурии Тоҷикистон аз ҷумлаи судяҳои Суди конститутсионии Ҷумҳурии Тоҷикистон ба мӯҳлати ваколати Суди конститутсионӣ интихоб карда мешавад.
Котиби Суди конститутсионии Ҷумҳурии Тоҷикистон дар баробари иҷрои вазифаи судяи Суди конститутсионӣ вазифаҳои зайлро анҷом медиҳад:
а) оид ба тайёр намудани маҷлисҳои Суди конститутсионӣ кори ташкилиро анҷом медиҳад ва барои иҷрои қарорҳои қабулкардаи Суди конститутсионӣ тадбирҳои зарурӣ меандешад;
б) кори таҳияи протоколҳои маҷлиси Суди конститутсионӣ ва дар вақташ тартиб додани онҳоро ташкил менамояд;
в)ба санадҳо ва протоколҳои маҷлисҳои Суди конститутсиониро имзо мекунад; (қҷт аз 28.02.2004, №11)
ба мақомоти дахлдор, инчунин корхонаҳо, ташкилотҳо, шахсони мансабдор ва шаҳрвандон фиристодани ҳуҷҷатҳои хизматиро ташкил менамояд;
г) ваколатҳои дигарро мувофиқи ҳамин Қонуни конститутсионӣ иҷро мекунад.

ФАСЛИ II

ҚОИДАҲОИ МУРОФИАИ СУДӢ ДАР СУДИ КОНСТИТУТСИОНИИ ҶУМҲУРИИ ТОҶИКИСТОН

БОБИ 5

ПРИНСИПҲОИ МУРОФИАИ СУДИ КОНСТИТУТСИОНИИ ҶУМҲУРИИ ТОҶИКИСТОН

Моддаи 20. Ба тоаври дастҷамъӣ баррасӣ кардани парвандаҳо дар Суди конститутсионии Ҷумҳурии Тоҷикистон

Баррасӣ кардани парвандаҳо, додани хулоса, масъалаҳои боздошти ваколати судяҳо ва қабули Дастур дар Суди конститутсионӣ ба таври дастҷамъӣ дар ҳайати на камтар аз се ду ҳиссаи шумораи умумии судяҳо сурат мегирад. (ққҶТ аз 5.08.2009 сол, №537)
Маҷлиси Суди конститутсионӣ доир ба масъалаҳои дигар дар сурате салоҳиятнок аст, ки агар дар он бештар аз нисфи ҳайати судяҳо иштирок намоянд.
Санадҳои Суди конститутсионӣ бо аксарияти овозҳои судяҳои дар маҷлис иштирокдошта қабул мегардад. (қҷт аз 28.02.2004, №11)

Моддаи 21. Мустақилии судяҳо дар мурофиаи Суди конститутсионӣ Судяҳои

Суди конститутсионӣ ҳангоми баррасии парвандаҳо мустақиланд, ба далелҳо аз рӯи эътиқоди ботинии худ баҳо медиҳанд ва танҳо ба Конститутсияи Ҷумҳурии Тоҷикистон ва ҳамин Қонуни конститутсионӣ итоат мекунанд. Дар мурофиаи судӣ барои судяҳои Суди конститутсионӣ ягон санади дигар қувваи ҳатмӣ надорад.
Радкунӣ ва худрадкунии судяи Суди конститутсионӣ дар сурате мумкин аст, ки агар объективона будани муносибати судя бинобар бавосита ва ё бевосита шахсан манфиатдор будани ӯ ба оқибати кор боиси шубҳа гардад.
Масъала оиди радкунӣ ва худрадкунии судяи Суди конститутсионӣ дар хонаи машваратӣ бо роҳи баровардани таъинот ҳаллу фасл карда мешавад.
Судяи Суди конститутсионии Ҷумҳурии Тоҷикистон ҳақ надорад, ки дар ягон ҷо ғайр аз маҷлиси Суди конститутсионӣ, доир ба масъалае, ки метавонад мавриди баррасии Суди конститутсионӣ қарор гирад, ҳамчунин ин масъала аз тарафи Суди конститутсионӣ омӯхта мешавад ё барои баррасӣ гирифта шудааст, то қабул намудани қарор оид ба масъалаи мазкур фикри шахсии худро баён намояд.
Ҳеҷ кас ҳақ надорад, ки аз судяи Суди конститутсионӣ талаб кунад ва ӯ низ ҳақ надорад, ки то оғози маҷлиси суд дар бораи қонунӣ ё ғайриқонунӣ будани қонунҳо ва дигар санадҳои муҳокимашаванда изҳори ақида намояд, доир ба масъалаҳое, ки мавриди баррасии Суди конститутсионӣ мешаванд, ё шуда метавонанд, фикрашро баён созад маслиҳат диҳад.
Касе ҳақ надорад, ки аз судяи Суди конститутсионӣ оиди иштирокаш дар муҳокимаи парванда ҳисобот талаб кунад.
Ҳар гуна дахолат ба фаъолияти мурофиавии судяҳо, расонидани таъсир ба онҳо мумкин нест ва барои ин аз рӯи Қонун ҷавобгарӣ пешбинӣ мешавад.

Моддаи 22. Дахлнопазирии судяҳо дар мурофиаи Суди конститутсионӣ Судяҳои

Суди конститутсионии Ҷумҳурии Тоҷикистон дахлнопазиранд.
Ҳеҷ кас ҳақ надорад судяро аз иштирок дар маҷлиси Суди конститутсионӣ дур кунад, ба ғайр аз ҳолатҳое, ки ваколати ӯ мувофиқи ҳамин Қонуни конститутсионӣ боздошта шуда бошад ва ҳам дар сурате, ки радкунӣ ё худрадкунии судя қонеъ кунонида шуда бошад.

Моддаи 23. Баробарҳуқуқии судяҳои Суди конститутсионии Ҷумҳурии Тоҷикистон

Судяҳои Суди конститутсионии Ҷумҳурии Тоҷикистон ҳангоми баррасии парвандаҳо шахсан баромад мекунанд, дар таҳқиқи далелҳо ва баҳо додан ба онҳо ҳуқуқи баробар доранд.

Моддаи 24.

Ошкоро будани мурофиаи Суди конститутсионӣ
Муҳокимаи парвандаҳо дар Суди конститутсионии Ҷумҳурии Тоҷикистон ошкоро

гузаронида мешавад, ба истисноиҳолатҳое, ки он ба манфиатҳои муҳофизати сирри давлатӣ, таъмини амнияти шаҳрвандон, сирри ҳаёти шахсии онҳо ва муҳофизати ахлоқу одоби ҷамъиятӣ мухолиф мебошад.
Дар ҳамаи ҳолатҳо қарори Суди конститутсионӣ ошкоро эълон карда мешавад.
Ҳангоми баррасии парвандаҳо бо иҷозати Суди конститутсионӣ воситаҳои ахбори омма метавонанд рафти маҷлисро ба навори кино бардоранд, сурат гиранд, ба лента сабт намоянд, онро бо радио шунавонанд ва бо телевизион намоиш диҳанд.
Ҳангоми баррасии парвандаҳо протокол навишта, банаворгирӣ ва сабти овоз иҷозат дода мешавад ва шахсони дар маҷлис иштирокдошта метавонанд бо онҳо шинос шаванд.
Ҳузур доштани шахсони ноболиғ дар маҷлиси Суди конститутсионӣ номумкин аст, ба истисноиҳолатҳое, ки пурсиши онҳо зарур бошад.

Моддаи 25. Парвандаҳоро бевосита баррасӣ кардани Суди конститутсионии Ҷумҳурии Тоҷикистон

Суди конститутсионӣ ҳақ надорад бе муҳокимаи бевоситаи парвандаҳо, ки тартиби онро ҳамин Қонуни конститутсионӣ муқаррар кардааст, оиди моҳияти онҳо қарор қабул намояд.
Судяҳои Суди конститутсионӣ дар баррасии парванда аз лаҳзаи кушода шудани маҷлис то пӯшида шудани он шахсан иштирок мекунанд.
Ҳеҷ як судя ҳақ надорад аз баррасии парванда саркашӣ кунад, ба истисноиҳолатҳое, ки ба иштироки ӯ дар маҷлис мамониат менамоянд.
Дар сурати ба маҷлис ҳозир шудани судяи нав муҳокимаи парванда аз сари нав оғоз меёбад.
Имконнопазирии иштироки судя дар баррасии минбаъдаи парванда ба давом додани мурофиа дар сурати мавҷуд будани кворуми судяҳо мамониат намекунад, вале иштироки судяи баромадарафтаро дар машварати судяҳо ва қабули қарор истисно менамояд.
Дар вақти машварати Суди конститутсионӣ ҳеҷ яке аз судяҳое, ки дар маҷлис иштирок мекунанд, ҳақ надорад аз овоздиҳӣ худдорӣ кунад. Ҳар як судя вазифадор аст оиди парванда фикрашро пеш аз эълон шудани қарор шахсан баён намояд.

Моддаи 26. Муттасилии баррасии парвандаҳо дар Суди конститутсионии Ҷумҳурии Тоҷикистон

Маҷлису машварати судяҳои Суди конститутсионӣ ҳангоми баррасии парвандаҳо муттасил давом мекунад, ба ғайр аз вақти барои истироҳат муқарраркардаи қонунгузории меҳнат, инчунин вақте, ки барои тайёр кардани иштирокчиёни маҷлис ба суханронӣ зарур аст. (ққҶТ аз 5.08.2009 сол, №537)
Маҷлис дар ҳолатҳои даъват кардани шоҳидон, мутахассисон, экспертҳо, таъин шудани экспертиза, талаб намудани далелҳои иловагӣ, набудани кворум ва дигар сабабҳо, ки ба баррасии парванда монеъ мешаванд, метавонад қатъ ёбад ва ё мавқуф гузошта шавад. Баъди рафъ шудани монеаҳо баррасии парванда аз ҳамон ҷое, ки қатъ ёфта буд, боз давом дода мешавад.
Дар вақти қатъ ёфтани маҷлис аз ҷониби суд баррасӣ карда шудани парвандаҳои дигаре, ки моҳиятан ба ин парванда дахл надоранд, манъ аст.
Агар баррасии парванда дар ҳамин маҷлис вақти зиёдро талаб кунад, Суди

конститутсионӣ метавонад муҳокимаи онро ба мӯҳлате, ки барои рафъ кардани монеаҳои пайдошуда лозим аст, боздорад.
Мурофиаи боздошташуда аз ҳамон ҷое, ки боздошта шуда буд, давом дода мешавад.
Дар сурати тағйир ёфтани ҳайати судяҳое, ки бо баррасии парванда машғуланд, мурофиаи боздошташуда дар ҳар ҳолат аз аввал сар карда мешавад. (қҷт аз 06.06.2000, №2)
Иваз шудани иштирокчиёни мурофиа барои давом додани мурофиа аз ҳамон ҷое, ки боздошта шуда буд, монеъ шуда наметавонад.

Моддаи 27. Шифоҳияти маҷлиси Суди конститутсионии Ҷумҳурии Тоҷикистон

Маҷлиси Суди конститутсионӣ ба таври шифоҳӣ бурда мешавад. Суд вазифадор аст ҳангоми баррасии парванда шарҳу баён ва нутқи иштирокчиёни мурофиа, нишондоди шоҳидон, мутахассисон, экспертҳоро шунавад, ҳуҷҷатҳои дар парванда буда ва пешниҳодкардаи иштирокчиёни мурофиа, актҳои экспертиза, протоколҳо ва дигар далелҳои хаттиро эълон кунад.

Моддаи 28. Забони мурофиаи Суди конститутсионӣ
Мурофиаи

Суди конститутсионӣ, баён ва эълон намудани санадҳои Суди конститутсионӣ ба забони давлатии Ҷумҳурии Тоҷикистон сурат мегирад. (қҷт аз 28.02.2004, №11)

Барои шахсони иштироккунандаи маҷлис, ки забони мурофиаи судиро намедонанд, Суди конститутсионӣ тарҷумаи мурофиаи судиро ба забони модарии онҳо ё ба забоне, ки онро медонанд, таъмин менамояд.
Шахсони иштироккунандаи парванда, шоҳидон, мутахассисон, экспертҳое, ки забони мурофиаи судиро намедонанд, метавонанд ба забони модариашон ё ба забоне, ки медонанд, шарҳу эзоҳоти худро баён намоянд ва аз хизмати тарҷумон истифода баранд.
Протоколи маҷлиси Суди конститутсионии Ҷумҳурии Тоҷикистон ба забони давлатӣ навишта мешавад.

Моддаи 29. Баҳсу мунозира ва баробарии тарафҳо

Тарафҳо дар ҳимояи мавқеи худ дар асоси баҳсу мунозирае, ки дар маҷлиси Суди конститутсионӣ сурат мегирад, дорои ҳуқуқу имкониятҳои баробар мебошанд.

Моддаи 30. Махфияти машварати судяҳои Суди конститутсионии Ҷумҳурии Тоҷикистон

Ҳангоми машварати судяҳои Суди конститутсионии Ҷумҳурии Тоҷикистон, ки дар он парванда моҳиятан ҳал карда мешавад, ҳузур доштани шахсони бегона мумкин нест. (қҷт аз 06.06.2000, №2)

Ошкор сохтани мулоҳизаҳое, ки ҳангоми машварати судяҳо гуфта шуданд, норавост.

Моддаи 31. Қонунӣ ва асоснок будани санади Суди конститутсионии Ҷумҳурии Тоҷикистон

Санади Суди конститутсионӣ бояд қонунӣ ва асоснок бошад.
Суди конститутсоионӣ парвандаҳоро пурра, воқеӣ ва холисона баррасӣ намуда, санадҳои худро дар асоси меъёрҳои Конститутсия ва ҳамин Қонуни конститутсионӣ асоснок менамоянд. (қчт аз 06.06.2000, №2), (қчт аз 28.02.2004, №11)

Моддаи 32. Қатъияти санади Суди конститутсионии Ҷумҳурии Тоҷикистон

Санади Суди конститутсионии Ҷумҳурии Тоҷикистон аз вақти қабулаш эътибор пайдо мекунад, агар дар он тартиби дигар пешбинӣ нашуда бошад. (қчт аз 28.02.2004, №11)
Санадҳои Суди конститутсионии Ҷумҳурии Тоҷикистон қатъӣ буда, аз хусуси онҳо шикоят кардан мумкин нест. (қчт аз 28.02.2004, №11)

Моддаи 33. Ботантана гузаронида шудани маҷлиси Суди конститутсионии Ҷумҳурии Тоҷикистон

Маҷлиси Суди конститутсионии Ҷумҳурии Тоҷикистон дар вазъияти ботантана бо риояи ҳамаи талаботи одоби муоширати судӣ гузаронида мешавад.
Шахсони дар толори маҷлис ҳозирбуда ба амру фармонҳои раисикунанда дар бораи риояти тартиботи маҷлис бояд ҳатман итоат кунанд. Ҳар гуна вайронкунии тартиботи толори маҷлис аз ҷониби раисикунанда фавран пешгирӣ карда мешавад.
Ҳангоми ба толор даромадан ва аз он баромадани судяҳои Суди конститутсионӣ ҳамаи шахсони ҳузурдошта аз ҷой бармехезанд.
Ҳар кадом иштирокчии маҷлис дар вақти ба суд муроҷиат намудан, баромад кардан, шарҳу баёнот додан, сухан гуфтан аз ҷой бармехезад. Муроҷиат ба судяҳои Суди конститутсионӣ бо суханони «мӯҳтарам судя (ҳо)...» оғоз меёбад.
Қарор ва хулосаи Суди конститутсионии Ҷумҳурии Тоҷикистон оиди моҳияти парванда аз номи Ҷумҳурии Тоҷикистон бароварда шуда, ҳозирон онро рост истода гӯш мекунанд. (қчт аз 28.02.2004, №11)

БОБИ 6

МАНСУБИЯТИ ПАРВАНДАҲО БА СУДИ КОНСТИТУТСИОНИИ ҶУМҲУРИИ ТОҶИКИСТОН

Моддаи 34. Мансубияти парвандаҳо

Парвандаҳо ба Суди конститутсионии Ҷумҳурии Тоҷикистон мутобиқи салоҳияин суд, ки дар моддаи 14-уми ҳамин Қонуни конститутсионӣ пешбинӣ шудаанд, мансубият доранд.

Ба Суди конститусионии Ҷумҳурии Тоҷикистон санадҳои меъёрии ҳуқуқие низ мансубият доранд, ки дорои хусусияти махфӣ мебошанд.

Моддаи 35. Мансубияти чандин талабҳои бо ҳам алоқаманд

Дар сурати якҷоя намудани чандин талабҳои бо ҳам алоқаманд, ки чанде аз онҳо ба Суди конститутсионии Ҷумҳурии Тоҷикистон ва чанди дигаре ба мақомоти дигари ҳокимияти давлатӣ мансубанд, танҳо талабҳо оид ба масъалаҳое мавриди баррасӣ қарор мегиранд, ки ба салоҳияти Суди конститутсионии Ҷумҳурии Тоҷикистон мутааллиқанд.
Агар ҷудо кардани талабҳои ба ҳам алоқаманд барои ҳалли пурра ва объективонаю ҳамаҷонибаи парванда зарар расонад, он гоҳ ҳамаи талабҳо дар Суди конститутсионии Ҷумҳурии Тоҷикистон ҳал карда мешаванд.

Моддаи 36. Доираи ҳалли парванда дар Суди конститутсионии Ҷумҳурии Тоҷикистон

Суди конститутсионии Ҷумҳурии Тоҷикистон танҳо масъалаҳои ҳуқуқро муайян ва ҳал менамояд.
Агар Суди конститутсионии Ҷумҳурии Тоҷикистон мавзӯи дар пешниҳодот ва дархостҳо зикршударо ба Конститутсияи Ҷумҳурии Тоҷикистон номувофиқ шуморад, дар як вақт санадҳои меъёрии дигарро, ки дар асоси санади меъёрии ғайриконститутсионӣ дониста шуда қабул гардидаанд ё онро айнан такрор мекунанд ва ё ҳамон нуқтаҳои дар муроҷиатнома зикршударо дар бар мегиранд, бекор мекунад.
Дар ин сурат Суди конститутсионӣ дар доираи далелҳо ва мулоҳизаҳои дар пешниҳодот ва дархостҳо баёнгардида маҳдуд намешавад.

Моддаи 37. Субъектҳои ба Суди конститутсионии Ҷумҳурии Тоҷикистон муроҷиаткунанда

Ба Суди конститутсионии Ҷумҳурии Тоҷикистон ҳуқуқи муроҷиат карданро доранд:
1)Президенти Ҷумҳурии Тоҷикистон, Маҷлиси миллӣ ва Маҷлиси намояндагони Маҷлиси Олии Ҷумҳурии Тоҷикистон дар хусуси ба Конститутсияи Ҷумҳурии Тоҷикистон мутобиқ будани тағйиру иловаҳои ба Конститутсияи Ҷумҳурии Тоҷикистон воридшаванда, лоиҳаи қонунҳо ва дигар масъалаҳое, ки ба раъйпурсии умумихалқӣ пешниҳод карда мешаванд;
2)Президенти Ҷумҳурии Тоҷикистон, ҷаласаи якҷояи Маҷлиси миллӣ ва Маҷлиси намояндагони Маҷлиси Олии Ҷумҳурии Тоҷикистон, Маҷлиси миллӣ ва Маҷлиси намояндагони Маҷлиси Олии Ҷумҳурии Тоҷикистон, Ҳукумати Ҷумҳурии Тоҷикистон, узви Маҷлиси миллӣ ва вакили Маҷлиси намояндагони Маҷлиси Олии Ҷумҳурии Тоҷикистон, Суди Олии Ҷумҳурии Тоҷикистон, Суди Олии иқтисодии Ҷумҳурии Тоҷикистон, Прокурори генералии Ҷумҳурии Тоҷикистон, Маҷлисҳои вакилони халқи Вилояти Мухтори Кӯҳистони Бадахшон, вилоятҳо ва шаҳри Душанбе дар хусуси ба Конститутсияи Ҷумҳурии Тоҷикистон мутобиқ будани қонунҳо, санадҳои ҳуқуқии якҷояи Маҷлиси миллӣ ва Маҷлиси намояндагони Маҷлиси Олии Ҷумҳурии Тоҷикистон, санадҳои ҳуқуқии Маҷлиси миллӣ ва Маҷлиси намояндагони Маҷлиси

Олии Ҷумҳурии Тоҷикистон, Президенти Ҷумҳурии Тоҷикистон, Ҳукумати Ҷумҳурии Тоҷикистон, Суди Олии Ҷумҳурии Тоҷикистон, Суди Олии иқтисодии Ҷумҳурии Тоҷикистон ва шартномаҳои байналмилалии ба қувваи қонун надаромадаи Тоҷикистон;

3)Прокурори генералии Ҷумҳурии Тоҷикистон, Маҷлисҳои вакилони халқи Вилояти Мухтори Кӯҳистони Бадахшон, вилоятҳо, шаҳри Душанбе ва раисони Вилояти Мухтори Кӯҳистони Бадахшон, вилоятҳо ва шаҳри Душанбе дар хусуси ба Конститутсияи Ҷумҳурии Тоҷикистон мутобиқ будани санадҳои ҳуқуқии вазоратҳо, кумитаҳои давлатӣ ва дигар мақомоти идоракунии давлатӣ, мақомоти маҳаллии ҳокимияти давлатӣ;

4)Ҳукумати Ҷумҳурии Тоҷикистон, вазоратҳо, кумитаҳои давлатӣ ва идораҳои назди Ҳукумати Ҷумҳурии Тоҷикистон, Маҷлисҳои вакилони халқи Вилояти Мухтори Кӯҳистони Бадахшон, вилоятҳо, шаҳри Душанбе ва шаҳру ноҳияҳо, раисони Вилояти Мухтори Кӯҳистони Бадахшон, вилоятҳо, шаҳри Душанбе ва шаҳру ноҳияҳо оид ба баҳсҳои байни онҳо вобаста ба салоҳияташон;

5)Ваколатдор оид ба ҳуқуқи инсон дар бораи вайронкунии ҳуқуқу озодиҳои конститутсионии муроҷиаткунанда дар хусуси ба Конститутсияи Ҷумҳурии Тоҷикистон мутобиқ будани қонунҳо ва дигар санади ҳуқуқӣ;

6)шаҳрвандон оид ба вайронкунии ҳуқуқу озодиҳои конститутсиониашон вобаста ба қонун ва дигар санади ҳуқуқии татбиқшуда ё татбиқшаванда дар муносибати мушаххаси ҳуқуқӣ, инчунин ба Конститутсияи Ҷумҳурии Тоҷикистон мутобиқ будани қонун, дигар санади ҳуқуқӣ ва тавзеҳоти дастурии Пленумҳои Суди Олии Ҷумҳурии Тоҷикистон, Суди Олии иқтисодии Ҷумҳурии Тоҷикистон дар парвандаи мушаххаси аз тарафи суд нисбаташон татбиқшуда;

7)шахсони ҳуқуқӣ оид ба вайронкунии ҳуқуқу манфиатҳои конститутсиониашон нисбати қонун ва санади ҳуқуқии татбиқшуда дар муносибати мушаххаси ҳуқуқӣ, инчунин ба Конститутсияи Ҷумҳурии Тоҷикистон мутобиқ будани қонун, дигар санади ҳуқуқӣ ва тавзеҳоти дастурии Пленумҳои Суди Олии Ҷумҳурии Тоҷикистон, Суди Олии иқтисодии Ҷумҳурии Тоҷикистон дар парвандаи мушаххаси аз тарафи суд нисбаташон татбиқшуда;

8)се судяи Суди конститутсионии Ҷумҳурии Тоҷикистон оид ба масъалаҳои ба салоҳияти Суди конститутсионӣ мансубиятдошта;

9)дигар судҳо ва судяҳои Ҷумҳурии Тоҷикистон дар хусуси ба Конститутсияи Ҷумҳурии Тоҷикистон мутобиқ будани қонун, дигар санади ҳуқуқӣ ва тавзеҳоти дастурии Пленумҳои Суди Олии Ҷумҳурии Тоҷикистон, Суди Олии иқтисодии Ҷумҳурии Тоҷикистон, ки судҳо дар парвандаи мушаххас татбиқ намудаанд ё татбиқ менамоянд. (қҷт аз 06.06.2000, №2), (қҷт аз 28.02.2004, №11) /дар таҳрири нав бо Қонуни конститутсионии Ҷумҳурии Тоҷикистон аз 20 марти соли 2008 №368 АМО №3 м.180

БОБИ 7

ИШТИРОКЧИЁНИ МУРОФИАИ СУДИ КОНСТИТУТСИОНӢ, ҲУҚУҚ ВА ВАЗИФАҲОИ ОНҲО

Моддаи 38. Иштирокчиёни мурофиаи

Суди конститутсионӣ Иштирокчиёни мурофиаи Суди конститутсионӣ инҳо донистa мешаванд:

1) тарафҳо-шахсон ва мақомоте, ки аз рӯи дархости онҳо мурофиаи Суди

конститутсионӣ оғоз ёфтааст; шахсони мансабдор ва мақомоте, ки дар бораи конститутсионӣ будани амал ва қарорҳои онҳо мурофиаи Суди конститутсионӣ оғоз ёфтааст;
2) намояндагони тарафҳо- намояндагон аз рӯи вазифа, намояндагон аз рӯи қонун, адвокатҳо.
Иштирокчиёни мурофиаи Суди конститутсионӣ оиди ҳамон як масъала ҳақ доранд бурдани кори парвандаро ба яке аз намояндаҳо супоранд.
Ваколати намояндаи иштирокчии мурофиаи Суди конститутсионӣ ба тартиби муқарраркардаи қонун ба расмият дароварда мешавад.

Моддаи 39. Ҳуқуқ ва вазифаҳои иштирокчиёни мурофиаи Суди конститутсионӣ Иштирокчиёни мурофиаи

Суди конститутсионӣ дар доираи ваколатҳояшон ҳуқуқи баробари мурофиавӣ доранд.
Иштирокчиёни мурофиаи Суди конститутсионӣ ҳуқуқ доранд, ки бо маводи парванда шинос шаванд, аз онҳо иқтибос гиранд, нусха бардоранд, далел оваранд, дар таҳқиқи далелҳо иштирок намоянд, далелу мулоҳизаҳои худро доир ба ҳамаи масъалаҳое, ки дар рафти мурофиа ба миён меоянд, пешниҳод намоянд ва нутқи хотимавӣ кунанд.
Тарафҳо ҳамчунин ҳуқуқ доранд, ки дархост изҳор намоянд, ба судяҳо даҳонӣ ва хаттӣ шарҳу баёнот диҳанд, оиди изҳори дархост мулоҳизаҳои хешро баён кунанд.
Тарафе, ки бо ташаббуси он мурофиаи конститутсионӣ оғоз ёфтааст, ҳақ дорад пеш аз рафтани ҳайати суд ба хонаи машварат асос ё предмети талабҳоро тағйир диҳад, ҳаҷми онро зиёд ё кам кунад, аз талабҳо даст кашад.
Тарафе, ки нисбати он талабҳо гузошта шудаанд, ҳақ дорад онҳоро пурра ё қисман эътироф кунад ва ё ба онҳо муқобил барояд.
Ҳар тараф вазифадор аст далелҳо оварда, ҳамон ҳолатҳоеро исбот кунад, ки онҳо ба он чун ба асоси талабу эътирозҳои худ истинод менамоянд.
Иштирокчиёни мурофиаи Суди конститутсионӣ вазифадоранд аз ҳуқуқи худ поквиҷдонона истифода баранд. Онҳо барои ба судяҳо расондани маълумотҳои ошкоро бардурӯғ, аз рӯи қонун ба ҷавобгарӣ кашида мешаванд.

БОБИ 8

ТАРТИБИ ОҒОЗ КАРДАНИ МУРОФИАИ СУДИ КОНСТИТУТСИОНӢ ВА БАРОИ БАРРАСӢ ТАЙЁР НАМУДАНИ ПАРВАНДА

Моддаи 40. Шакл ва мазмуни муроҷиат ба Суди конститутсионии Ҷумҳурии Тоҷикистон

Муроҷиат ба Суди конститутсионии Ҷумҳурии Тоҷикистон дар шакли хаттӣ сурат мегирад.
Мақомот ва шахсони мансабдори дар зербандҳои 1)-5) ва 8)-9) моддаи 37 Қонуни конститутсионии мазкур зикрёфта ба Суди конститутсионии Ҷумҳурии Тоҷикистон бо пешниҳод ва шахсони дар зербандҳои 6)-7) моддаи номбурда зикрёфта бо дархост муроҷиат мекунанд. (қчт аз 12.05.2001, №23), (ққЧТ аз 5.08.2009 сол, №537)
Дар пешниҳодот ва дархост бояд инҳо зикр шуда бошанд:
1) номи Суди конститутсионӣ;

2) ном, макон, суроға ва дигар маълумоти зарурӣ дар бораи шахси муроҷиаткарда;
3) ном, суроға ва дигар маълумот дар бораи намояндаи шахси муроҷиаткарда ва ваколати он, ба ғайр аз намояндагӣ аз рӯи вазифа;
4) ном, макон ва суроғаи мақомоти давлатӣ, шахси мансабдоре, ки санади меъёриро имзо кардааст ё баровардааст, ки конститутсионӣ будани он санҷида мешавад; дар ҳолатҳои дахлдор ҳамин гуна маълумот дар бораи шахсони мансабдоре, ки фаъолияти онҳо мавриди баҳс қарор гирифтааст;
5) ҳолатҳое, ки тараф талаб ва далели худро ба онҳо асос мекунад ва он фактҳои овардаи онҳоро тасдиқ менамояд;
6) номи аниқ, рақам, таърихи қабул, манбаи нашр ва дигар маълумотҳо оиди санади меъёрии мавриди баҳс қароргирифта;
7) асоснокнамоии мушаххаси мавқеъ оиди ғайриконститутсионӣ будани санади меъёрии мавриди баҳс қароргирифта ё фаъолияти шахси мансабдор ;
8) моҳияти талаб;
9) меъёрҳои Конститутсияи Ҷумҳурии Тоҷикистон ва ҳамин Қонуни конститутсионӣ, ки барои муроҷиат ба Суди конститутсионӣ ҳуқуқ медиҳад;
10) номгӯи ҳуҷҷатҳои замимашаванда ва рӯйхати шахсоне, ки ба Суди конститутсионӣ даъват карда мешаванд, суроғаи онҳо.
Пешниҳод ва ё дархостро арзкунандаи дахлдор, ки дар моддаи 37-уми ҳамин Қонуни конститутсионӣ зикр шудааст, имзо мекунад ва ба он ба ҳар ҳол ҳуҷҷатҳои зерин замима мешаванд:
1) нусхаи матни санади меъёрӣ, ки конститутсионӣ будани он пурра ва ё қисми алоҳидаи он аз тарафи шахси манфиатдор мавриди баҳс қарор гирифтааст;
2) ҳуҷҷатҳо дар бораи ваколати намоянда ба ғайр аз ҳолатҳое, ки намояндагӣ аз рӯи вазифа ба амал бароварда мешавад;
Ба ҳуҷҷатҳое, ки ба забони дигар навишта шудаанд, бояд тарҷумаи он ба забони мурофиаи судӣ замима карда шавад.
Пешниҳод ё дархост ва замимаи онҳо ба Суди конститутсионӣ на камтар аз 10 нусха пешниҳод карда мешавад. Бо талаби судя тарафи муроҷиаткунанда бояд миқдори дигари нусхаи ин ҳуҷҷатҳоро пешниҳод намояд.

Моддаи 41. Оқибати муроҷиат ба Суди конститутсионии Ҷумҳурии Тоҷикистон

Раис пешниҳод ё дархости воридшударо ба судяи Суди конститутсионӣ барои омӯзиш ва санҷиш медиҳад. (қҷт аз 12.05.2001, №23)
Судя пешниҳод ё дархостро санҷида, дар муддати як моҳ ба Суди конститутсионӣ дар бораи оғоз кардани мурофиаи Суди конститутсионӣ ё рад кардани оғози мурофиаи Суди конститутсионӣ таклиф мегузорад. (қҷт аз 06.06.2000, №2), (ққҶТ аз 5.08.2009 сол, №537)
Суди конститутсионӣ таклифи судяро баррасӣ намуда, дар бораи оғоз кардани мурофиаи Суди конститутсионӣ таъинот мебарорад ва ба судя супориш медиҳад, ки парвандаро ба маҷлиси Суди конститутсионӣ тайёр намояд ё дар бораи рад кардани оғози мурофиаи Суди конститутсионӣ таъинот мебарорад ва дар ин хусус ба таври хаттӣ муроҷиаткунандаро огоҳ менамояд. (ққҶТ аз 5.08.2009 сол, №537)
Дар мавриди оғоз шудани мурофиаи Суди конститутсионӣ Суди конститутсионӣ метавонад бо таъиноти худаш то дида баромадани парванда амали санади баҳсшавандаро боздорад.

Моддаи 42. Рад шудани қабули пешниҳод ва дархост барои баррасӣ дар Суди конститутсионии Ҷумҳурии Тоҷикистон

Суди конститутсионӣ оғози мурофиаи Суди конститутсиониро дар мавриде рад мекунад, ки агар:
1)пешниҳод ва ё дархост аз ҷиҳати шаклу мазмун ба талаботи моддаи 40-уми ҳамин Қонуни конститутсионӣ мувофиқ набошад;
2)пешниҳод ё дархост аз тарафи мақомот ё шахси (субъекти) беэътимод пешниҳод шуда бошад;
3)талаби дар пешниҳод ё дархост зикрёфта тобеи Суди конститутсионӣ набошад;
4)конститутсионӣ будани масъалаи дар пешниҳод ё дархост зикрёфтаро пештар Суди конститутсионӣ дида баромада, дар ин бора қарори Суди конститутсионӣ мавҷуд бошад.
Бекор ё аз эътибор соқит шудани санаде, ки конститутсионӣ будани он мавриди баҳс қарор гирифтааст, боиси қатъ шудани мурофиаи Суди конститутсионӣ шуда метавонад, ки кори он аз рӯи парвандаҳо оғоз шуда буд, ба истисноит мавридҳое, ки амали ин санад боиси вайронкунии ҳуқуқу озодиҳои конститутсионии шаҳрвандон гардидааст.

Моддаи 43. Тайёр намудани парванда барои дида баромадан дар Суди конститутсионии Ҷумҳурии Тоҷикистон

Судя аз рӯи истеҳсолоти судии оғозёфта бояд дар мӯҳлати ду моҳ парвандаро ба муҳокима тайёр намояд, барои ин вай:
1) тарафҳоро аз рӯи парванда муайян менамояд, ба онҳо ҳуқуқу вазифаҳои мурофиавиашонро, ки ҳамин Қонуни конститутсионӣ пешбинӣ кардааст, фаҳмонда медиҳад, барои гирифтани далелҳо ва пешниҳод кардан ба Суди конститутсионӣ ба онҳо кӯмак мерасонад;
2) тарафи муроҷиаткардаро мепурсад;
3) ҳуҷҷатҳо ва маълумоти дигари ба парванда дахлдоштаро талаб карда мегирад;
4) шахсони дахлдори мансабдорро мепурсад;
5)дар сурати зарурат олимон, кормандони амалиро ба сифати мутахассисон, экспертҳо ҷалб мекунад, барои гузаронидани тафтишу таҳқиқ ва экспертиза супориш медиҳад;
6) доираи шоҳидон, мутахассисон, экспертҳоро муайян менамояд;
7) масъалаи дар як мурофиаи судӣ муттаҳид намудани талабҳои бо ҳам алоқаманди шахсони гуногун ё аз ҳам ҷудо кардани талабҳои барояшон мансубнабударо, ки дар як муроҷиат изҳор шудаанд, ҳал менамояд;
8) дар бораи қатъ кардани истеҳсолоти судӣ дар сурати бо ихтиёри худ масъаларо пас гирифтани тарафе, бекор кардан ё беэътибор донистани санаде, ки қонунӣ будани он мавриди баҳс аст, ба Суди конститутсионӣ таклиф пешниҳод менамояд;
9) камаш даҳ рӯз пеш аз оғози маҷлис нусхаҳои маводи зарурии парвандаҳоро ба ҳамаи судяҳои Суди конститутсионӣ ва иштирокчиёни мурофиа месупорад;
10) дар бораи таъин кардани парванда барои баррасӣ дар маҷлис ба Суди конститутсионӣ таклиф пешниҳод мекунад;
11) ба иштирокчиёни маҷлис хабар медиҳад ва иштироки шахсони заруриро таъмин менамояд;
12) барои таъмини ҳалли дурусти парванда дигар амалҳоро иҷро менамояд.
Раиси Суди конститутсионӣ бинобар басо мушкил будани талабҳои изҳоршуда ё хеле муҳим будани онҳо метавонад барои баррасӣ тайёр намудани парвандаро ба якчанд

судя супорад ва мӯҳлати тайёриро на бештар аз як моҳ дароз кунад.

Моддаи 44. Барои баррасии Суди конститутсионии Ҷумҳурии Тоҷикистон таъин кардани парванда

Суди конститутсионӣ парвандаро ба таври кофӣ тайёр шуморида, барои баррасӣ таъин намудани парванда таъинот мебарорад ё метавонад дар сурати ихтиёран масъаларо пас гирифтани тарафе ё дар мавриди бекор кардан ё аз эътибор соқит шудани санаде, ки конститутсионӣ будани он баҳсшаванда аст, мурофиаи судиро қатъ намояд, ба истиснои ҳолатҳое, ки амали ин санади меъёрӣ ҳуқуқу озодиҳои конститутсионии шаҳрвандонро вайрон намуда бошад.

БОБИ 9

БАРРАСИИ ПАРВАНДА АЗ ҶОНИБИ СУДИ КОНСТИТУТСИОНӢ

Моддаи 45. Мӯҳлати баррасии парванда дар Суди конститутсионии Ҷумҳурии Тоҷикистон

Баррасии масъала бояд дар Суди конститутсионии Ҷумҳурии Тоҷикистон дар давоми шаш моҳи баъд аз ошкор шудани сабаби дахлдор ба охир расад. (қҷт аз 06.06.2000, №2)

Моддаи 46. Тартиби баррасии парванда дар Суди конститутсионии Ҷумҳурии Тоҷикистон

Парвандаҳо дар маҷлиси Суди конститутсионии Ҷумҳурии Тоҷикистон таҳти раисии Раиси Суди конститутсионӣ баррасӣ карда мешаванд. Тартиби маҷлисро раисикунанда муайян менамояд. (қҷт аз 06.06.2000, №2)

Раискунана дар вақти таъиншуда:

1) маҷлиси Суди конститутсионии Ҷумҳурии Тоҷикистонро мекушояд;

2) парвандаеро, ки бояд баррасӣ шавад, эълон менамояд;

3) аз ҳозир будани шумораи кофии судяҳо ва таъмини таҳияи протокол итминон ҳосил мекунад;

4) ба котиби Суди конститутсионӣ барои маърӯза дар бораи ҳузур доштани иштирокчиёни маҷлис, шоҳидон, мутахассисон, экспертҳои даъватшуда ва сабаби ҳозир нашудани шахсони дигар сухан медиҳад;

5) ба тарафҳо ҳуқуқу вазифаҳои онҳо ва ба шахсони даъватшуда ӯҳдадорӣ ва масъулияти онҳоро фаҳмонда медиҳад;

6) аз иштирокчиёни маҷлис дархост доштани онҳоро дар хусуси даъват кардани шоҳидон, мутахассисон, экспертҳои иловагӣ, талаби далелҳои иловагӣ мепурсад ва масъалаҳои дигареро, ки дар рафти маҷлис ба миён меоянд, барои ҳал кардан ба муҳокимаи суд мегузорад;

7) аз оғози моҳиятан баррасишавии парванда эълон мекунад.

Ҳангоми баррасии парванда:

1) баррасии ҳар кадом парванда аз баромади судяи маърӯзачӣ оғоз меёбад, ки вай моҳияти парванда, сабабу асосҳои баррасии он, мазмуни маводи мавҷуда, инчунин ҷавобҳояшро ба саволҳои судяҳои Суди конститутсионӣ баён мекунад;
2) сипас бояд шарҳу баёни тарафҳо шунида шаванд. Судяҳои Суди конститутсионӣ метавонанд ба тарафҳо савол диҳанд;
3) Суди конститутсионӣ дар сурати зарурат баёноти шоҳидон ва экспертҳоро шунида, ба онҳо савол медиҳад. Пеш аз додани баёнот раисикунанда шоҳид ё экспертро дар бораи масъулияти онҳо барои саркашӣ кардан аз додани баёнот ё додани баёноти ошкоро бардурӯғ тибқи қонунгузорӣ огоҳ менамояд;
4) дар маҷлиси Суди конститутсионӣ мумкин аст ҳуҷҷатҳо эълон гардад ва баромади шахсони даъватшуда шунида шавад;
5) баъди ба охир расидани таҳқиқи шарҳу баёнот ва ҳуҷҷатҳо Суди конститутсионӣ нутқи хотимавии тарафҳоро мешунавад, ба шарте, ки онҳо баромад кардан хоҳанд;
6) агар Суди конститутсионӣ таҳқиқоти масъалаҳоро тамомшуда шуморад, раисикунанда дар бораи хатми шунидани парванда эълон мекунад;
7) дар рафти машварат, ки дар хонаи машваратӣ доир мегардад, судяҳои Суди конститутсионӣ метавонанд мавқеи худро оид ба масъалаи баррасишаванда озодона баён намоянд ва аз дигар судяҳо хоҳиш кунанд, ки мавқеъашонро аниқ намоянд; (қҷт аз 06.06.2000, №2)
8) баъди имзо шудани қарори қабулкардаи Суди конститутсионӣ раисикунанда онро дар толори маҷлис эълон мекунад;
9) агар дар рафти баррасии парванда муқаррар гардад, ки он ба Суди конститутсионӣ мансубият надорад, мурофиа оиди парванда қатъ карда, ба кадом мақомот муроҷиат намудани арзкунанда ҳатман нишон дода мешавад.
Даст кашидани арзкунанда аз талабҳояш, ихтиёран масъаларо пас гашта гирифтани тарафе дар рафти маҷлис асоси қатъ кардани мурофиаи судӣ мегардад.
Суди конститутсионӣ метавонад аз талабҳояш даст кашидани арзкунандаро ва ё ихтиёран масъаларо пас гирифтани тараферо қабул накунад, агар ин амалҳо хилофи Қонун бошанд ё ҳуқуқу манфиатҳои бо Қонун ҳифзшавандаи ягон касро вайрон кунанд.

БОБИ 10

САНАДҲОИ СУДИ КОНСТИТУТСИОНИИ ҶУМҲУРИИ ТОҶИКИСТОН

Моддаи 47. Шакли санадҳои Суди конститутсионии Ҷумҳурии Тоҷикистон

Санадҳои Суди конститутсионии Ҷумҳурии Тоҷикистон аз қарор, хулоса ва таъинот иборатанд. (қҷт аз 22.05.98, №614), (қҷт аз 12.05.2001, №23)
Суди конститутсионӣ оиди моҳиятан дида баромадани парванда қарор мебарорад. Суди конститутсионӣ қарорро аз номи Ҷумҳурии Тоҷикистон мебарорад. Ба қарори Суди конститутсионӣ раисикунанда ва котиби Суди конститутсионӣ имзо мекунанд.
Дар мавридҳои муқарраркардаи Конститутсияи Ҷумҳурии Тоҷикистон ва Қонуни конститутсионии мазкур Суди конститутсионии Ҷумҳурии Тоҷикистон хулоса қабул менамояд. Хулосаи Суди конститутсионӣ бо тартибе, ки барои қабул ва эълон намудани қарори Суди конститутсионӣ муайян шудааст, қабул мегардад.
Дигар санадҳои Суди конститутсионӣ дар шакли таъиноти протоколӣ ё таъиноти алоҳида қабул карда мешаванд. (қҷт аз 22.05.98, №614)
Ҳангоми ошкор шудани вайронкунии мушаххаси Конститутсия ва қонунҳои Ҷумҳурии

Тоҷикистон Суди конститутсионӣ ба мақомоти салоҳиятнок ва шахсони мансабдоре, ки ба вайронкунӣ роҳ додаанд, пешниҳодот медиҳад ва диққати онҳоро ба вайронкунии ошкоршуда ва зарурати бартараф намудани он ва дар мӯҳлати муқарраршуда ба Суди конститутсионӣ дар бораи чораҳои дидашуда расонидани хабар ҷалб менамояд.

Моддаи 48. Қабули қарор аз ҷониби Суди конститутсионии Ҷумҳурии Тоҷикистон

Қарори Суди конститутсионии Ҷумҳурии Тоҷикистон бо овоздиҳии кушода қабул карда мешавад.
Судяҳо ҳак надоранд аз овоздиҳӣ худдорӣ кунанд ва дар он иштирок накунанд. Раисикунанда дар ҳамаи ҳолатҳо дар охир овоз медиҳад.
Қарори Суди конститутсионӣ ҳамон вақт қабулшуда ҳисоб меёбад, ки агар ба тарафдории он аксарияти судяҳои дар маҷлис иштирокдошта овоз диҳанд. Дар сурати аксарияти овозҳоро нагирифтани ягон таклиф раисикунанда ду таклифи бештар овоз гирифтаро ба овоз мемонад.
Дар сурати баробар будани овозҳо қарор ба манфиати конститутсионӣ будани санаде, ки оиди он баҳс шудааст, қабулшуда ҳисоб меёбад. Қарори Суди конститутсионӣ фаврӣ қабул ва эълон карда мешавад.

Моддаи 49. Фикри махсуси судяи Суди конститутсионии Ҷумҳурии Тоҷикистон

Судяи Суди конститутсионии Ҷумҳурии Тоҷикистон, ки бо қарори Суди конститутсионӣ розӣ нест, ҳақ дорад фикри худро дар шакли хаттӣ ифода карда, онро ба протоколи маҷлис ҳамроҳ намояд.
Фикри махсуси баёнёфтаи судя ба сифати замимаи қарори Суди конститутсионӣ чоп карда мешавад.

Моддаи 50. Мазмуни қарори Суди конститутсионии Ҷумҳурии Тоҷикистон

Дар қарори Суди конститутсионӣ, ки дар шакли санади алоҳида баён карда мешавад, вобаста ба хусусияти масъала бояд инҳо нишон дода шаванд.
1) номи қарор, сана ва ҷои қабули он;
2) ҳайати Суди конститутсионӣ, ки қарорро қабул намудааст, котиби маҷлис;
3) тарафҳо ва намояндагони онҳо;
4) предмети талабҳо;
5) меъёрҳои Конститутсияи Ҷумҳурии Тоҷикистон ва ҳамин Қонуни конститутсионӣ, ки ҳуқуки Суди конститутсиониро барои баррасии ҳамин масъала муқаррар менамояд;
6) талаби арзкунанда;
7) ҳолатҳое, ки Суди конститутсионӣ муқаррар кардааст;
8) номи аниқи санади ҳуқуқӣ, ки конститутсионӣ будани он санҷида шудааст, бо нишон додани сарчашмаи чопи он ё қабули он;
9) амал ё қарори шахси мансабдоре, ки конститутсионӣ буданаш санҷида шудааст, бо

нишон додани сарчашмаи чоп ё қабули он;
10) далелҳое, ки асоси қарори Суди конститутсионӣ гардидаанд ва мавриди зарурат инчунин далелҳое, ки фикри тарафҳоро рад мекунад;
11) меъёри Конститутсияи Ҷумҳурии Тоҷикистон, ки онро Суди конститутсионӣ дар вақти қабули қарор ба асос гирифтааст;
12) баёни мухтасари қарор;
13) тартиби эътибор пайдо кардани қарор, инчунин тартиб ва мӯҳлати иҷрои он;
14) зикри қатъӣ будани қарор.

Моддаи 51. Қарори иловагӣ

Суди конститутсионӣ қарори иловагиро бо ташаббуси худ, бо дархости иштирокчиёни маҷлис ва ё бо дархости шахсоне, ки барои иҷрои қарор вазифадоранд, дар сурате қабул мекунад, ки:
1)дар бораи шарҳу эзоҳ додани қарори Суди конститутсионӣ масъала гузошта шавад;
2) зарурати ислоҳ кардани ноаниқии ном ва ифодаҳо, ғалатҳо, ҳисоб ва дигар хатоҳои дорои хусусияти таҳририӣ дар қарори Суди конститутсионӣ ба миён омада бошад.
Қарори иловагӣ на бояд хилофи маънию мазмун ва моҳияти қарори Суди конститутсионӣ бошад.

БОБИ 11

МАСЪАЛАҲОИ ДИГАРИ ТАШКИЛИ ФАЪОЛИЯТИ СУДИ КОНСТИТУТСИОНИИ ҶУМҲУРИИ ТОҶИКИСТОН

Моддаи 52. Ҳуқуқи Суди конститутсионии Ҷумҳурии Тоҷикистон барои андохтани ҷарима ва татбиқи чораҳои дигари ҳимояи мурофиавӣ

Бо мақсади ҳимояи шаъну эътибори судяҳои Суди конститутсионӣ иштирокчиёни мурофиа ва таъмини рафти мӯътадили мурофиаи Суди конститутсионӣ Суди конститутсионӣ барои ҳар як ҳодисаи вайронкунӣ метавонад шахсро аз маҷлис дур кунад, ба шахсони мансабдор дар ҳаҷми аз панҷ то даҳ нишондиҳанда барои ҳисобҳо ва ба шаҳрвандон аз ду то панҷ нишондиҳанда барои ҳисобҳо, шахсони ҳуқуқӣ ба андозаи аз даҳ то понздаҳ нишондиҳанда барои ҳисобҳо ҷарима андозад, агар он вайронкуниҳо дар ин шаклҳо зоҳир гарданд: (ққчт аз 6.10.2008 №415), (ққЧТ аз 5.08.2009 сол, №537)
1) дахолат кардан ба фаъолияти мурофиавии судяҳо ва расонидани таъсир ба онҳо;
2) иҷро накардан ва ё сари вақт иҷро накардани талабҳо ва қарорҳои Суди конститутсонӣ ё судяҳо дар рафти тайёрӣ ва баррасии парванда;
3) ҳозир нашудан ё сабаби ҳозирнашавиро ба Суди конститутсионӣ хабар надодан;
4) вайрон кардани тартибот дар маҷлиси Суди конститутсионӣ, итоат накардан ба судяҳо ё шахсони хизматрасони Суди конститутсионӣ, беэътиноӣ нисбат ба меъёрҳои қабулшудаи Суди конститутсионӣ оиди қоидаҳои одоби муошират ва расму оин;
5) муносибати таҳқиромезона ба судяҳои Суди конститутсионӣ;
6)худсарона вайрон кардани тартиби баромадҳо аз ҷониби иштирокчиёни маҷлис;
7) истифодаи ибораҳои таҳқиромезона.
Чораҳои ҳимояи мурофиавӣ аз рӯи татьиноти протоколии Суди конститутсионӣ фавран татбиқ карда мешавад, агар вайронкуниҳои дар ҳамин модда зикрёфта дар

рафти маҷлис зоҳир шуда бошад.
Чораҳои дигари ҳимояи мурофиавӣ дар ҳолатҳо ва бо тартиби пешбиникардаи қонунгузории Ҷумҳурии Тоҷикистон татбиқ карда мешаванд.(ққҶТ аз 5.08.2009 сол, №537)
Ҷарима бояд аз ҷониби вайронкунандаи тартиботи маҷлиси судӣ на дертар аз панҷ рӯзи огоҳ кардани вай пардохта шавад. Ҳангоми дар мӯҳлати муқарраргардида ихтиёран напардохтани ҷарима он ба таври маҷбурӣ мувофиқи тартиби пешбининамудаи қонунгузории Ҷумҳурии Тоҷикистон амалӣ карда мешавад. (дар т/нав ққҶТ аз 5.08.2009 сол, №537)

Моддаи 53. Протоколи маҷлиси Суди конститутсионии Ҷумҳурии Тоҷикистон Маҷлиси

Суди конститутсионӣ мунтазам аз лаҳзаи кушодашавии маҷлис то пурра ба охир расидани он дар протокол сабт мешавад.
Протоколи маҷлис бояд инҳоро дарбар гирад;
1) ҷой ва санаи маҷлис бо зикри вақти саршавӣ ва ба охиррасии он;
2) ҳайати судяҳои ҳозирбуда;
3) ҳайати судяҳои ҳозирнабуда ва сабаби ҳузур надоштани онҳо;
4) фамилияи котиби маҷлис;
5) фамилия, вазифа ва дигар маълумоти ҳар як иштирокчии маҷлис;
6) номи парвандаи баррасишаванда;
7) маълумот дар бораи амалҳое, ки дар маҷлис ба вуқӯъ меоянд, бо ҳамон тартибе, ки ҷой доштанд ва натиҷаи онҳо;
8) маълумот дар бораи пешниҳодот ё дархост, шарҳу баёноти иштирокчиёни маҷлис, нишондоди шоҳидон, хулосаи мутахассисон, эксперҳо, саволҳои ба онҳо додашуда ва ҷавоби онҳо;
9) маълумот дар бораи шоҳидон, мутахассисон, экспертҳо;
10) фикри дар машварат баёнкардаи судяҳо;
11) масъалаҳои ҳангоми овоздиҳии судяҳо ба миён гузошташуда ва натиҷаи овоздиҳӣ.
Барои таъмини пуррагии протокол стенограмма ва воситаҳои илмию техникӣ истифода карда мешавад. Истифодаи воситаҳои илмию техникӣ дар протоколи маҷлис нишон дода мешавад. (қҷт аз 06.06.2000, №2)
Ба парванда протокол ва чунин воситаҳои техникии истифодабурдаи суд ҳамроҳ карда мешаванд: фонограмма, видеолента, кинолента.
Протокол бояд на дертар аз панҷ рӯзи баъди ба охир расидани маҷлис таҳия ва чоп карда шавад.
Ба протокол шахси раисикунанда ва котиби Суди конститутсионӣ имзо мекунанд.

Моддаи 54. Иҷрои қарори Суди конститутсионии Ҷумҳурии Тоҷикистон

Қарор ва хулосаи Суди конститутсионӣ аз вақти қабул ё вақти дар он муқарраршуда эътибор пайдо менамояд. Санади дигари Суди конститутсионӣ аз вақти эълон шуданаш эътибор пайдо мекунад.
Қарор ва хулосаи Суди конститутсионии Ҷумҳурии Тоҷикистон дар воситаҳои ахбори омма инъикос ва чоп мешаванд. Бо қарори Суди конститутсионӣ санадҳои дигари он низ чоп мешаванд.
Қарорҳо ва хулосаҳои Суди конститутсионӣ ба инҳо фиристода мешаванд:

1) Маҷлиси миллӣ ва Маҷлиси намояндагони Маҷлиси Олии Ҷумҳурии Тоҷикистон; (қҷт аз 28.02.04, №11)
2) Президенти Ҷумҳурии Тоҷикистон;
3) Ҳукумати Ҷумҳурии Тоҷикистон;
4) Суди Олӣ ва Суди Олии иқтисодии Ҷумҳурии Тоҷикистон;
5) Прокурори генералии Ҷумҳурии Тоҷикистон;
6) Вазорати адлияи Ҷумҳурии Тоҷикистон;
7) Шӯрои адлияи Ҷумҳурии Тоҷикистон;
8) тарафҳо;
9) ба дигар мақомот ва шахсони мансабдор, инчунин шаҳрвандон бо амри Раиси Суди конститутсионии Ҷумҳурии Тоҷикистон. (қҷт аз 28.02.04, №11)
Дар бораи чораҳои қабулшуда оиди иҷрои қарор ба Суди конститутсионӣ дар мӯҳлати муқарраркардаи Суди конститутсионии Ҷумҳурии Тоҷикистон хабар дода мешавад.
Тартиби иҷрои қарорҳоро Суди конститутсионӣ муайян менамояд.

Моддаи 55. Оқибатҳои иҷро накардани қарори Суди конститутсионии Ҷумҳурии Тоҷикистон

Барои иҷро накардан ё бояду шояд иҷро накардан ва ё мамониат намудан барои иҷрои қарори Суди конститутсионии Ҷумҳурии Тоҷикистон мувофиқи Қонун ҷавобгарӣ пешбинӣ карда мешавад.

Моддаи 56. Дастгоҳи Суди конститутсионии Ҷумҳурии Тоҷикистон

Дастгоҳи Суди конститутсионӣ корҳои ахборотию маълумотдиҳии илмию машваратӣ ва дигар корҳои ёрирасонро иҷро менамояд. Низомнома дар бораи Дастгоҳи Суди конститутсионӣ, сохтор ва штати он аз тарафи Раиси Суди конститутсионии Ҷумҳурии Тоҷикистон тасдиқ карда мешавад.

Моддаи 57. Шӯрои илмию машваратии назди Суди конститутсионии Ҷумҳурии Тоҷикистон

Дар назди Суди конститутсионии Ҷумҳурии Тоҷикистон Шӯрои илмию машваратӣ аз ҷумлаи олимон ва мутахассисони соҳаи ҳуқуқ ташкил карда мешавад. Ҳайати шахсии Шӯрои илмию машваратӣ ва Низомнома дар бораи он аз тарафи Суди конститутсионии Ҷумҳурии Тоҷикистон муайян ва тасдиқ карда мешавад.

Моддаи 58. Пардохти хароҷоти вобаста ба фаъолияти Суди конститутсионии Ҷумҳурии Тоҷикистон

Хароҷоти вобаста ба фаъолияти Суди конститутсионии Ҷумҳурии Тоҷикистон аз ҳисоби буҷети ҷумҳурӣ таъмин карда мешавад.
Сметаи хароҷоти Суди конститутсионии Ҷумҳурии Тоҷикистонро Президенти Ҷумҳурии Тоҷикистон бо пешниҳоди Раиси Суди конститутсионии Ҷумҳурии

Тоҷикистон тасдиқ мекунад. (қҷт аз 22.05.98, №614), (қҷт аз 12.05.01, №23)

Моддаи 59. Таъминоти иҷтимоию маишии судяҳои Суди конститутсионии Ҷумҳурии Тоҷикистон

Музди меҳнати судяи Суди конститутсионии Ҷумҳурии Тоҷикистон аз маоши вазифавӣ, изофапулиҳо барои дараҷаи тахассус ва собиқаи хизматӣ иборат аст. (қҷт аз 28.02.04, №11), (қҷт аз 03.03.06, №159)
Маоши вазифавӣ, андоза ва тартиби додани иловапулиҳои судяҳои Суди конститутсионӣ ва кормандони Дастгоҳи Суди конститутсиониро барои дараҷаҳои тахассусӣ (рутбаҳо) ва собиқаи хизмат Президенти Ҷумҳурии Тоҷикистон муайян мекунад. (қҷт аз 15.05.97, №415) (қҷт аз 22.05.98, №618), (қҷт аз 03.03.06, №159)
Аз рӯи масъалаҳои таъминоти маишӣ, тиббӣ ва техникӣ Раиси Суди конститутсионии Ҷумҳурии Тоҷикистон, муовини ӯ ва судяҳои Суди конститутсионии Ҷумҳурии Тоҷикистон мувофиқан бо Сарвазири Ҷумҳурии Тоҷикистон, муовини аввал ва муовинони Сарвазири Ҷумҳурии Тоҷикистон баробар мебошанд. (қҷт аз 22.05.98, №618)
Судяи Суди конститутсионӣ, якҷоя бо аъзои оилааш, ки ҳамроҳаш зиндагӣ мекунад, камаш дар давоми се моҳи баъди интихоб шудан бояд бо манзили хуб дар шакли квартираи алоҳида ё ҳавлӣ дар шаҳри Душанбе таъмин карда шавад.
Кафолатҳои дигари чораҳои ҳимояи иҷтимоии судяи Суди конститутсионии Ҷумҳурии Тоҷикистон ва аъзоёни оилаи вай тавассути Қонуни конститутсионии Ҷумҳурии Тоҷикистон «Дар бораи судҳои Ҷумҳурии Тоҷикистон» муайян карда мешаванд. (қҷт аз 22.05.98, №618), (қҷт аз 03.03.06, №159)

Моддаи 60. Хароҷоти судӣ

Хароҷоти судӣ аз боҷи давлатӣ ва хароҷоти вобаста ба дида баромадани парванда иборат аст.
Хароҷоти судӣ мувофиқи таъиноти Суди конститутсионӣ рӯёнда шавад.
хориҷ карда шудааст; (ққҶТ аз 5.08.2009 сол, №537)
Президенти Ҷумҳурии Тоҷикистон, Маҷлиси миллӣ ва Маҷлиси намояндагони Маҷлиси Олии Ҷумҳурии Тоҷикистон, аъзои Маҷлиси миллӣ ва вакили Маҷлиси намояндагон, Ҳукумати Ҷумҳурии Тоҷикистон, Ваколатдор оид ба ҳуқуқи инсон, Суди Олии Ҷумҳурии Тоҷикистон, Суди Олии иқтисодии Ҷумҳурии Тоҷикистон ва Прокурори генералии Ҷумҳурии Тоҷикистон аз пардохти боҷи давлатӣ озод мебошанд. (қҷт аз 06.06.2000, №2), (ққҶТ аз 5.08.2009 сол, №537)
Андоза ва тартиби пардохти боҷи давлатӣ тибқи муқаррароти Қонуни Ҷумҳурии Тоҷикистон «Дар бораи боҷи давлатӣ» муайян карда мешавад. (дар т/нав ққҶТ аз 5.08.2009 сол, №537)
Хароҷот аз маблағи харҷшуда барои гузаронидани экспертиза ва маблағи харҷкардаи шоҳидон, мутахассисон, экспертҳо, тарҷумонҳо ва шахсони дигар, ки Суди конститутсионӣ ҷалб намудааст, инчунин хароҷоти дигари вобаста ба таҳия ва баррасии парванда иборат мебошанд.
Хароҷоти вобаста ба иҷрои талаботи ҳатмии Суди конститутсионии Ҷумҳурии Тоҷикистонро мақомоти давлатӣ, шахсони ҳуқуқӣ ва шаҳрвандон, ки иҷрои талабҳо ба зиммаи онҳо гузошта шудааст, пардохт мекунанд.
Хароҷоти дигар аз рӯи таъиноти Суди конститутсионӣ аз маблағи буҷети ҷумҳуриявӣ пардохт карда мешавад. Хароҷот дар як вақт баробари рӯёндани боҷи давлатӣ

ситонида мешавад.
Тарафе, ки дар Суди конститутсионӣ хароҷот кардааст, ҳуқуқ дорад рӯёнидани онро аз шахсони мушаххас бо тартиби пешбининамудаи қонунгузории Ҷумҳурии Тоҷикистон талаб намояд. (дар т/нав ққҶТ аз 5.08.2009 сол, №537)

Моддаи 61. Рамзҳои ҳокимияти судии Суди конститутсионии Ҷумҳурии Тоҷикистон

Дар болои бинои Суди конститутсионии Ҷумҳурии Тоҷикистон Парчами давлатӣ ва дар толору ҳуҷраҳои кории судяҳо нишони давлатӣ ва Парчами давлатии Ҷумҳурии Тоҷикистон гузошта мешавад. (қҷт аз 06.06.2000, №2)
Судяҳои Суди конститутсионӣ дар либоси махсус, ки тасвир ва намунаи онҳо аз тарафи Ҳукумати Ҷумҳурии Тоҷикистон бо маслиҳати Суди конститутсионии Ҷумҳурии Тоҷикистон тасдиқ карда мешаванд, маҷлис мегузаронанд.
Ба судяҳои Суди конститутсионӣ шаҳодатнома ва нишони сарисинагӣ дода мешавад, ки намунаи онҳо аз тарафи Ҳукумати Ҷумҳурии Тоҷикистон муқаррар карда мешавад.

Моддаи 62. Мӯҳри Суди конститутсионии Ҷумҳурии Тоҷикистон

Суди конститутсионии Ҷумҳурии Тоҷикистон мӯҳр дорад, ки дар он Нишони давлатии Ҷумҳурии Тоҷикистон ва номи Суди конститутсионӣ тасвир ёфтааст.

Моддаи 63. Қароргоҳи Суди конститутсионии Ҷумҳурии Тоҷикистон

Қароргоҳи доимии Суди конститутсионии Ҷумҳурии Тоҷикистон пойтахти Ҷумҳурии Тоҷикистон - шаҳри Душанбе мебошад.
Маҷлисҳои Суди конститутсионӣ одатан дар қароргоҳи доимии он гузаронида мешаванд. Суди конститутсионии Ҷумҳурии Тоҷикистон агар лозим донад, маҷлиси худро дар ҷои дигар низ гузаронида метавонад.

Президенти Ҷумҳурии Тоҷикистон

Э. РАҲМОНОВ

ш. Душанбе, 3 ноябри соли 1995 № 84

Verfassungsgerichtsgesetz der Republik Tadschikistan

http://www.constcourt.tj/rus/index.php?option=com_content&view=article&id=3:-I-r-&catid=2:2009-07-13-05-22-34&Itemid=14 vom 15.10.2014

КОНСТИТУЦИОННЫЙ ЗАКОН РЕСПУБЛИКИ ТАДЖИКИСТАН "О КОНСТИТУЦИОННОМ СУДЕ РЕСПУБЛИКИ ТАДЖИКИСТАН"

РАЗДЕЛ ПЕРВЫЙ. ОРГАНИЗАЦИЯ КОНСТИТУЦИОННОГО СУДА РЕСПУБЛИКИ ТАДЖИКИСТАН И СТАТУС СУДЕЙ

ГЛАВА I. ОБЩИЕ ПОЛОЖЕНИЯ

Статья 1. Конституционный суд Республики Таджикистан как орган судебной власти

Конституционный суд Республики Таджикистан является органом судебной власти по защите Конституции Республики Таджикистан.
Конституционный суд Республики Таджикистан учрежден в целях обеспечения верховенства и непосредственного действия норм Конституции на территории Республики Таджикистан, защиты Конституции, прав и свобод человека и гражданина.

Статья 2. Основные принципы деятельности Конституционного суда Республики Таджикистан

Конституционный суд Республики Таджикистан действует на основе коллегиальности, гласности, независимости, состязательности и равноправия сторон и подчиняется Конституции Республики Таджикистан и настоящему конституционному Закону.

Статья 3. Законодательство о Конституционном суде Республики Таджикистан

Задачи, организация и порядок деятельности Конституционного суда Республики Таджикистан определяются Конституцией Республики Таджикистан и настоящим конституционным Законом.

Внутренние вопросы деятельности Конституционного суда Республики Таджикистан, неурегулированные Конституцией и настоящим конституционным Законом Республики Таджикистан, регулируются Регламентом Конституционного суда

Республики Таджикистан, принимаемым Конституционным судом Республики Таджикистан.

ГЛАВА II. СОСТАВ КОНСТИТУЦИОННОГО СУДА РЕСПУБЛИКИ ТАДЖИКИСТАН. ПОРЯДОК ЕГО ИЗБРАНИЯ

Статья 4. Состав Конституционного суда Республики Таджикистан

Конституционный суд Республики Таджикистан состоит из 7 судей: Председателя, заместителя Председателя и 5 судей Конституционного суда Республики Таджикистан. Один из судей является представителем Горно-Бадахшанской автономной области.

Судьей Конституционного суда Республики Таджикистан может быть избран гражданин Республики Таджикистан не моложе 30 и не старше 65 лет, имеющий высшее юридическое образование и профессиональный стаж работы не менее 10 лет. (Закон №11 от 28.02.04г.)

Статья 5. Срок полномочий судей Конституционного суда Республики Таджикистан

Судьи Конституционного суда Республики Таджикистан избираются сроком на 10 лет. (Закон №11 от 28.02.04г.)

Если срок полномочий судьи Конституционного суда Республики Таджикистан истекает в период рассмотрения дела с его участием, то его полномочия сохраняются до окончательного рассмотрения этого дела.

Статья 6. Порядок избрания судей Конституционного суда Республики Таджикистан

Председатель, заместитель Председателя и судьи Конституционного суда Республики Таджикистан избираются Маджлиси милли Маджлиси Оли Республика Таджикистан по представлению Президента Республики Таджикистан в индивидуальном порядке. Избранным считается лицо, получившее большинство голосов от общего числа членов Маджлиси милли. (Закон №2 от 6.06.00г.)

Конституционный суд Республики Таджикистан вправе приступить к своей деятельности при условии избрания не менее двух третей его состава.

В случае досрочного выбытия Председателя, его заместителя, либо судей Конституционного суда Республики Таджикистан Маджлиси милли Маджлиси Оли Республики Таджикистан на сессии избирает на его место другое лицо в порядке, установленном настоящим конституционным Законом. (Закон №2 от 6.06.00г .)

Статья 7. Присяга судей Конституционного суда Республики Таджикистан

Председатель, заместитель Председателя и судьи Конституционного суда Республики Таджикистан после избрания приводятся на сессии Маджлиси милли Маджлиси Оли Республики Таджикистан к присяге следующего содержания:(Закон №2 от 6.06.00г.)

"Я, в качестве Председателя, заместителя Председателя, судьи Конституционного суда Республики Таджикистан, клянусь свято соблюдать и защищать Конституцию Республики Таджикистан, добросовестно выполнять возложенные на меня обязанности Председателя, заместителя Председателя, судьи Конституционного суда Республики Таджикистан, подчиняясь при этом только Конституции Республики Таджикистан, ничему и никому, кроме нее".

ГЛАВА III. СТАТУС СУДЕЙ КОНСТИТУЦИОННОГО СУДА РЕСПУБЛИКИ ТАДЖИКИСТАН

Статья 8 Независимость судей Конституционного суда Республики Таджикистан

Судьи Конституционного суда Республики Таджикистан при выполнении своих обязанностей независимы и подчиняются Конституции Республики Таджикистан и настоящему конституционному Закону.

Какое-либо вмешательство в их деятельность, а также воздействие на них в какой бы то ни было форме, с целью воспрепятствования их деятельности, не допускается и влечет ответственность по закону.

Статус судьи Конституционного суда не совместим с депутатским мандатом, членством в политической партии и объединении, занятием иной должности, осуществлением предпринимательской деятельности, выполнением работ и получением вознаграждения в иных государственных или общественных органах, занятием частной практикой, за исключением творческой, научной и преподавательской деятельности.

Судьи Конституционного суда не имеют права осуществлять защиту или представительство, кроме законного представительства в Верховном суде, Экономическом суде или иных правоохранительных органах, оказывать покровительство каким бы то ни было лицам в получении прав и освобождении от обязанностей.

В течение срока полномочий судьи Конституционного суда несменяемы. Они не могут быть лишены полномочий, ограничены в полномочиях, уволены с работы, за исключением случаев, предусмотренных настоящим Конституционным Законом.

Деятельность Конституционного суда и его судей по вопросам конституционного судопроизводства не подотчетна. Ежегодно Конституционный суд направляет послание Маджлиси милли Маджлиси Оли и Президенту Республики Таджикистан о состоянии конституционной законности в Республике Таджикистан. (Закон №2 от 6.06.00г .)

Статья 9. Неприкосновенность судей Конституционного суда Республики Таджикистан

Судьи Конституционного суда Республики Таджикистан неприкосновенны.
Судья Конституционного суда Республики Таджикистан не может быть привлечен к уголовной ответственности, арестован, подвергнут мерам административного взыскания, налагаемым в судебном порядке, без согласия Маджлиси милии Маджлиси Оли Республики Таджикистан. Задержание и принудительный привод допускается лишь в тех случаях, когда он застигнут на месте совершения преступления с немедленным уведомлением Председателя Конституционного суда или его заместителя. Уголовное дело в отношении судьи Конституционного суда Республики Таджикистан может быть возбуждено только Генеральным прокурором Республики Таджикистан. Уголовное дело и дело об административном правонарушении в отношении судьи Конституционного суда подсудно только Верховному суд Республики Таджикистан. (Закон №2 от 6.06.00г.)
Проникновение в жилище, служебное помещение судьи Конституционного суда, в личный или используемый им транспорт, производство там осмотра, обыска, выемки, а также личный досмотр или личный обыск судьи Конституционного суда, а равно досмотр или выемка принадлежащих ему вещей и документов не могут производиться иначе как с санкции Генерального прокурора Республики Таджикистан и только по возбужденному уголовному делу в отношении этого судьи.
Судья Конституционного суда не может быть подвергнут принудительным мерам медицинского характера, признан недееспособным или ограничен в дееспособности, а также в отношение его не может быть возбуждено в суде соответствующее производство без согласия Конституционного суда Республики Таджикистан.
Судья Конституционного суда не может быть подвергнут каким-либо мерам воздействия за высказанное им имение в процессе Конституционного судопроизводства.

Статья 10. Приостановление полномочий судьи Конституционного суда Республики Таджикистан

Полномочия судьи Конституционного суда Республики Таджикистан могут быть приостановлены Конституционным судом в случаях, если:
1) судья Конституционного суда Республики Таджикистан избран с нарушением установленного порядка;

2) в установленном порядке дано согласие на арест судьи или привлечение его к уголовной ответственности.
Конституционный суд Республики Таджикистан приостанавливает полномочия судьи до отпадения вышеуказанных оснований.
Наличие оснований Приостановления полномочий судьи констатируется определением Конституционного суда.

Статья 11. Отзыв судьи Конституционного суда Республики Таджикистан (Закон от 12.05.01г., №23)

Отзыв судьи Конституционного суда Республики Таджикистан осуществляется Маджлиси милли Маджлиси Оли Республики Таджикистан по представлению Президента Республики Таджикистан, ввиду: (Закон №2 от 6.06.2000г., Закон от 12.05.01г., №23)

1) удовлетворения просьбы судьи об отставке;

2) состоявшегося о нем обвинительного приговора Верховного суда Республики Таджикистан, вступившего в законную силу;

3) признание его недееспособным, безвестно отсутствующим или умершим, решением суда, вступившим в законную силу;

4) смерти судьи;

5) занятие судьей деятельностью, несовместимой с его должностью;

6) утраты судьей гражданства Республики Таджикистан;

7) совершения судьей поступка, порочащего честь и достоинство судьи;

8) неучастия судьи в заседаниях Конституционного суда или уклонения его от голосования свыше двух раз подряд без уважительных причин;

9) неспособности по состоянию здоровья или иным уважительным причинам в течение длительного времени (не менее четырех месяцев подряд) исполнять обязанности судьи;

10) истечения срока полномочий судьи Конституционного суда Республики Таджикистан. (Закон от 12.05.01г., №23)

11) нарушение установленного законодательством Республики Таджикистан порядка по упорядочению традиций, торжеств и обрядов. (Закон №292 от 30.07.07г.)

С отзывом судьи Конституционного суда прекращаются также его полномочия в качестве Председателя Конституционного суда Республики Таджикистан, его заместителя и секретаря Конституционного суда. (Закон от 12.05.01г., №23)

Статья 11.1. Отставка судьи Конституционного суда Республики Таджикистан

Отставкой судьи Конституционного суда Республики Таджикистан является почетный уход его с должности. За судьей, пребывающим в отставке, сохраняется звание судьи Конституционного суда Республики Таджикистан, гарантии личной неприкосновенности и принадлежности к судейскому сообществу, ему выдается удостоверение судьи Конституционного суда Республики Таджикистан в отставке.

Каждый судья Конституционного суда Республики Таджикистан имеет право на отставку по собственному желанию независимо от возраста.

Судья Конституционного суда Республики Таджикистан считается ушедшим в отставку, если он отозван по следующим основаниям:

В связи с удовлетворением его письменного заявления об отставке;

Истечением срока его полномочий;

Признанием его недееспособным решением суда, вступившим в законную силу;

Неспособностью по состоянию здоровья или иным уважительным причинам в течение длительного времени (не менее четырех месяцев подряд) исполнять свои обязанности.

Пребывающему в отставке судье Конституционного суда, имеющему стаж работы по юридической профессии не менее двадцати лет, выплачивается по его выбору пенсия или ежемесячное пожизненное содержание в размере восьмидесяти процентов заработной платы работающего судьи Конституционного суда Республики Таджикистан.(Закон от 12.05.01г., №23)

Статья 12. Охрана трудовых прав судей Конституционного суда Республики Таджикистан

Судье Конституционного суда, полномочия которого истекли или прекращены в связи с удовлетворением просьбы судьи об отставке, предоставляется прежняя или равноценная должность (работа).

Время работы в должности судьи Конституционного суда засчитывается в стаж работы (службы) по специальности.

Статья 13. Квалификационные классы судей Конституционного суда Республики Таджикистан и классные чины работников Аппарата Конституционного суда Республики Таджикистан

Председателю Конституционного суда Республики Таджикистан, его заместителю и судьям Конституционного суда Республики Таджикистан присваиваются квалификационные классы, а работникам Аппарата Конституционного суда классные чины.

Квалификационные классы судьям Конституционного суда Республики Таджикистан и классные чины работников Аппарата Конституционного суда Республики Таджикистан устанавливает Маджлиси намояндагон Маджлиси Оли Республики Таджикистан.

Положение о порядке присвоения квалификационных классов судьям

Конституционного суда Республики Таджикистан и классных чинов работникам его Аппарата утверждает Президент Республики Таджикистан. (Закон №159 от 3.03.06г.)

ГЛАВА IV. КОМПЕТЕНЦИЯ КОНСТИТУЦИОННОГО СУДА РЕСПУБЛИКИ ТАДЖИКИСТАН

Статья 14. Полномочия Конституционного суда Республики Таджикистан

Конституционный суд Республики Таджикистан определяет соответствие Конституции Республики Таджикистан проектов изменений и дополнений, вносимых в Конституцию Республики Таджикистан, проектов законов и других вопросов, представляемых на всенародный референдум. (Закон №368 от 20.03.08г.)

Конституционный суд Республики Таджикистан разрешает дела о соответствии Конституции Республики Таджикистан:

а) законов, совместных правовых актов Маджлиси милли и Маджлиси намояндагон, Маджлиси милли, Маджлиси намояндагон, Президента, Правительства, Верховного суда, Высшего экономического суда и других государственных и общественных органов, не вступивших в законную силу международных договоров Таджикистана;(Закон №11 от 28.02.04г. Закон №368 от 20.03.08г.)

б) правовых актов местных представительных и исполнительных органов власти, договоров, заключенных областями, районами и городами республики;

в) договоров между республиканскими и местными органами власти;

г) исключен; (Закон №11 от 28.02.04г.)

г) исполнение других полномочий, определяемых Конституцией и законами; (Закон №2 от 6.06.00г.)

Конституционный суд Республики Таджикистан решает споры о компетенции:

а) между республиканскими органами государственной власти;

б) между республиканскими и местными органами государственной власти;

в) между местными органами государственной власти и территориальными органами местного самоуправления.

Конституционный суд Республики Таджикистан рассматривает вопросы о нарушениях конституционных прав и свобод граждан по примененным или подлежащим применению закону и другому правовому акту, в конкретном правоотношении, а также определяет соответствие Конституции Республики Таджикистан закона, другого правового акта и руководящих разъяснений Пленумов Верховного суда Республики Таджикистан, Высшего экономического суда Республики Таджикистан, примененных судом в их отношении в конкретном деле, в порядке, определенном настоящим конституционным Законом. (Закон №368 от 20.03.08г.)

Конституционный суд Республики Таджикистан в случае совершения Президентом государственной измены дает заключение. (Закон №2 от 6.06.00г.)

Статья 15. Иные полномочия Конституционного суда Республики Таджикистан

Конституционный суд Республики Таджикистан:

а) исключен. (Закон №11 от 28.02.04г.)

а) принимает Регламент Конституционного суда Республики Таджикистан;
б) приостанавливает полномочия судей Конституционного суда, в случаях, предусмотренных настоящим конституционным Законом;
в) избирает секретаря Конституционного суда Республики Таджикистан;
г) осуществляет другие полномочия, предоставленные ему законодательством. (Закон №11от 28.02.04г.)

Конституционный суд Республики Таджикистан вправе запрашивать и получать необходимую информацию от всех государственных органов, предприятий и организаций, политических партий и иных общественных объединений, научных учреждений и информационных центров, а также привлекать в установленном порядке специалистов к экспертной и научно-консультационной работе.

Часть третья исключена. (Закон №11 от 28.02.04г.)

Статья 16. Обязательность актов Конституционного суда Республики Таджикистан (Закон №11 от 28.02.04г.)

Акты Конституционного суда Республики Таджикистан являются окончательными, обжалованию не подлежат и обязательны к исполнению всеми органами, предприятиями, учреждениями, организациями, политическими партиями, иными общественными объединениями, должностными лицами и гражданами, к которым они обращены. Неисполнение их влечет ответственность по закону. (Закон №11 от 28.02.04г.)

Конституционный суд Республики Таджикистан по вопросам, предусмотренным частью четвертой статьи 14 настоящего конституционного Закона, дает заключение, которое принимается за основу Маджлиси милли и Маджлиси намояндагон Маджлиси Оли Республики Таджикистан. (Закон №11 от 28.02.04г.)

Законы и иные нормативные правовые акты или их отдельные положения, признанные Конституционным судом неконституционными, утрачивают силу, одновременно отменяется действие других нормативных правовых и иных актов, основанных на акте, признанном неконституционным. В случае принятия Конституционным судом Республики Таджикистан заключения о несоблюдении порядка выдвижения обвинения Президенту Республики Таджикистан в совершении государственной измены рассмотрение обвинения прекращается. (Закон №11 от 28.02.04г.)

Акты судов и иных органов, основанные на нормативно-правовом акте, признанном неконституционным, исполнению не подлежат.

Признание Конституционным судом неконституционными не вступивших в силу договоров Республики Таджикистан означает недействительность этих договоров или их отдельных положений для Республики Таджикистан. (Закон №11 от 28.02.04г.)

Исключено. (Закон №614 от 22.05.1998г.)

Определение Конституционного суда о прекращении производств по делу лишает стороны возможности повторного обращения в Конституционный суд с теми же требованиями, по тем же основаниям. (Закон №11 от 28.02.04г.)

Статья 17. Председатель Конституционного суда Республики Таджикистан

Председатель Конституционного суда Республики Таджикистан:
а) руководит подготовкой дел и иных вопросов к рассмотрению на заседании Конституционного суда;
б) созывает заседания Конституционного суда, вносит на его рассмотрение вопросы и председательствует на них;
в) ежегодно направляет послание Маджлиси милли и Маджлиси намояндагон Маджлиси Оли Республики Таджикистан и Президенту Республики Таджикистан о состоянии конституционной законности в республике; (Закон №11 от 28.02.04г.)
г) представляет Конституционный суд в отношениях с государственными и общественными органами, предприятиями, учреждениями, организациями и должностными лицами;
д) определяет обязанности заместителя Председателя Конституционного суда;
е) организует работу судей Конституционного суда и руководит его Аппаратом;
ж) представляет на утверждение Конституционного суда его Регламент;
з) исключен; (Закон №11 от 28.02.04г.)
з) представляет кандидатуру секретаря Конституционного суда;
и) определяет меры по обеспечению проведения заседания безопасности его участников и присутствующих;
к) пользуется правом приема и увольнения работников Аппарата Конституционного суда;
л) подписывает акты и протоколы заседаний Конституционного суда; (Закон №11 от 28.02.04г.)
м) утверждает Положение об Аппарате Конституционного суда, его структуру и штаты;
н) осуществляет иные полномочия в соответствии с законодательством о Конституционном суде Республики Таджикистан. (Закон №11 от 28.02.04г.)
Председатель Конституционного суда Республики Таджикистан в пределах своих полномочий издает распоряжения.
Председатель Конституционного суда имеет право присутствовать на совместных заседаниях Маджлиси милли и Маджлиси намояндагон, заседаниях Маджлиси милли, Маджлиси намояндагон Маджлиси Оли Республики Таджикистан, Правительства Республики Таджикистан, пленумах Верховного Суда и Высшего экономического суда, других государственных и общественных органов. (Закон №11 от 28.02.04г.)

Статья 18. Заместитель Председателя Конституционного суда Республики Таджикистан

Заместитель Председателя Конституционного суда Республики Таджикистан замещает Председателя в случае его отсутствия или невозможности осуществления им своих функций, выполняет по уполномочию Председателя Конституционного суда Республики Таджикистан отдельные его функции.

Статья 19. Секретарь Конституционного суда Республики Таджикистан

Секретарь Конституционного суда Республики Таджикистан избирается из числа судей Конституционного суда на срок полномочия Конституционного суда.

Секретарь Конституционного суда Республики Таджикистан наряду с исполнением обязанностей судьи Конституционного суда:

а) осуществляет организационную работу по подготовке заседаний Конституционного суда и принимает меры, необходимые для исполнения принятых Конституционным судом решений;

б) организует работу по ведению и своевременному оформлению протокола заседания Конституционного суда;

в) подписывает акты и протокол заседаний Конституционного суда; (Закон №11 от 28.02.04г.)

организует направление служебных документов соответствующим органам, а также предприятиям, учреждениям, организациям, должностным лицам и гражданам;

г) осуществляет другие полномочия в соответствии с настоящим конституционным Законом.

РАЗДЕЛ ВТОРОЙ. ПРАВИЛА СУДОПРОИЗВОДСТВА В КОНСТИТУЦИОННОМ СУДЕ РЕСПУБЛИКИ ТАДЖИКИСТАН

ГЛАВА V. ПРИНЦИПЫ КОНСТИТУЦИОННОГО СУДОПРОИЗВОДСТВА РЕСПУБЛИКИ ТАДЖИКИСТАН

Статья 20. Коллегиальность при рассмотрении дел в Конституционном суде Республики Таджикистан

Рассмотрение дел, дача заключений, рассмотрение вопросов приостановления полномочий судей и принятие Регламента в Конституционном суде производится коллегиально в составе не менее двух третей судей от их общего числа.

Заседание Конституционного суда по другим вопросам правомочно, если в нем принимает участие более половины состава судей.

Акты принимается Конституционным судом большинством голосов судей, участвующих в заседании. (Закон №11 от 28.02.04г.)

Статья 21. Независимость судей в процессе Конституционного судопроизводства

Судьи Конституционного суда при рассмотрении дел независимы, оценивают доказательства по своему внутреннему убеждению и подчиняются при этом только Конституции Республики Таджикистан и настоящему конституционному Закону. Никакие иные акты не имеют для судей Конституционного суда заведомо обязательной силы в процессе судопроизводства.

Отвод и самоотвод судьи Конституционного суда допускается, если объективность судьи может вызвать сомнение вследствие личной прямой или косвенной заинтересованности в исходе дела.

Вопрос об отводе или самоотводе судьи решается Конституционным судом в совещательной комнате путем вынесения определения.

Судья Конституционного суда Республики Таджикистан не вправе публично высказывать где-либо, кроме заседания Конституционного суда, свое личное мнение о вопросе, который может стать предметом рассмотрения в Конституционном суде, а также который изучается или принят к рассмотрению Конституционным судом, до принятия им решения по данному вопросу.

Никто не вправе испрашивать, а судья Конституционного суда не вправе высказывать до судебного заседания мнение о законности или незаконности обсуждаемых законов, иных актов, высказывать мнение или давать консультации по вопросам, которые являются или могут являться предметом рассмотрения Конституционного суда.

Никто не вправе требовать от судьи Конституционного суда отчёта по вопросам участия его в рассмотрении дела.

Какое бы ни было вмешательство в процессуальную деятельность судей, оказание на них воздействия не допускается и влечет ответственность по закону.

Статья 22. Неприкосновенность судей в процессе Конституционного судопроизводства

Судьи Конституционного суда Республики Таджикистан неприкосновенны.

Никто не вправе отстранить судью от участия в заседании Конституционного суда, кроме случаев, когда его полномочия приостановлены в соответствии с настоящим конституционным Законом, а также в случаях удовлетворения отвода или самоотвода судьи.

Статья 23. Равенство прав судей Конституционного суда Республики Таджикистан

Судьи Конституционного суда Республики Таджикистан при рассмотрении дел выступают в личном качестве, обладают равными правами в исследовании доказательств и их оценке.

Статья 24. Гласность Конституционного судопроизводства

Разбирательство дел в Конституционном суде Республики Таджикистан происходит открыто, за исключением случаев, когда это противоречит интересам охраны государственной тайны, обеспечения безопасности граждан, тайны их личной жизни и защиты общественной нравственности.

Решения Конституционного суда во всех случаях провозглашаются публично.

С разрешения Конституционного суда во время рассмотрения дел средства массовой информации вправе производить киносъемку, фотосъемку, видеозапись процесса заседания и транслировать его по радио и телевидению.

Во время рассмотрения дела ведется протокол и допускается применение видеозвукозаписи, с которыми участвующие в заседании лица вправе ознакомиться.
Присутствие на заседании Конституционного суда лиц несовершеннолетнего возраста не допускается, за исключением необходимости их допроса.

Статья 25. Непосредственность рассмотрения дела Конституционным судом Республики Таджикистан

Конституционный суд не вправе принимать решение по существу дела без непосредственного его рассмотрения в установленном настоящим конституционным Законом порядке.
Судьи Конституционного суда лично участвуют в рассмотрении дела с момента открытия и до закрытия
Никто из судей не вправе уклониться от рассмотрения дела, за исключением случаев, препятствующих участию судьи в заседании.
Вступление в заседание нового судьи влечет возобновление производства по делу с начала судебного разбирательства.
Невозможность участия судьи в дальнейшем рассмотрении дела не препятствует продолжению производства при наличии кворума судей, но исключает участие выбывшего судьи в совещании судей и принятии решения.
Во время совещания Конституционного суда никто из судей участвующих в заседании не вправе воздерживаться от голосования. Каждый судья обязан лично выразить свое мнение по делу до оглашения решения.

Статья 26. Непрерывность рассмотрения дел Конституционным судом Республики Таджикистан

Заседание и совещание судей Конституционного суда при рассмотрении дел происходит непрерывно, кроме времени, отведенного трудовым законодательством для отдыха, а также времени, необходимого для подготовки участников заседания к речи.
Заседание может быть прервано и отложено в связи с вызовом свидетелей, специалистов, экспертов, назначением экспертизы, истребованием дополнительных доказательств, отсутствием кворума и по другим причинам, препятствующим рассмотрению дела. По устранению препятствий рассмотрение дела продолжается с момента, на котором оно было прервано.
Рассмотрение судом во время перерыва других дел, по существу не относящихся к данному заседанию, не допускается.
Если рассмотрение дела в данном заседании невозможно в течение длительного времени, то Конституционный суд вправе приостановить по нему производство на срок, необходимый для устранения возникших препятствий.
Приостановленное производство возобновляется с момента, на котором оно было приостановлено.
Приостановленное производство возобновляется в каждом случае с начала судебного разбирательства, если по делу изменился состав судей.

Замена участников процесса не является препятствием для возобновления производства с момента, на котором оно было приостановлено.

Статья 27. Устность заседания Конституционного суда Республики Таджикистан

Заседания Конституционного суда ведутся устно. Суд обязан во время рассмотрения дела заслушать объяснения и речи участников процесса, показания свидетелей, специалистов, экспертов, огласить имеющиеся в деле и представленные участниками процесса документы, акты экспертиз, протоколы, другие письменные доказательства.

Статья 28. Язык конституционного судопроизводства

Конституционное судопроизводство осуществляется, а принимаемые Конституционным судом акты излагаются и провозглашаются на государственном языке Республики Таджикистан. (Закон №11 от 28.02.04г.)

Участвующим на заседании лицам, не, владеющим языком судопроизводства, Конституционный суд обеспечивает перевод процесса судопроизводства на их родной язык или язык, которым они владеют.

Участвующие в деле лица, свидетели, специалисты, эксперты, не владеющие языком судопроизводства, могут давать объяснения на родном языке или на языке, которым они владеют, и пользоваться услугами переводчика.

Протокол заседания Конституционного суда Республики Таджикистан ведется на государственном языке.

Статья 29. Состязательность и равноправие сторон

Стороны пользуются равными правами и возможностями по отстаиванию своей позиции на основе состязательности в заседании Конституционного суда.

Статья 30. Тайна совещания судей Конституционного суда Республики Таджикистан

Во время совещания судей Конституционного суда Республики Таджикистан, на котором решается дело по существу, присутствие посторонних лиц не допускается. (Закон №2 от 6.06.00г .)

Разглашение суждений, имевших место во время совещания судей не допускается.

Статья 31. Законность и обоснованность актов Конституционного суда Республики Таджикистан

Акты Конституционного суда должно быть законным и обоснованным.

Конституционный суд, рассматривая дела всесторонне и объективно, свои акты основывает на нормах Конституции, и настоящего Конституционного закона.(Закон

№2 от 6.06.00г., Закон №11 от 28.02.04г.)

Статья 32. Окончательность актов Конституционного суда Республики Таджикистан

Акт Конституционного суда Республики Таджикистан вступает в силу с момента принятия, если иное не предусмотрено в нем. (Закон №11 от 28.02.04г.)
Акт Конституционного суда Республики Таджикистан является окончательным и обжалованию не подлежит. (Закон №2 от 6.06.00г., Закон №11 от 28.02.04г.)

Статья 33. Торжественность заседания Конституционного суда Республики Таджикистан

Заседание Конституционного суда Республики Таджикистан проводится в торжественной обстановке с соблюдением всех требований судебного этикета.
Присутствующие в зале заседания лица обязаны беспрекословно подчиняться распоряжениям председательствующего о соблюдении порядка заседания. Всякое нарушение порядка в зале заседания пресекается немедленно председательствующим.
При входе и выходе судей Конституционного суда все присутствующие люди встают.
Каждый участник заседания обращается, к суду, выступает, дает объяснения, показания, произносит речь стоя. Обращение к судьям Конституционного суда начинается с ритуала "Уважаемый (ые) судья (судьи)..."
Решение и заключения Конституционного суда Республики Таджикистан по существу дела выносится от имени Республики Таджикистан и выслушивается присутствующими стоя. (Закон №11 от 28.02.04г.)

ГЛАВА VI. ПОДВЕДОМСТВЕННОСТЬ ДЕЛ КОНСТИТУЦИОННОМУ СУДУ РЕСПУБЛИКИ ТАДЖИКИСТАН

Статья 34. Подведомственность дел

Конституционному суду Республики Таджикистан подведомственны дела в соответствии с его компетенцией, предусмотренной статьей 14 настоящего конституционного Закона.
Конституционному суду Республики Таджикистан также подведомственны нормативно-правовые акты, имеющие секретный характер.

Статья 35. Подведомственность нескольких связанных между собой требований

При объединении нескольких связанных между собой требований, из которых одни подведомственны Конституционному суду Республики Таджикистан, а другие - иным органам государственной власти, рассмотрению подлежат лишь требования по вопросам, входящим в компетенцию Конституционного суда Республики Таджикистан. Если разъединение связанных между собой требований невозможно без ущерба полному, объективному и всестороннему разрешению дела, то все требования подлежат разрешению в Конституционном суде Республики Таджикистан.

Статья 36. Пределы разрешения дела Конституционным судом Республики Таджикистан

Конституционный суд Республики Таджикистан определяет и решает только вопросы права.
Конституционный суд Республики Таджикистан, признавая предмет, затронутый в представлении или ходатайстве, несоответствующим Конституции Республики Таджикистан, одновременно отменяет другие нормативные акты, основанные на нормативном акте, признанном неконституционным, либо воспроизводящие его или содержащие такие же положения, какие были предметом обращения. Конституционный суд при этом не связан с доводами и соображениями, изложенными в представлении или ходатайстве.

Статья 37. Субъекты обращения в Конституционный суд Республики Таджикистан

Право на обращение в Конституционный суд Республики Таджикистан принадлежит:
1) Президенту Республики Таджикистан, Маджлиси милли и Маджлиси намояндагон Маджлиси Оли Республики Таджикистан о соответствии Конституции Республики Таджикистан вносимых изменений и дополнений в Конституцию Республики Таджикистан, проектов законов и других вопросов, представляемых на всенародный референдум;
2) Президенту Республики Таджикистан, совместному заседанию Маджлиси милли и Маджлиси намояндагон Маджлиси Оли Республики Таджикистан, Маджлиси милли и Маджлиси намояндагон Маджлиси Оли Республики Таджикистан, Правительству Республики Таджикистан, члену Маджлиси милли и депутату Маджлиси намояндагон Маджлиси Оли Республики Таджикистан, Верховному суду Республики Таджикистан, Высшему экономическому суду Республики Таджикистан, Генеральному прокурору Республики Таджикистан, Маджлисам народных депутатов Горно-Бадахшанской автономной области, областей и города Душанбе о соответствии Конституции Республики Таджикистан законов, совместных правовых актов Маджлиси милли и Маджлиси намояндагон Маджлиси Оли Республики Таджикистан, правовых актов Маджлиси милли и Маджлиси намояндагон Маджлиси Оли Республики Таджикистан, Президента Республики Таджикистан, Правительства Республики Таджикистан,

Верховного Суда Республики Таджикистан, Высшего экономического суда Республики Таджикистан и не вступивших в законную силу международных договоров Таджикистана;

3) Генеральному Прокурору Республики Таджикистан, Маджлисам народных депутатов Горно-Бадахшанской автономной области, областей, города Душанбе и председателям Горно-Бадахшанской автономной области, областей и города Душанбе о соответствии Конституции Республики Таджикистан правовых актов министерств, государственных комитетов и иных органов государственного управления, местных органов государственной власти;

4) Правительству Республики Таджикистан, министерствам, государственным комитетам и ведомствам при Правительстве Республики Таджикистан, Маджлисам народных депутатов Горно-Бадахшанской автономной области, областей, города Душанбе, городов и районов, председателям Горно-Бадахшанской автономной области, областей, города Душанбе, городов и районов по спорам между ними об их компетенции;

5) Уполномоченному по правам человека о нарушении конституционных прав и свобод заявителя о соответствии Конституции Республики Таджикистан законов и других правовых актов;

6) гражданам о нарушении конституционных прав и свобод, связанных с примененным или подлежащим применению законом и другим правовым актом в конкретном правоотношении, а также о соответствии Конституции Республики Таджикистан закона, других правовых актов и руководящих разъяснений Пленумов Верховного суда Республики Таджикистан, Высшего экономического суда Республики Таджикистан, примененных судом в их отношении в конкретном деле;

7) юридическим лицам о нарушении конституционных прав и интересов примененным законом и другим правовым актом в конкретном правоотношении, а также о соответствии Конституции Республики Таджикистан закона, других правовых актов и руководящих разъяснений Пленумов Верховного Суда Республики Таджикистан, Высшего экономического суда Республики Таджикистан, примененных судом в их отношении в конкретном деле;

8) троим судьям Конституционного суда Республики Таджикистан по вопросам, относящимся к полномочиям Конституционного суда;

9) другим судам и судьям Республики Таджикистан о соответствии Конституции Республики Таджикистан закона, других правовых актов и руководящих разъяснений Пленумов Верховного суда Республики Таджикистан, Высшего экономического суда Республики Таджикистан, примененных или подлежащих применению судами в конкретном деле. (Закон №368 от 20.03.08г.)

ГЛАВА VII. УЧАСТНИКИ КОНСТИТУЦИОННОГО СУДОПРОИЗВОДСТВА, ИХ ПРАВА И ОБЯЗАННОСТИ

Статья 38. Участники конституционного судопроизводства

Участниками конституционного судопроизводства признаются:

1) Стороны - лица и органы, по ходатайствам которых возбуждено конституционное судопроизводство; должностные лица и органы, о конституционности действий и решений которых возбуждено конституционное судопроизводство;

2) представители сторон - представители по должности, представители по закону, адвокаты.

Участники конституционного судопроизводства по одному и тому же вопросу вправе поручить ведение дела одному из них.

Полномочия представителя участника конституционного судопроизводства оформляются в установленном законом порядке.

Статья 39. Права и обязанности участников конституционного судопроизводства

Участники конституционного судопроизводства в пределах полномочий пользуются равными процессуальными правами.

Участники конституционного судопроизводства имеют право знакомиться с материалами дела, производить из них выписки, снимать копии, представлять доказательства, участвовать в исследовании доказательств, представлять свои доводы и соображения по всем возникающим в ходе процессов вопросам, выступать с заключительной речью.

Стороны также имеют право заявлять ходатайство, давать устное и письменное объяснение судьям, высказывать свое мнение по заявленным ходатайствам.

Сторона, по инициативе которой возбуждено конституционное судопроизводство, имеет право изменить основания или предмет требований, увеличить или уменьшить их объем, отказаться от требований до удаления суда в совещательную комнату.

Сторона, против которой возбуждены требования, вправе признавать их полностью или частично, либо возражать против них.

Каждая сторона обязана представлять доказательства и доказывать те обстоятельства, на которые они ссылаются как на основание своих требований и возражений.

Участники конституционного судопроизводства обязаны добросовестно пользоваться своими правами. Сообщение ими судьям заведомо ложных сведений влечет ответственность по закону.

ГЛАВА VIII. ПОРЯДОК ВОЗБУЖДЕНИЯ КОНСТИТУЦИОННОГО СУДОПРОИЗВОДСТВА И ПОДГОТОВКА ДЕЛА К РАССМОТРЕНИЮ

Статья 40. Форма и содержание обращения в Конституционный суд Республики Таджикистан

Обращение в Конституционный суд Республики Таджикистан подается в письменной форме.

Органы и должностные лица, указанные в пунктах 1-3, 5 статьи 37 настоящего конституционного Закона, подают в Конституционный суд Республики Таджикистан представления, а иные лица - ходатайства. (Закон от 12.05.01г., №23)

В представлении и ходатайстве должны быть указаны:

1) наименование Конституционного суда;

2) наименование, местонахождение, адрес и иные необходимые данные об обращающемся;

3) наименование, адрес и иные данные о представителе обращающегося и его полномочиях, кроме случаев представительства по должности;

4) наименование, местонахождение и адрес государственного органа, должностного лица, подписавшего или издавшего нормативный акт, конституционность которого подлежит проверке; в соответствующих случаях те же данные о должностных лицах, деятельность которых оспаривается;

5) обстоятельства, на которых сторона основывает свои требования и доказательства, подтверждающие изложенные факты;

6) точное наименование, номер, дата принятия, источники опубликования и иные реквизиты оспариваемого нормативного акта;

7) конкретное обоснование позиции по поводу неконституционности оспариваемого нормативного акта или деятельности должностного лица;

8) сущность требования;

9) нормы Конституции Республики Таджикистан и настоящего конституционного Закона, дающие право на обращение в Конституционный суд;

10) перечень прилагаемых документов и список лиц, подлежащих вызову в Конституционный суд, их адреса.

Представление или ходатайство подписывается соответствующим заявлением, указанным в статье 37 настоящего конституционного Закона и к нему во всяком случае прилагаются:

1) копия текста нормативного акта, конституционность которого в целом или в отдельной его части оспаривается заинтересованной стороной;

2) документы о полномочиях представителя, кроме случаев, когда представительство будет осуществляться по должности.

К документам, изложенным на другом языке, должен быть приложен перевод их на языке судопроизводства.

Представление или ходатайство и приложения к ним подаются в Конституционный суд в количестве не менее 10 экземпляров. По требованию судьи обращающаяся сторона обязана представить иное количество экземпляров указанных документов.

Статья 41. Последствия обращения в Конституционный суд Республики Таджикистан

Поступившее представление или ходатайство передаемся Председателем судье Конституционного суда для изучения и проверки. (Закон от 12.05.01г., №23)
Проверив представление или ходатайство, судья в месячный срок представляет предложение в Конституционный суд о возбуждении конституционного судопроизводства либо об отказе в возбуждении конституционного судопроизводства. (Закон №2 от 6.06.00г.)
Конституционный суд, рассмотрев предложение судьи, выносит определение о возбуждении конституционного судопроизводства и поручает судье подготовить дело на заседание Конституционного суда, либо выносит определение об отказе в возбуждении конституционного судопроизводства и возвращает материалы заявителю.
При возбуждении конституционного судопроизводства Конституционный суд может своим определением до рассмотрения дела приостановить действие оспариваемого акта.

Статья 42. Отказ в принятии представления или ходатайства к рассмотрению Конституционного суда Республики Таджикистан

Конституционный суд отказывает в возбуждении конституционного судопроизводства, если:
1) представление или ходатайство по форме и содержанию не соответствует требованиям статьи 40 настоящего конституционного Закона;
2) представление или ходатайство исходит от ненадлежащего органа или лица (субъекта);
3) заявленное в представлении или ходатайстве требование не подведомственно Конституционному суду;
4) Конституционность указанного в представлении или ходатайстве вопроса ранее рассмотрено Конституционным судом и по нему имеется решение Конституционного суда.
Отмена или утрата силы акта, конституционность которого оспаривается, может повлечь за собой прекращение конституционного судопроизводства по возбужденным делам, за исключением случаев, когда действием этого акта были нарушены конституционные права и свободы граждан.

Статья 43. Подготовка дела к рассмотрению Конституционного суда Республики Таджикистан

По возбужденному судопроизводству судья в двухмесячный срок обязан подготовить дело к рассмотрению, для чего он:
1) определяет стороны по делу, разъясняет им их процессуальные права и обязанности, предусмотренные настоящим конституционным Законом, и оказывает содействие в получении доказательств для представления в Конституционный суд;

2) опрашивает обратившуюся сторону;
3) истребует относящиеся к делу необходимые документы и иную информацию;
4) опрашивает соответствующих должностных лиц;
5) при необходимости привлекает ученых, практических работников в качестве специалистов, экспертов, поручает производство проверок, исследований, экспертиз;
6) определяет круг свидетелей, специалистов, экспертов;
7) решает вопрос о соединении в одном судопроизводстве связанных между собой требований разных лиц либо о выделении неподведомственных требований, заявленных в одном обращении;
8) вносит предложение в Конституционный суд о прекращении судопроизводства в случае добровольного снятия стороной вопроса, отмены или утраты силы акта, конституционность которого оспаривается;
9) не позднее чем за десять дней до начала заседания обеспечивает вручение копий необходимых материалов дела всем судьям Конституционного суда и участникам процесса;
10) вносит предложение в Конституционный суд о назначении дела к рассмотрению;
11) извещает участников заседания и обеспечивает участие необходимых лиц;
12) проводит иные действия по обеспечению правильного разрешения дела.
В виду особой сложности заявленных требований либо исключительной их важности, подготовка дела к рассмотрению может быть поручена нескольким судьям, а срок подготовки может быть продлен не более чем на один месяц Председателем Конституционного суда.

Статья 44. Назначение дела к рассмотрению Конституционного суда Республики Таджикистан

Конституционный суд, признав дело достаточно подготовленным, выносит определение о назначении дела к рассмотрению Конституционного суда либо может прекратить судопроизводство в случаях добровольного снятия стороной вопроса, отмены или утраты силы акта, конституционность которого оспаривается, за исключением случаев, когда действием этого акта были нарушены конституционные права и свободы граждан.

ГЛАВА IX. РАССМОТРЕНИЕ ДЕЛ КОНСТИТУЦИОННЫМ СУДОМ

Статья 45. Срок рассмотрения дел в Конституционном суде Республики Таджикистан

Исключено. (Закон №2 от 6.06.00г .)
Рассмотрение вопроса должно быть окончено в Конституционном суде Республики Таджикистан в течение шести месяцев с момента получения соответствующего повода.

Статья 46. Порядок рассмотрения дел в Конституционном суде Республики Таджикистан

Рассмотрение дел в Конституционном суде Республики Таджикистан проводится в заседании под председательством Председателя Конституционного суда. Порядок заседания определяется председательствующим.

В назначенное время председательствующий:

1) открывает заседание Конституционного суда Республики Таджикистан;

2) объявляет дело, подлежащее рассмотрению;

3) удостоверяется в наличии достаточного количества судей и обеспеченности протоколирования;

4) предоставляет слово секретарю Конституционного суда для доклада о наличии вызванных участников заседания, свидетелей, специалистов, экспертов и о причине неявки отсутствующих;

5) разъясняет сторонам их права и обязанности, а вызванным лицам - их обязанности и ответственность;

6) опрашивает участников заседания о том, имеются ли у них ходатайства о вызове дополнительных свидетелей, специалистов, экспертов, об истребовании дополнительных доказательств, по другим вопросам, возникшим в ходе заседания, ставит их на разрешение суда;

7) объявляет о начале рассмотрения дела по существу.

При рассмотрении дела:

1) рассмотрение каждого дела начинается с выступления судьи - докладчика, который излагает существо дела, повод и основания для его рассмотрения, содержание имеющихся материалов, а также его ответов на вопросы, возникшие у судей Конституционного суда;

2) затем должны быть выслушаны объяснения сторон. Сторонам могут быть заданы вопросы;

3) при необходимости Конституционный суд выслушивает показания свидетелей и экспертов, задает им вопросы. Перед дачей ими показаний председательствующий предупреждает свидетеля или эксперта об ответственности за отказ от дачи показаний, либо дачи заведома ложных показаний, в соответствии с законодательством;

4) в заседании Конституционного суда могут быть оглашены документы, выслушаны выступления приглашенных лиц;

5) по окончании исследования объяснений, показаний и документов Конституционный суд выслушивает заключительные речи сторон, если они пожелают выступить;

6) после признания Конституционным судом исследования вопросов дела завершенным, председательствующий объявляет об окончании слушания дела;

7) в ходе совещания, происходящем в совещательной комнате, судьи Конституционного суда могут свободно излагать собственную позицию по рассматриваемому вопросу и просить других судей уточнить их позиции; (Закон №2 от 6.06.00г .)

8)после подписания принятого Конституционным судом решения оно объявляется председательствующим в зале заседания;

9) если в процессе рассмотрения дела будет установлено, что оно не

подведомственно Конституционному суду, то производство по делу прекращается с указанием в какой орган следует обратиться заявителю.

Отказ заявителя от требований, добровольное снятие стороной вопроса в процессе заседания является основанием прекращения судопроизводства.

Суд может не принимать отказа заявителя от требований или добровольное снятие стороной вопроса, если эти действия противоречат закону или нарушают чьи-либо права и охраняемые законом интересы.

ГЛАВА X. РЕШЕНИЯ КОНСТИТУЦИОННОГО СУДА РЕСПУБЛИКИ ТАДЖИКИСТАН

Статья 47. Форма решений Конституционного суда Республики Таджикистан

Актами Конституционного суда Республики Таджикистан являются постановление, заключение, определение. (Закон от 12.05.01г., №23)

Конституционный суд по существу рассмотренного дела выносит постановления. Постановление выносится именем Республики Таджикистан. Постановление Конституционного суда подписывается председательствующим и секретарем Конституционного суда.

Конституционный суд в случаях, предусмотренных Конституцией Республики Таджикистан и настоящим конституционным Законом, принимает заключения. Заключение Конституционного суда принимается и провозглашается в порядке, определенном для принятия постановлений Конституционного суда.

Иные акты Конституционного суда принимаются в форме протокольного или отдельного определения.

При выявлении конкретного нарушения Конституции и законов Республики Таджикистан суд выносит определение компетентным органам и должностным лицам, допустившим его, обращая их внимание на выявленное нарушение и необходимость его устранения и сообщения о принятых мерах в Конституционный суд в установленный срок.

Статья 48. Принятие решения Конституционным судом Республики Таджикистан

Решение Конституционного суда Республики Таджикистан принимается открытым голосованием.

Судья не вправе воздерживаться, или не участвовать в голосовании. Председательствующий подает свой голос последним во всех случаях.

Решение Конституционного суда считается принятым, если за него проголосовало большинство от присутствующих на заседании судей. В случае, когда ни одно предложение не собрало большинство голосов, председательствующий ставит на повторное голосование два предложения, собравшие наибольшее количество голосов.

При равенстве голосов решение считается принятым в пользу конституционности оспариваемого акта.

Решение Конституционного суда выносится и провозглашается немедленно.

Статья 49. Особое мнение судьи Конституционного суда Республики Таджикистан

Судья Конституционного суда Республики Таджикистан, не согласный с решением Конституционного суда, вправе свое мнение изложить в письменном виде и приобщить его к протоколу заседания.
Изложение особого мнения судьи подлежит опубликованию в качестве приложения к решению Конституционного суда.

Статья 50. Содержание решения Конституционного суда Республики Таджикистан

В решении Конституционного суда, излагаемом в виде отдельного акта, в зависимости от характера рассматриваемого вопроса должны быть указаны:
1) наименование решения, дата и место его вынесения;
2) состав Конституционного суда, постановивший решение, секретарь заседания;
3) стороны и их представители;
4) предмет требований;
5) нормы Конституции Республики Таджикистан и настоящего конституционного Закона, устанавливающие право Конституционного суда рассматривать данный вопрос;
6) требования заявителя;
7) обстоятельства, установленные Конституционным судом;
8) точное наименование нормативного акта, конституционность которого проверялась, с указанием источника его опубликования или получения;
9) действие или решение должностного лица, конституционность которого проверялось, с указанием источника его опубликования или получения;
10) доводы в пользу решения, к которому пришел Конституционный суд, а при необходимости, также доводы, опровергающие утверждения сторон;
11) норма Конституции Республики Таджикистан, который руководствовался Конституционный суд при принятии решений;
12) краткая формулировка решений;
13) порядок вступления решения в силу, а также порядок и сроки его исполнения;
14) указание на окончательность решения.

Статья 51. Дополнительное решение

Конституционный суд принимает дополнительное решение по собственной инициативе, по ходатайству участников заседания либо по ходатайству лиц, обязанных к исполнению решения, если:
1) ставится вопрос об истолковании решения Конституционного суда;
2) необходимо исправить допущенные в решении Конституционного суда неточности

в наименованиях и обозначениях, списки, счетные и другие явные ошибки редакционного характера.

Дополнительное решение не должно противоречить действительному содержанию, смыслу и назначению решения Конституционного суда.

ГЛАВА XI. ИНЫЕ ВОПРОСЫ ОРГАНИЗАЦИИ ДЕЯТЕЛЬНОСТИ КОНСТИТУЦИОННОГО СУДА РЕСПУБЛИКИ ТАДЖИКИСТАН

Статья 52. Право Конституционного суда Республики Таджикистан налагать штрафы и применять другие меры процессуальной защиты

С целью защиты достоинства судей Конституционного суда, участников процесса и обеспечения нормального хода конституционного судопроизводства Конституционным судом допускается удаление с заседания и наложение штрафа в размере от пяти до десяти показателя для расчётов на должностных лиц и от двух до пяти показателя для расчётов на граждан за каждый случай нарушения, выразившийся в форме: (Закон №415 от 6.10.08г.)

1) вмешательства в процессуальную деятельность судей, оказания на них воздействия;

2) неисполнения или несвоевременного исполнения требований и решений Конституционного суда или судей в процессе подготовки и рассмотрения дела;

3) неявки или неуведомления о причинах неявки в Конституционный суд;

4) нарушения порядка в заседании Конституционного суда, неподчинения судьям или обслуживающему персоналу Конституционного суда, пренебрежения к принятым в Конституционном суде правилам этикета и процедурам;

5) оскорбительного отношения к судьям Конституционного суда;

6) самовольного нарушения участниками заседания последовательности выступлений;

7) использования оскорбительных выражений.

Меры процессуальной защиты применяются немедленно по протокольному определению Конституционного суда, если указанные в данной статье нарушения были проявлены в процессе заседания.

Иные меры процессуальной защиты применяются в случаях и в порядке, предусмотренных законодательством Республики Таджикистан.

Штраф должен быть уплачен нарушителем не позднее пяти дней со дня уведомления его о наложении штрафа. В случае отказа от уплаты штрафа или неуплаты штрафа в пятидневный срок принудительное исполнение решения Конституционного суда Республики Таджикистан о наложении штрафа производится в соответствии с правилами производства по делам об административных правонарушениях на основании выписки из протокола заседания Конституционного суда или копии его решения.

Статья 53. Протоколирование заседания Конституционного суда Республики Таджикистан

Заседание Конституционного суда протоколируется непрерывно с момента открытия заседания до полного его окончания.

Протокол заседания должен содержать:

1) указание на место и дату заседания с обозначением времени его начала и окончания;

2) состав присутствующих судей;

3) состав отсутствующих судей и причины их отсутствия;

4) фамилию секретаря заседания;

5) фамилию, должность и иные данные каждого участника заседания;

6) наименование рассматриваемого дела;

7) сведения о действиях, происходящих в заседании, в том порядке, каком они имели место, и их результатах;

8) сведения о представлении либо ходатайстве, объяснения участников заседания, показания свидетелей, заключение специалистов, экспертов, заданные им вопросы и ответы на них;

9) сведения о свидетелях, специалистах, экспертах;

10) мнения судей, высказанные на совещаниях;

11) вопросы, поставленные, на голосование судей, и итоги голосования.

Исключено. (Закон №2 от 6.06.00г .)

Для обеспечения полноты протокола допускается применение стенографии и научно-технических средств.

О применении научно-технических средств указывается в протоколе заседания.

В дело приобщаются протокол и примененные научно-технические средства: фонограмма, видеопленка, кинопленка.

Протокол должен быть оформлен и отпечатан не позднее пяти дней по окончании заседания.

Протокол подписывается председательствующим и секретарем Конституционного суда.

Статья 54. Исполнение решения Конституционного суда Республики Таджикистан

Постановления и заключения Конституционного суда вступают в силу с момента принятия или с момента, установленного в них. Иные акты вступают в силу с момента их оглашения.

Постановления и заключения Конституционного суда Республики Таджикистан публикуются и освещаются в средствах массовой информации, по решению Конституционного суда иные его акты также могут быть опубликованы.

Постановления и заключения Конституционного суда направляются:

1) Маджлиси милли и Маджлиси намояндагон Маджлиси Оли Республики Таджикистан; (Закон №11 от 28.02.04г.)

2) Президенту Республики Таджикистан;

3) Правительству Республики Таджикистан;

4) Верховному суду и Высшему экономическому суду Республики Таджикистан;
5) Генеральному прокурору Республики Таджикистан;
6) Министерству юстиции Республики Таджикистан;
7) Совет юстиции Республики Таджикистан; (Закон №11 от 28.02.04г)
8) сторонам; (Закон №11 от 28.02.04г)
9) иным органам, должностным лицам, а также гражданам по распоряжению Председателя Конституционного суда Республики Таджикистан. (Закон №11 от 28.02.04г)

О мерах, принятых во исполнение решения, Конституционному суду сообщается в срок, установленный Конституционным судом Республики Таджикистан;

Порядок исполнения решений определяется Конституционным судом.

Статья 55. Последствия неисполнения решения Конституционного суда Республики Таджикистан

Неисполнение, ненадлежащее исполнение, либо воспрепятствование исполнению решения Конституционного суда Республики Таджикистан влечет ответственность, установленную законом.

Статья 56. Аппарат Конституционного суда Республики Таджикистан

Информационно-справочную, научно-консультативную и другую вспомогательную работу выполняет Аппарат Конституционного суда. Положение об Аппарате Конституционного суда, его структура и штаты утверждаются Председателем Конституционного суда Республики Таджикистан.

Статья 57. Научно-консультативный Совет при Конституционном суде Республики Таджикистан

При Конституционном суде Республики Таджикистан может создаваться научно-консультативный Совет из числа ученых и специалистов в области права. Персональный состав научно-консультативного Совета определяется и Положение о нем утверждается Конституционным судом Республики Таджикистан.

Статья 58.Возмещение расходов, связанных с деятельностью Конституционного суда Республики Таджикистан

Финансирование деятельности Конституционного суда обеспечивается из средств республиканского бюджета.

Смета расходов Конституционного суда Республики Таджикистан утверждается Президентом Республики Таджикистан по представлению председателя Конституционного суда Республики Таджикистан. (Закон РТ №618 от 22.05.1998, Закон от 12.05.01г., №23)

Статья 59. Социально-бытовое обеспечение судей Конституционного суда Республики Таджикистан

Заработная плата судьи Конституционного суда Республики Таджикистан состоит из должностного оклада, доплат за квалификационный класс и выслугу лет.(Закон №11 от 28.02.04г., Закон №159 от 3.03.06г.)
Должностной оклад, размеры и порядок начисления доплат за квалификационные классы (классный чин) и стаж службы судьям Конституционного суда и работникам Аппарата Конституционного суда определяет Президент Республики Таджикистан (Закон №159 от 3.03.06г.)
часть третья исключена. (Закон №159 от 3.03.06г.)
По вопросам бытового, медицинского, технического обеспечения Председатель Конституционного суда Республики Таджикистан, его заместитель и судьи Конституционного суда Республики Таджикистан приравниваются соответственно к Премьер-министру Республики Таджикистан, его первому заместителю и заместителю Премьер-министра Республики Таджикистан. (Закон РТ №618 от 22.05.1998г.)
Судья, совместно с проживающими с ним членами его семьи, не позднее трех месяцев после его избрания должен быть обеспечен благоустроенным жилым помещением в виде отдельной квартиры или дома в городе Душанбе.
Иные гарантии и меры социальной защиты судьи Конституционного суда Республики Таджикистан и членов его семьи определяются конституционном Законом Республики Таджикистан "О судах Республики Таджикистан". (Закон №618 от 22.05.1998г.)

Статья 60. Судебные расходы

Судебные расходы состоят из государственной пошлины и издержек, связанных с рассмотрением дела.
Судебные расходы взыскиваются по определению Конституционного суда.
Обращение в Конституционный суд Республики Таджикистан оплачивается государственной пошлиной:
представление и ходатайство - в размере пятнадцати показателя для расчётов; (Закон №415 от 6.10.08г.)
ходатайство гражданина - в размере пяти показателя для расчётов. (Закон №415 от 6.10.08г.)
Президент Республики Таджикистан, Маджлиси милли и Маджлиси намояндагон Маджлиси Оли Республики Таджикистан, члены Маджлиси милли и депутаты Маджлиси намояндагон, Верховный суд Республики Таджикистан, Высший экономический суд Республики Таджикистан и Генеральный прокурор Республики Таджикистан освобождаются от уплаты государственной пошлины. (Закон №2 от 6.06.00г .)
Государственная пошлина возвращается в случаях, если обращение не было принято к рассмотрению.
Издержки слагаются из средств, потраченных на производство экспертизы, расходов, понесенных свидетелями, специалистами, экспертами, переводчиками и иными

лицами, задействованными Конституционным судом, а также иных расходов, в связи с подготовкой и рассмотрением дела.
Издержки в связи с исполнением обязательных требований Конституционного суда Республики Таджикистан несут государственные органы, юридические лица и граждане, на которых было возложено исполнение соответствующих требований.
Иные издержки выплачиваются Конституционным судом Республики Таджикистан из средств республиканского бюджета по определению Конституционного суда.
Издержки взыскиваются одновременно с взысканием государственной пошлины.
Сторона, понесшая расходы в Конституционном суде, вправе требовать их возмещение с конкретных лиц в порядке гражданского судопроизводства.

Статья 61. Символы судебной власти Конституционного суда Республики Таджикистан

На здании Конституционного суда Республики Таджикистан устанавливается государственный флаг, а в зале заседаний и кабинетах судей устанавливается государственный герб и флаг Республики Таджикистан. (Закон №2 от 6.06.00 г.)
Судьи Конституционного суда заседают в специальной форме одежды, описание и образцы которой утверждаются Правительством Республики Таджикистан по согласованию с Конституционным судом Республики Таджикистан.
Судьям Конституционного суда выдаются удостоверения и нагрудные знаки, образцы которых устанавливаются Правительством Республики Таджикистан.

Статья 62. Печать Конституционного суда Республики Таджикистан

Конституционный суд Республики Таджикистан имеет печать с изображением Государственного герба Республики Таджикистан и своим наименованием.

Статья 63. Местопребывание Конституционного суда Республики Таджикистан

Постоянным местопребыванием Конституционного суда Республики Таджикистан является столица Республики Таджикистан - город Душанбе.
Заседания Конституционного суда проводятся, как правило, в месте его постоянного пребывания. Конституционный суд Республики Таджикистан может провести заседание и в другом месте, когда он сочтет это необходимым.

Президент Республики Таджикистан

Э.РАХМОНОВ

г. Душанбе, 3 ноября 1995 года.№ 84 АМОРТ №21,1995г.

Verfassungsgerichtsgesetz der Republik Usbekistan

Ўзбекистон Республикаси Олий Мажлисининг Ахборотномаси, 1995 й., 9-сон, 178-модда; 2003 й., 1-сон, 8-модда; 9-10-сон, 149-модда – in der aktuellen Fassung vom 30. August 2014[3]

ЎЗБЕКИСТОН РЕСПУБЛИКАСИНИНГ ЌОНУНИ

ЎЗБЕКИСТОН РЕСПУБЛИКАСИНИНГ КОНСТИТУЦИЯВИЙ СУДИ ТЎЃРИСИДА

I. УМУМИЙ ЌОИДАЛАР

1-модда. Ўзбекистон Республикасининг Конституциявий суди

Ўзбекистон Республикасининг Конституциявий суди ќонун чиќарувчи ва ижро этувчи њокимиятларнинг њужжатлари Конституцияга ќанчалик мослигига доир ишларни кўрадиган суд њокимияти органи њисобланади.

Конституциявий суд:

Ўзбекистон Республикаси ќонунларининг ва Ўзбекистон Республикаси Олий Мажлиси палаталари ќарорларининг, Ўзбекистон Республикаси Президенти фармонларининг, њукумат ва мањаллий давлат њокимияти органлари ќарорларининг, Ўзбекистон Республикаси давлатлараро шартномавий ва бошќа мажбуриятларининг Ўзбекистон Республикасининг Конституциясига мослигини аниќлайди;

(1-модданинг иккинчи ќисми иккинчи хатбошиси Ўзбекистон Республикасининг 2003 йил 30 августдаги 535-II-сон Ќонуни тањририда — Олий Мажлис Ахборотномаси, 2003 й., 9-10-сон, 149-модда)

Ќораќалпоѓистон Республикасининг Конституцияси Ўзбекистон Республикасининг Конституциясига, Ќораќалпоѓистон Республикасининг ќонунлари Ўзбекистон Республикасининг ќонунларига мувофиќлиги тўѓрисида хулоса беради;

Ўзбекистон Республикаси Конституцияси ва ќонунларининг нормаларига шарњ беради;

Ўзбекистон Республикасининг Конституцияси ва ќонунлари билан ўзининг ваколатлари доирасига киритилган бошќа ишларни кўриб чиќади.

[3] Von der Verfasserin auf einem Datenträger in Usbekistan erworben.

Конституциявий суд фаќат Ўзбекистон Республикаси Конституциясига амал ќилган љолда ишларни љал этади ва хулосалар беради.

2-модда. Конституциявий судни сайлаш

Конституциявий суд Ўзбекистон Республикаси Президентининг таќдимига биноан Олий Мажлиснинг Сенати томонидан суд Раиси, Раис ўринбосари ва Ќораќалпоѓистон Республикасидан сайланадиган судьяни ќўшган љолда Конституциявий суднинг беш аъзосидан иборат таркибда сайланади.

Конституциявий суднинг љар бир судьяси якка тартибда сайланади. Олий Мажлис Сенати аъзолари депутатлари умумий сонининг кўпчилик овозини олган шахс сайланган љисобланади.

Конституциявий суд таркибидан камида тўрт киши сайланган таќдирда суд ўз фаолиятини бошлашга љаќлидир.

Судья Конституциявий суд таркибидан чиќиб кетган таќдирда Олий Мажлиснинг Сенати ушбу моддада белгиланган тартибда бошќа шахсни сайлайди.

(2-модданинг матни Ўзбекистон Республикасининг 2003 йил 30 августдаги 535-II-сон Ќонуни таљририда — Олий Мажлис Ахборотномаси, 2003 й., 9-10-сон, 149-модда)

3-модда. Конституциявий суднинг ваколат муддати

Ўзбекистон Республикаси Конституциясининг 107-моддасига мувофиќ Конституциявий суд беш йил муддатга сайланади.

Конституциявий суд доимий ишлайдиган органдир.

Конституциявий суднинг мажлислари заруратга ќараб ўтказилади.

4-модда. Конституциявий суд фаолиятининг асосий принциплари

Ўзбекистон Республикаси Конституциясига содиќлик, мустаќиллик, коллегиаллик, ошкоралик ва судьялар љуќуќларининг тенглиги Конституциявий суд фаолиятининг асосий принципларидир.

5-модда. Конституциявий суднинг мустақиллиги

Конституциявий суд ҳамда унинг судьялари ўз фаолиятларида мустақилдирлар ва фақат Ўзбекистон Республикаси Конституциясига бўйсунадилар.

Конституциявий суднинг судьялари қарор қабул қилар эканлар, амалий мақсадга мувофиқлик мулоҳазалари, сиёсий мойиллигидан ва бошқа ташқи таъсирлардан ҳоли бўлган ўз ҳуқуқий нуқтаи назарларини ифодалайдилар.

Конституциявий суднинг фаолиятига аралашишга йўл қўйилмайди ва бундай аралашиш қонунга биноан жавобгарликка тортишга сабаб бўлади.

6-модда. Коллегиаллик

Конституциявий судда ишларни қараб чиқиш ва қарорлар қабул қилиш камида тўрт судьядан иборат таркибда коллегиал амалга оширилади.

7-модда. Ошкоралик

Конституциявий суднинг мажлислари, қоида тарзида, очиқ ўтказилади.

8-модда. Конституциявий суд судьялари ҳуқуқларининг тенглиги

Конституциявий суд томонидан масалаларни қараб чиқиш ва қараб чиқилаётган масалалар бўйича овоз беришда Раис, Раис ўринбосари ва Конституциявий суднинг аъзолари судьялар сифатида тенг ҳуқуқларга эгадирлар.

9-модда. Конституциявий суд қарорлари ва талабларининг мажбурийлиги

Конституциявий суднинг қарорлари барча давлат ҳокимияти ва бошқарув органлари, шунингдек корхоналар, муассасалар, ташкилотлар ҳамда жамоат бирлашмалари, мансабдор шахслар ва фуқаролар учун мажбурийдир.

Конституциявий суднинг норматив ва бошқа ҳужжатларни, уларнинг нусхаларини тақдим этиш тўғрисидаги, қараб чиқилаётган масалалар юзасидан тушунтириш ва маслаҳатлар бериш хусусидаги талаблари улар юборилган органлар, мансабдор шахслар ва фуқаролар учун мажбурийдир.

10-модда. Конституциявий суднинг ќонунчилик ташаббуси

Ўзбекистон Республикаси Конституциясининг 83-моддасига мувофиќ Конституциявий суд ќонунчилик ташаббуси љуќуќига эга. Бу љуќуќ Конституциявий суд томонидан ќонун лойиљасини Ўзбекистон Республикаси Олий Мажлисининг Ќонунчилик палатасига киритиш орќали амалга оширилади.

(10-модда Ўзбекистон Республикасининг 2003 йил 30 августдаги 535-II-сон Ќонуни таљририда — Олий Мажлис Ахборотномаси, 2003 й., 9-10-сон, 149-модда)

11-модда. Конституциявий суднинг фаолият тартиби

Конституциявий суднинг фаолият тартиби унинг Регламенти билан белгиланади.

II. КОНСТИТУЦИЯВИЙ СУД СУДЬЯЛАРИНИНГ МАЌОМИ

12-модда. Конституциявий суднинг судьялигига номзодга ќўйиладиган талаблар. Конституциявий суд судьяларининг малака даражалари

Сиёсат ва љуќуќ соњаси мутахассислари бўлган, юксак маънавий фазилатли ва зарур малакали Ўзбекистон Республикаси фуќароси Конституциявий суднинг судьяси этиб сайланиши мумкин.

Конституциявий суднинг судьяларига Ўзбекистон Республикаси Президенти томонидан Олий малака ёки Биринчи малака даражалари берилади.

(12-модда Ўзбекистон Республикасининг 2003 йил 30 августдаги 535-II-сон Ќонуни таљририда — Олий Мажлис Ахборотномаси, 2003 й., 9-10-сон, 149-модда)

13-модда. Конституциявий суд судьясининг ќасамёди

Биринчи бор Конституциявий суднинг судьяси этиб сайланган шахс ќуйидаги мазмунда ќасамёд ќилади:

«Конституциявий суднинг судьяси вазифаларини љалол ва виждонан бажаришга, конституциявий тузумни љимоя ќилишга, бунда фаќат Ўзбекистон Республикаси Конституциясига бўйсунишга тантанали ќасамёд ќиламан».

(13-модданинг биринчи ќисми биринчи хатбошиси Ўзбекистон Республикасининг 2003 йил 30 августдаги 535-II-сон Ќонуни таљририда — Олий Мажлис Ахборотномаси, 2003 й., 9-10-сон, 149-модда)

Конституциявий суднинг судьяларини Ўзбекистон Республикаси Президенти ќасамёд ќилдиради.

14-модда. Конституциявий суднинг судьяси вазифаси билан бир вақтда шуғулланиб бўлмайдиган фаолиятлар

Конституциявий суднинг судьяси вазифаларини бажарган вақтда депутатлик мандатига эга бўлиш, сиёсий партияларга ва ҳаракатларга аъзолик, ҳақ тўланадиган бошқа лавозимни эгаллаш мумкин эмас.

15-модда. Конституциявий суд судьясини алмаштириб бўлмаслиги

Конституциявий суднинг судьяси ўз ваколатлари даврида алмаштирилмайди. Судьянинг ваколатлари ушбу Қонунда белгиланган тартиб ҳамда асослардан ўзга тарзда тугатилиши ёки тўхтатилиши мумкин эмас.

16-модда. Конституциявий суд судьясининг дахлсизлиги

Конституциявий суднинг судьяси Ўзбекистон Республикаси Конституциявий судининг розилигисиз жиноий ва маъмурий жавобгарликка тортилиши, шунингдек ҳибсга олиниши мумкин эмас.

(16-модданинг биринчи қисми Ўзбекистон Республикасининг 2002 йил 13 декабрдаги 447–II-сон Қонуни таҳририда — Олий Мажлис Ахборотномаси, 2003 й., 1-сон, 8-модда)

Конституциявий суднинг судьясига нисбатан жиноий иш фақат Ўзбекистон Республикаси Бош прокурори томонидан қўзғатилиши мумкин.

Конституциявий суд судьясини мажбурий келтириш, ушлаб туриш, худди шунингдек шахсий ашёлари, юки, транспорти, турар жойи ёки хизмат биносини кўздан кечириш мумкин эмас.

17-модда. Конституциявий суд судьясининг ваколатларини тўхтатиш

Конституциявий суд судьясининг ваколатлари қуйидаги ҳолларда Конституциявий суд қарори билан тўхтатилиши мумкин:

у жиноий жавобгарликка тортилганида;

у судья лавозимига тўғри келмайдиган фаолият билан шуғулланганида;

суднинг қонуний кучга кирган қарори билан у бедарак йўқолган деб ҳисобланганида.

(17-модданинг биринчи қисми биринчи хатбошиси Ўзбекистон Республикасининг 2003 йил 30 августдаги 535-II-сон Қонуни таҳририда — Олий Мажлис Ахборотномаси, 2003 й., 9-10-сон, 149-модда)

Судьянинг ваколатларини тўхтатиш, судьяни эҳтиёт чораси сифатида қамоққа олиш ҳолларини истисно этганда, унга иш ҳақи тўлашнинг тўхтатилишига сабаб бўлмайди ва уни ушбу Қонунда белгиланган дахлсизлик кафолатларидан маҳрум этмайди.

18-модда. Конституциявий суд судьясининг ваколатларини муддатидан илгари тугатиш

Конституциявий суд судьясининг ваколатлари қуйидаги ҳолларда Олий Мажлиснинг Сенати қарори билан муддатидан илгари тугатилади:

у судьялик қасамёдини бузганда;

у истеъфога чиқиш тўғрисида илтимос қилганида;

унга нисбатан суднинг қонуний кучга кирган айблов ҳукми мавжуд бўлса;

судья огоҳлантирилганидан ёки унинг ваколатлари тўхтатилганидан кейин ҳам ўз вазифасига тўғри келмайдиган фаолиятни давом эттирганида;

тиббий комиссиянинг хулосасига кўра судья узоқ давом этадиган касалликка учраган бўлса;

у Ўзбекистон Республикаси фуқаролигини йўқотганида.

(18-модданинг биринчи хатбошиси Ўзбекистон Республикасининг 2003 йил 30 августдаги 535-II-сон Қонуни таҳририда — Олий Мажлис Ахборотномаси, 2003 й., 9-10-сон, 149-модда)

III. КОНСТИТУЦИЯВИЙ СУДДА ИШ ЮРИТИШНИНГ АСОСИЙ ҚОИДАЛАРИ

19-модда. Конституциявий судга масалаларни киритиш ҳуқуқи

Ўзбекистон Республикаси Олий Мажлиси палаталари, Ўзбекистон Республикаси Президенти, Олий Мажлис Қонунчилик палатасининг Спикери, Олий Мажлис Сенатининг Раиси, Қорақалпоғистон Республикаси Жўқорғи Кенгеси, Олий Мажлис Қонунчилик палатаси депутатлари умумий сонининг камида тўртдан бир қисмидан иборат депутатлар гуруҳи, Олий Мажлис Сенати аъзолари умумий сонининг камида тўртдан бир қисмидан иборат сенаторлар гуруҳи, Ўзбекистон Республикаси Олий судининг раиси, Олий хўжалик судининг раиси ва Бош прокурори Конституциявий судда кўриб чиқиш учун масалалар киритиш ҳуқуқига эга. Масала Конституциявий суднинг камида уч судьяси ташаббуси билан ҳам киритилиши мумкин.

(19-модда Ўзбекистон Республикасининг 2003 йил 30 августдаги 535-II-сон Қонуни таҳририда — Олий Мажлис Ахборотномаси, 2003 й., 9-10-сон, 149-модда)

20-модда. Конституциявий судда масалаларни кўриб чиќиш муддатлари

Агар олинган материаллар ќўйилаётган талабларга жавоб берса, Конституциявий суд улар олинган кундан эътиборан етти кунлик муддатдан кечиктирмай масалани ўрганиб чиќишга киришади.

Конституциявий судда тегишли материал олинган пайтдан бошлаб кечи билан уч ой ичида кўриб чиќилаётган масала юзасидан ќарор ќабул ќилинади.

21-модда. Конституциявий суд мажлисининг ќатнашчилари

Конституциявий суд мажлисида Ўзбекистон Республикаси Президенти, Олий Мажлис Ќонунчилик палатасининг Спикери, унинг ўринбосарлари, Олий Мажлис Сенатининг Раиси, унинг ўринбосарлари, Бош вазир, Ќораќалпоѓистон Республикаси Жўќорѓи Кенгеси Раиси, Ўзбекистон Республикаси Олий судининг Раиси, Ўзбекистон Республикаси Олий хўжалик судининг Раиси, Ўзбекистон Республикаси Бош прокурори ва Адлия вазири ќатнашишлари мумкин. Улар кўриб чиќилаётган барча масалалар юзасидан ўз фикрларини баён этишга љаќлидирлар.

(21-модданинг матни Ўзбекистон Республикасининг 2003 йил 30 августдаги 535-II-сон Ќонуни таљририда — Олий Мажлис Ахборотномаси, 2003 й., 9-10-сон, 149-модда)

22-модда. Судлов тили

Конституциявий судда иш юритиш Ўзбекистон Республикаси давлат тилида амалга оширилади.

Давлат тилини билмайдиган мажлис ќатнашчилари ўз она тилида сўзга чиќишлари ва тушунтиришлар беришлари љамда таржимон хизматидан фойдаланишлари мумкин.

23-модда. Конституциявий суднинг мажлисига чаќириш

Конституциявий суднинг мажлисига зарур маълумот ёки материалларга эга шахслар, экспертлар ва мутахассислар чаќирилиши мумкин.

24-модда. Экспертлар, мутахассислар ва таржимонларнинг харажатларини тўлаш

Конституциявий судда ишларни кўриш муносабати билан жалб этилган экспертлар, мутахассислар ва таржимонларга ќонун љужжатларига мувофиќ харажатлар ва љаќ тўланади.

25-модда. Конституциявий суднинг тўхтамга келиши

Конституциявий суд конституциявийлиги шубҳа туғдирган кўриб чиқилаётган аниқ масалалар юзасидангина тўхтамга келади.

Конституциявий суд норматив ҳужжатнинг конституциявийлигини текшириб, бир вақтнинг ўзида текширилган норматив ҳужжатга асосланган ёхуд унинг қоидаларини такрорлайдиган норматив ҳужжатлар хусусида ҳам, гарчи Конституциявий суд қараб чиқиши учун киритилган масалада улар хусусида сўз юритилмаган бўлса-да, тўхтамга келиши мумкин.

Конституциявий суднинг тўхтами очиқ овоз бериш йўли билан қабул қилинади.

Судья овоз беришда бетараф қолишга ёки қатнашмасликка ҳақли эмас.

Мажлисда қатнашаётган судьяларнинг кўпчилиги ёқлаб овоз берган бўлса, Конституциявий суднинг тўхтами қабул қилинган деб ҳисобланади. Овозлар тенг бўлиниб қолган тақдирда раислик қилувчининг овози ҳал қилувчи ҳисобланади.

Конституциявий суднинг тўхтамига қўшилмаган Конституциявий суднинг судьяси ўз фикрини ёзма тарзда баён қилиш ва уни Конституциявий суд мажлиси баёнига қўшиб қўйишга ҳақлидир.

26-модда. Конституциявий суд тўхтамлари

Давлатлараро шартноманинг ва норматив ҳужжатнинг конституциявийлиги юзасидан кўриб чиқилган ишнинг моҳияти бўйича Конституциявий суднинг тўхтами қарор деб аталади. Қарорлар Конституциявий суд томонидан Ўзбекистон Республикаси номидан чиқарилади.

Бошқа ҳолларда Конституциявий суднинг тўхтами хулоса деб аталади ёки бошқача шаклда ҳам бўлиши мумкин.

27-модда. Конституциявий суд тўхтамларини матбуотда эълон қилиш ва унинг кучга кириши

Ўзбекистон Республикаси Конституциявий судининг қарорлари, хулосалари ва бошқа тўхтамлари оммавий ахборот воситаларида эълон қилинади.

Конституциявий суднинг тўхтами у матбуотда эълон қилинган пайтидан кучга киради.

Конституциявий суднинг тўхтами қатъий ва унинг устидан шикоятга ўрин бўлмайди.

28-модда. Конституциявий суднинг тўхтамларини ќайтадан кўриб чиќиш

Конституциявий суднинг тўхтами унинг ўз ташаббуси билан ќуйидаги њолларда ќайтадан кўриб чиќилиши мумкин:

тўхтам ќабул ќилинган пайтда Конституциявий судга номаълум бўлган янги муњим њолатлар очилса;

тўхтам ќабул ќилинишига асос бўлган конституциявий норма ўзгарган бўлса;

Конституциявий суд тўхтам белгиланган иш юритиш тартибини бузган њолда ќабул ќилинган деб топса.

IV. КОНСТИТУЦИЯВИЙ СУДНИНГ ФАОЛИЯТИНИ ТАШКИЛ ЭТИШГА ВА УНИНГ ФАОЛИЯТИГА ДОИР БОШЌА МАСАЛАЛАР

29-модда. Конституциявий суд девони

Конституциявий суднинг фаолият кўрсатишини таъминлаш учун Конституциявий суд девони тузилади. Девон тузилиши ва штатлари ажратилган маблаѓ доирасида Конституциявий суднинг Раиси томонидан тасдиќланади.

30-модда. Конституциявий суднинг ишини молиявий таъминлаш

Конституциявий суднинг ишини молиявий таъминлаш республика бюджети маблаѓлари њисобидан амалга оширилади.

31-модда. Конституциявий суд судьяларининг моддий ва ижтимоий таъминоти

Конституциявий суд судьяларининг мењнатига њаќ тўлаш, уларга њар йилги мењнат таътили бериш, судьяларни ва уларнинг оила аъзоларини ижтимоий муњофаза ќилиш чора-тадбирлари, судьяларнинг њаёти ва соѓлиѓини давлат томонидан мажбурий тартибда суѓурта ќилиш билан боѓлиќ моддий ва ижтимоий таъминоти «Судлар тўѓрисида»ги Ўзбекистон Республикаси Ќонунига мувофиќ белгиланади.

Конституциявий суд судьясининг иш њаќи лавозим маошидан, малака даражаси, кўп йиллик хизмати учун тўланадиган устама њаќлардан иборат бўлади.

(31-модда Ўзбекистон Республикасининг 2003 йил 30 августдаги 535-II-сон Ќонуни тањририда — Олий Мажлис Ахборотномаси, 2003 й., 9-10-сон, 149-модда)

32-модда. Конституциявий суднинг суд ҳокимияти рамзлари

Конституциявий суднинг мажлислар залида Ўзбекистон Республикаси Давлат гербининг тасвири, Ўзбекистон Республикаси Давлат байроғи, Ўзбекистон Республикаси Конституциясининг нашри бўлади.

Конституциявий суд судьялари судлов ишини махсус кийимда олиб борадилар.

Конституциявий суд судьясига Ўзбекистон Республикаси Президенти тасдиқлайдиган намунадаги гувоҳнома берилади.

33-модда. Конституциявий суднинг муҳри

Конституциявий суд Ўзбекистон Республикаси Давлат герби тасвири туширилган ва ўз номи ёзилган муҳрга эга бўлади.

Ўзбекистон Республикасининг Президенти И. КАРИМОВ

Тошкент ш.,

1995 йил 30 август, 103-I-сон

Verfassungsgerichtsgesetz der Republik Usbekistan

Ведомости Олий Мажлиса Республики Узбекистан, 1995 г., № 9, ст. 178; 2003 г., № 1, ст. 8; № 9-10, ст. 149 – in der aktuellen Fassung vom 30. August 2014[4]

ЗАКОН РЕСПУБЛИКИ УЗБЕКИСТАН

О КОНСТИТУЦИОННОМ СУДЕ РЕСПУБЛИКИ УЗБЕКИСТАН

I. ОБЩИЕ ПОЛОЖЕНИЯ

Статья 1. Конституционный суд Республики Узбекистан

Конституционный суд Республики Узбекистан является органом судебной власти по рассмотрению дел о конституционности актов законодательной и исполнительной власти.

Конституционный суд:

определяет соответствие Конституции Республики Узбекистан законов Республики Узбекистан и постановлений палат Олий Мажлиса Республики Узбекистан, указов Президента Республики Узбекистан, постановлений правительства и местных органов государственной власти, межгосударственных договорных и иных обязательств Республики Узбекистан;

(абзац второй части первой статьи 1 в редакции Закона Республики Узбекистан от 30 августа 2003 года № 535-II — Ведомости Олий Мажлиса, 2003 г., № 9-10, ст. 149)

дает заключение о соответствии Конституции Республики Каракалпакстан Конституции Республики Узбекистан, законов Республики Каракалпакстан — законам Республики Узбекистан;

дает толкование норм Конституции и законов Республики Узбекистан;

рассматривает другие дела, отнесенные к его компетенции Конституцией и законами Республики Узбекистан.

Конституционный суд разрешает дела и дает заключения, руководствуясь исключительно Конституцией Республики Узбекистан.

---

[4] Von der Verfasserin auf einem Datenträger in Usbekistan erworben.

Статья 2. Избрание Конституционного суда

Конституционный суд избирается по представлению Президента Республики Узбекистан Сенатом Олий Мажлиса в составе Председателя, заместителя Председателя и пяти членов Конституционного суда, включая судью из Республики Каракалпакстан.

Каждый судья Конституционного суда избирается в индивидуальном порядке. Избранным считается лицо, получившее большинство голосов от общего числа членов Сената Олий Мажлиса.

Конституционный суд вправе приступить к своей деятельности при условии избрания не менее четырех человек из состава суда.

В случае выбытия судьи из состава Конституционного суда Сенат Олий Мажлиса избирает другое лицо в порядке, установленном настоящей статьей.

(текст статьи 2 в редакции Закона Республики Узбекистан от 30 августа 2003 года № 535-II — Ведомости Олий Мажлиса, 2003 г., № 9-10, ст. 149)

Статья 3. Срок полномочий Конституционного суда

В соответствии со статьей 107 Конституции Республики Узбекистан Конституционный суд избирается сроком на пять лет.

Конституционный суд является постоянно действующим органом.

Заседания Конституционного суда проводятся по мере необходимости.

Статья 4. Основные принципы деятельности Конституционного суда

Основными принципами деятельности Конституционного суда являются приверженность Конституции Республики Узбекистан, независимость, коллегиальность, гласность и равенство прав судей.

Статья 5. Независимость Конституционного суда

Конституционный суд и его судьи в своей деятельности независимы и подчиняются только Конституции Республики Узбекистан.

Судьи Конституционного суда, принимая решения, выражают свою правовую позицию, свободную от соображений практической целесообразности, политических склонностей и других посторонних воздействий.

Вмешательство в деятельность Конституционного суда не допускается и влечет за собой ответственность в соответствии с законом.

Статья 6. Коллегиальность

Рассмотрение дел и принятие решений производится в Конституционном суде коллегиально в составе не менее четырех судей.

Статья 7. Гласность

Заседания Конституционного суда, как правило, проводятся открыто.

Статья 8. Равенство прав судей Конституционного суда

При рассмотрении вопросов Конституционным судом и при голосовании по рассматриваемым вопросам Председатель, заместитель Председателя и члены Конституционного суда, как судьи, имеют равные права.

Статья 9. Обязательность решений и требований Конституционного суда

Решения Конституционного суда обязательны для всех органов государственной власти и управления, а также предприятий, учреждений, организаций и общественных объединений, должностных лиц и граждан.

Требования Конституционного суда о представлении нормативных актов, документов и их копий, о даче разъяснений и консультаций по рассматриваемым им вопросам обязательны для всех органов, должностных лиц и граждан, которым они адресованы.

Статья 10. Законодательная инициатива Конституционного суда

В соответствии со статьей 83 Конституции Республики Узбекистан Конституционный суд обладает правом законодательной инициативы. Это право реализуется Конституционным судом посредством внесения законопроекта в Законодательную палату Олий Мажлиса Республики Узбекистан.

(статья 10 в редакции Закона Республики Узбекистан от 30 августа 2003 года № 535-II — Ведомости Олий Мажлиса, 2003 г., № 9-10, ст. 149)

Статья 11. Порядок деятельности Конституционного суда

Порядок деятельности Конституционного суда определяется его Регламентом.

II. СТАТУС СУДЕЙ КОНСТИТУЦИОННОГО СУДА

Статья 12. Требования к кандидату на должность судьи Конституционного суда. Квалификационные классы судей Конституционного суда

Судьей Конституционного суда может быть избран гражданин Республики Узбекистан из числа специалистов в области политики и права, обладающий высокими моральными качествами и необходимой квалификацией.

Судьям Конституционного суда Президентом Республики Узбекистан присваиваются высший или первый квалификационный класс.

(статья 12 в редакции Закона Республики Узбекистан от 30 августа 2003 года № 535-II — Ведомости Олий Мажлиса, 2003 г., № 9-10, ст. 149)

Статья 13. Присяга судьи Конституционного суда

Лицо, впервые избранное судьей Конституционного суда, принимает присягу следующего содержания:

«Торжественно клянусь честно и добросовестно исполнять обязанности судьи Конституционного суда, защищать конституционный строй, подчиняясь при этом только Конституции Республики Узбекистан».

(абзац первый части первой статьи 13 в редакции Закона Республики Узбекистан от 30 августа 2003 года № 535-II — Ведомости Олий Мажлиса, 2003 г., № 9-10, ст. 149)

Судей Конституционного суда к присяге приводит Президент Республики Узбекистан.

Статья 14. Деятельность, несовместимая с должностью судьи Конституционного суда

Исполнение обязанностей судьи Конституционного суда несовместимо с депутатским мандатом, членством в политических партиях и движениях, занятием какой-либо другой оплачиваемой должности.

Статья 15. Несменяемость судьи Конституционного суда

Судья Конституционного суда в период своих полномочий несменяем. Полномочия судьи не могут быть прекращены или приостановлены иначе, как в порядке и на основании, установленных настоящим Законом.

Статья 16. Неприкосновенность судьи Конституционного суда

Судья Конституционного суда не может быть привлечен к уголовной и административной ответственности, а также заключен под стражу без согласия Конституционного суда Республики Узбекистан.

(часть первая статьи 16 в редакции Закона Республики Узбекистан от 13 декабря 2002 года № 447-II — Ведомости Олий Мажлиса, 2003 г., № 1, ст. 8)

Уголовное дело в отношении судьи Конституционного суда может быть возбуждено только Генеральным прокурором Республики Узбекистан.

Не допускается привод, задержание, а равно досмотр личных вещей, багажа, транспорта, жилого или служебного помещения судьи Конституционного суда.

Статья 17. Приостановление полномочий судьи Конституционного суда

Полномочия судьи Конституционного суда могут приостанавливаться решением Конституционного суда в случаях:

привлечения его к уголовной ответственности;

занятия им деятельностью, несовместимой с должностью судьи;

признания его безвестно отсутствующим решением суда, вступившим в законную силу.

Приостановление полномочий судьи, за исключением случаев, когда судье в качестве меры пресечения было избрано заключение под стражу, не влечет за собой приостановления выплаты ему заработной платы и не лишает его гарантий неприкосновенности, установленных настоящим Законом.

Статья 18. Досрочное прекращение полномочий судьи Конституционного суда

Полномочия судьи Конституционного суда прекращаются досрочно решением Сената Олий Мажлиса ввиду:

нарушения им присяги судьи;

его просьбы об отставке;

состоявшегося о нем обвинительного приговора суда, вступившего в законную силу;

продолжения судьей деятельности, несовместимой с его должностью, после сделанного ему предупреждения или приостановления его полномочий;

его продолжительной болезни по заключению медицинской комиссии;

утраты им гражданства Республики Узбекистан.

(абзац первый статьи 18 в редакции Закона Республики Узбекистан от 30 августа 2003 года № 535-II — Ведомости Олий Мажлиса, 2003 г., № 9-10, ст. 149)

III. ОСНОВНЫЕ НАЧАЛА ПРОИЗВОДСТВА В КОНСТИТУЦИОННОМ СУДЕ

Статья 19. Право внесения вопросов в Конституционный суд

Правом внесения на рассмотрение Конституционного суда вопросов обладают палаты Олий Мажлиса Республики Узбекистан, Президент Республики Узбекистан, Спикер Законодательной палаты Олий Мажлиса, Председатель Сената Олий Мажлиса, Жокаргы Кенес Республики Каракалпакстан, группа депутатов — не менее одной четвертой части от общего числа депутатов Законодательной палаты Олий Мажлиса, группа сенаторов — не менее одной четвертой части от общего числа членов Сената Олий Мажлиса, председатель Верховного суда, председатель Высшего хозяйственного суда и Генеральный прокурор Республики Узбекистан. Вопрос может быть внесен и по инициативе не менее трех судей Конституционного суда.

(статья 19 в редакции Закона Республики Узбекистан от 30 августа 2003 года № 535-II — Ведомости Олий Мажлиса, 2003 г., № 9-10, ст. 149)

Статья 20. Сроки рассмотрения вопросов в Конституционном суде

Конституционный суд приступает к изучению вопроса не позднее, чем в семидневный срок с момента получения материалов, если они отвечают предъявляемым требованиям.

Решение по рассматриваемому вопросу принимается в Конституционном суде не позднее трех месяцев с момента получения соответствующего материала.

Статья 21. Участники заседания Конституционного суда

В заседании Конституционного суда могут участвовать Президент Республики Узбекистан, Спикер Законодательной палаты Олий Мажлиса, его заместители, Председатель Сената Олий Мажлиса, его заместители, Премьер-министр, Председатель Жокаргы Кенеса Республики Каракалпакстан, Председатель Верховного суда Республики Узбекистан, Председатель Высшего хозяйственного суда Республики Узбекистан, Генеральный прокурор и Министр юстиции Республики Узбекистан. Они вправе излагать свою позицию по всем рассматриваемым вопросам.

(текст статьи 21 в редакции Закона Республики Узбекистан от 30 августа 2003 года № 535-II — Ведомости Олий Мажлиса, 2003 г., № 9-10, ст. 149)

Статья 22. Язык судопроизводства

Производство в Конституционном суде ведется на государственном языке Республики Узбекистан.

Участники заседания, не владеющие государственным языком, могут выступать и давать объяснения на родном языке и пользоваться услугами переводчика.

Статья 23. Вызовы на заседание Конституционного суда

На заседание Конституционного суда могут быть вызваны лица, располагающие необходимыми сведениями или материалами, эксперты и специалисты.

Статья 24. Возмещение расходов экспертов, специалистов и переводчиков

Экспертам, специалистам и переводчикам, привлеченным в связи с рассмотрением дел в Конституционном суде, возмещаются расходы и выплачивается вознаграждение в соответствии с законодательством.

Статья 25. Принятие решения Конституционным судом

Конституционный суд принимает решения только по конкретным рассматриваемым вопросам, конституционность которых подвергается сомнению.

Конституционный суд может, проверив конституционность нормативного акта, одновременно вынести решение также и в отношении нормативных актов, основанных на проверенном нормативном акте либо воспроизводящих его положения, хотя о них и не упоминалось во вносимом на рассмотрение Конституционного суда вопросе.

Решение Конституционного суда принимается открытым голосованием.

Судья не вправе воздерживаться или не участвовать в голосовании.

Решение Конституционного суда считается принятым, если за него проголосовало большинство от присутствующих на заседании судей. В случае, когда голоса разделились поровну, голос председательствующего является определяющим.

Судья Конституционного суда, не согласный с решением Конституционного суда, вправе изложить свое мнение в письменном виде и приобщить его к протоколу заседания Конституционного суда.

Статья 26. Решения Конституционного суда

Решение Конституционного суда по существу рассмотренного дела о конституционности межгосударственного договора и нормативного акта именуется постановлением. Постановления выносятся Конституционным судом именем Республики Узбекистан.

В других случаях решение Конституционного суда именуется заключением или может иметь иную форму.

Статья 27. Опубликование решений Конституционного суда и вступление их в силу

Постановления, заключения и иные решения Конституционного суда Республики Узбекистан публикуются в средствах массовой информации.

Решение Конституционного суда вступает в силу с момента его опубликования.

Решение Конституционного суда окончательно и обжалованию не подлежит.

Статья 28. Пересмотр решения Конституционного суда

Решение Конституционного суда может быть пересмотрено им по собственной инициативе, если:

открылись новые существенные обстоятельства, не известные Конституционному суду в момент принятия решения;

изменилась конституционная норма, на основании которой было принято решение;

Конституционный суд признает, что оно было принято с нарушением установленного порядка производства.

IY. ИНЫЕ ВОПРОСЫ ОРГАНИЗАЦИИ И ДЕЯТЕЛЬНОСТИ КОНСТИТУЦИОННОГО СУДА

Статья 29 Аппарат Конституционного суда

Для обеспечения деятельности Конституционного суда создается аппарат Конституционного суда. Структура и штаты аппарата утверждаются Председателем Конституционного суда, в пределах выделенных ассигнований.

Статья 30. Финансирование работы Конституционного суда

Финансирование работы Конституционного суда производится за счет средств республиканского бюджета.

Статья 31. Материальное и социальное обеспечение судей Конституционного суда

Материальное и социальное обеспечение судей Конституционного суда, связанное с оплатой их труда, предоставлением ежегодного отпуска, мерами социальной защиты судей и членов их семей, обязательным государственным страхованием жизни и здоровья судей, устанавливается в соответствии с Законом Республики Узбекистан «О судах».

Заработная плата судьи Конституционного суда состоит из должностного оклада, доплат за квалификационный класс, выслугу лет.

(статья 31 в редакции Закона Республики Узбекистан от 30 августа 2003 года № 535-II — Ведомости Олий Мажлиса, 2003 г., № 9-10, ст. 149)

Статья 32. Символы судебной власти Конституционного суда

В зале заседания Конституционного суда находятся изображение Государственного герба Республики Узбекистан, Государственный флаг Республики Узбекистан, издание Конституции Республики Узбекистан.

Судьи Конституционного суда заседают в специальной форменной одежде.

Судье Конституционного суда выдается удостоверение, образец которого утверждается Президентом Республики Узбекистан.

Статья 33. Печать Конституционного суда

Конституционный суд имеет печать с изображением Государственного герба Республики Узбекистан и своим наименованием.

Президент Республики Узбекистан И. КАРИМОВ

г. Ташкент,30 августа 1995 г., № 103-I

Verfassungsgerichtsgesetz der Mongolei

1992 оны 5 дугаар сарын 8-ны өдөр
Улаанбаатар хот

http://www.conscourt.gov.mn/index.php/mn/legislation/the-law-on-constitutional-court vom 13.10.2014

МОНГОЛ УЛСЫН ХУУЛЬ

МОНГОЛ УЛСЫН ҮНДСЭН ХУУЛИЙН ЦЭЦИЙН ТУХАЙ

НЭГДҮГЭЭР БҮЛЭГ

Монгол Улсын Үндсэн хуулийн цэцийн зохион байгуулалтын үндэс

1 дүгээр зүйл. Монгол Улсын Үндсэн хуулийн цэц

1. Монгол Улсын Үндсэн хуулийн цэц /цаашид "Цэц" гэнэ/ бол Үндсэн хуулийн биелэлтэд дээд хяналт тавих, түүний заалтыг зөрчсөн тухай дүгнэлт гаргах, маргааныг магадлан шийдвэрлэх бүрэн эрхтэй байгууллага, Үндсэн хуулийг чандлан сахиулах баталгаа мөн.
2. Цэцийн үйл ажиллагааны зарчим, арга хэлбэр, зохион байгуулалт, бүрэн эрхийг Монгол Улсын Үндсэн хууль, энэ хуулиар тодорхойлно.3. Үндсэн хууль зөрчсөн тухай маргааныг Үндсэн хуулийн цэцэд маргаан хянан шийдвэрлэх ажиллагааны тухай хуулийн дагуу хянан шийдвэрлэнэ./*Энэ хэсгийг 1997 оны 5 дугаар сарын 1-ний өдрийн хуулиар нэмсэн/.*

2 дугаар зүйл. Цэцийн үйл ажиллагааны үндсэн зарчим

1. Цэц нь хараат бус байх, Монгол Улсын Үндсэн хуульд захирагдах, гишүүд эрх тэгш байх, асуудлыг шударга шийдвэрлэх, үйл ажиллагаа нь ил тод байх үндсэн зарчмыг баримтална.
2. Аливаа байгууллага, албан тушаалтан, иргэн Цэц, түүний гишүүний үйл ажиллагаанд хөндлөнгөөс оролцох, нөлөөлөхийг хориглоно.

3 дугаар зүйл. Цэцийг байгуулах журам

1. Цэцийн есөн гишүүний гурвыг Улсын Их Хурал, гурвыг Ерөнхийлөгч, гурвыг Улсын Дээд шүүхийн санал болгосноор Улсын Их Хурал зургаан жилийн хугацаагаар

томилно.
2. Цэцийн гишүүнээр томилох хүний тухай Улсын Их Хуралд санал болгохдоо Улсын Их Хурлын дарга зохих байнгын хороодын санал дүгнэлтийг үндэслэн захирамж, Ерөнхийлөгч захирамж, Улсын Дээд шүүх гишүүдийнхээ олонхийн саналыг үндэслэн зохих шийдвэр гаргана.3. Санал болгосон хүнийг Улсын Их Хурал Цэцийн гишүүнээр томилохоос татгалзсан бол санал оруулсан байгууллага, албан тушаалтан долоо хоногийн дотор энэ зүйлийн 2 дахь хэсэгт заасан журмаар өөр хүний нэр дэвшүүлнэ.4. Цэцийн гишүүнийг нөхөн томилохдоо орон гарсан гишүүнийг урьд томилох санал болгосон эрх бүхий байгууллага, албан тушаалтан саналаа арван дөрвөн хоногийн дотор гаргах бөгөөд түүнийг Улсын Их Хурал гуч хоногийн дотор шийдвэрлэнэ.5. Цэцийн бүрэлдэхүүнд Ерөнхийлөгч, Улсын Их Хурлын гишүүн, Ерөнхий сайд, Засгийн газрын гишүүн, Улсын дээд шүүхийн шүүгч орж үл болно. Цэцийн гишүүн Засаг захиргаа, нам-улс төрийн болон худалдааны үйл ажиллагаа эрхэлж, үйлдвэрчний эвлэлийн удирдах ажил хийж болохгүй.6. Цэцийн гишүүн Улсын Их Хурлын гишүүнд буюу Монгол Улсын Ерөнхийлөгчид нэрээ дэвшүүлбэл тухайн сонгуулийн дүн гартал Цэцийн гишүүний бүрэн эрхийг түдгэлзүүлнэ.*/Энэ хэсгийг 1997 оны 5 дугаар сарын 1-ний өдрийн хуулиар нэмсэн/.* 7. Цэцийн гишүүн Цэцээр хянан шийдвэрлэх маргаантай асуудал болон Цэцийн хянаж байгаа маргааны талаар Цэцийн шийдвэр гараагүй байхад өөрийн санал, дүгнэлтийг хэвлэл, мэдээллийн хэрэгсэл болон олон нийтэд ямар нэгэн хэлбэрээр урьдчилан мэдээлэхийг хориглоно.*/Энэ хэсгийг 1997 оны 5 дугаар сарын 1-ний өдрийн хуулиар нэмсэн/.*

4 дүгээр зүйл. Цэцийн гишүүн

1. Цэцийн гишүүн хууль зүй, улс төрийн өндөр мэргэшилтэй, эрүүгийн ял шийтгэлгүй, Монгол Улсын дөчин нас хүрсэн иргэн байна.
2. Цэцийн бүрэлдэхүүнд шинээр буюу нөхөн томилогдсон гишүүний бүрэн эрх нь томилогдсон өдрөөс эхэлж, Үндсэн хуульд заасан бүрэн эрхийн хугацаа дуустал үргэлжилнэ.3. Үндсэн хуулийн цэцийн гишүүний бүрэн эрх нь Улсын Их Хурлаас дараагийн гишүүнийг томилсноор дуусгавар болно.*/Энэ хэсгийг 2005 оны 5 дугаар сарын 26-ны өдрийн хуулиар нэмсэн/*

5 дугаар зүйл. Цэцийн гишүүний бүрэн эрхийн баталгаа

1. Цэцийн гишүүнийг Цэцийн зөвшөөрөлгүйгээр /түүнийг гэмт хэрэг үйлдэж байхад нь буюу хэргийн газарт гэмт үйлдлийнх нь нотлох баримттайгаар баривчилснаас бусад тохиолдолд/ баривчлах, албадан саатуулах буюу цагдан хорих, эрүүгийн хариуцлагад татах, эсхүл шүүхийн журмаар түүнд захиргааны шийтгэл оногдуулах, орон байр, албан тасалгаа, биед нь үзлэг, нэгжлэг хийх, бичиг баримт, эд зүйлийг хураан авахыг хориглоно.
2. Цэцийн гишүүн гэмт хэрэгт холбогдсон бол түүний бүрэн эрхийг түдгэлзүүлэх эсэхийг энэ тухай эрх бүхий байгууллагын санал, шийдвэрийг хүлээж авснаас хойш 14 хоногийн дотор Цэц хэлэлцэж шийдвэрлэнэ.*/Энэ хэсгийг 1997 оны 5 дугаар сарын 1-ний өдрийн хуулиар өөрчлөн найруулсан/.* 3. Цэцийн гишүүн гэмт хэрэг үйлдсэнийг шүүх тогтоосон, эсхүл хууль зөрчсөн нь шүүхээр тогтоогдсон бол түүнийг Цэцийн гишүүнээс нь эгүүлэн татах тухай Цэцийн шийдвэр, анх илгээсэн байгууллагын саналыг үндэслэн Улсын Их Хурал эгүүлэн татаж болно.*/Энэ хэсгийг 1997 оны 5 дугаар сарын 1-ний өдрийн хуулиар өөрчлөн найруулсан/.* 4. Цэцийн гишүүнийг хувийн

хүсэлтээ гаргасан, эрүүл мэндийн улмаас болон энэ зүйлийн 3 дахь хэсэгт зааснаас бусад үндэслэлээр бүрэн эрхийн хугацаа дуусахаас нь өмнө уг албан тушаалаас чөлөөлөх, эгүүлэн татах, өөр ажилд шилжүүлэхийг хориглоно.5. Цэцийн гишүүний бүрэн эрхийн хугацаа дуусгавар болсон, энэ зүйлийн 3 дахь хэсэгт зааснаас бусад үндэслэлээр Цэцийн гишүүнээс чөлөөлөгдвөл гишүүнээр томилогдохын өмнөх ажилд нь эгүүлэн ажиллуулах буюу эсхүл түүнтэй тэнцэх цалин хангамж бүхий ажлаар хангана. Хэрэв тийм боломжгүй бол ажил эрхлэх хүртэлх 6 сарын хугацаанд Цэцийн гишүүн байсан үеийн авч байсан цалингийн хэмжээнээс буурахааргүйгээр тэтгэмж, хэрэв бага цалинтай ажил эрхэлж байгаа бол цалингийн зөрүүтэй тэнцэх хэмжээний тэтгэмж улсын төсвөөс мөн хугацаанд олгоно.*/Энэ хэсгийг 1997 оны 5 дугаар сарын 1-ний өдрийн хуулиар нэмсэн/.* 6. Үндсэн хуульд заасан бүрэн эрхийн хугацаагаар Цэцийн гишүүнээс чөлөөлөгдсөн хүнийг насны тэтгэвэрт гарах үед нь Цэцийн гишүүний цалингийн 60 хувиар бодож тэтгэвэр тогтооно. Тэтгэврийг нийгмийн даатгалын сангаас олгоно.*/Энэ хэсгийг 1997 оны 5 дугаар сарын 1-ний өдрийн хуулиар нэмсэн ба 1999 оны 1 дүгээр сарын 22-ны өдрийн хуулиар нэмэлт орсон/.*

6 дугаар зүйл. Цэцийн дарга, түүний эрх хэмжээ

1. Цэцийн даргаар сонгох хүний нэрийг Цэцийн гишүүд дотроосоо дэвшүүлэн хуралдаанаараа хэлэлцэж, саналыг нууцаар хурааж нийт гишүүний олонхийн санал авсан хүнийг сонгоно.
2. Цэцийн даргад гурав буюу түүнээс дээш нэр дэвшиж, анхны санал хураалтаар хэн нь ч нийт гишүүний олонхийн санал авч чадаагүй бол хамгийн олон санал авсан хоёр хүний талаар дахин санал хурааж нийт гишүүний олонхийн санал авсан хүнийг Цэцийн даргаар сонгоно.3. Цэцийн даргын бүрэн эрхийн хугацаа гурван жил байх бөгөөд түүнийг нэг удаа улируулан сонгож болно.4. Цэцийн дарга Цэцээс үйл ажиллагаагаа явуулах нөхцөлийг хангах, гишүүдийн төлөөлөлтийн байдлыг тэнцүүлэн Цэцийн хуралдааны бүрэлдэхүүнийг томилох, гишүүдийн ажил үүргийг хуваарилж, гүйцэтгэлийн хяналт тавих, зохион байгуулалтын асуудлаар Цэцийг төлөөлөн бусад байгууллага, албан тушаалтантай харилцана.*/Энэ хэсэгт 2003 оны 1 дүгээр саырн 2-ны өдрийн хуулиар өөрчлөлт орсон/*5. Цэцийн дарга эрх хэмжээнийхээ асуудлаар тогтоол, тушаал гаргана.6. Үндсэн хуулийн цэцийн орлогч даргаар Цэцийн бүрэлдэхүүнд хамгийн удаан ажилласан гишүүн, хэрэв энэ шаардлагыг хэд хэдэн гишүүн нэгэн адил хангасан байвал тэдгээрийн хамгийн ахмадыг Цэцийн дарга томилно.*/Энэ хэсгийг 2005 оны 5 дугаар сарын 26-ны өдрийн хуулиар өөрчлөн найруулсан/*

7 дугаар зүйл. Цэцийн үйл ажиллагааны нөхцөл

1. Цэц нь ажлын албатай байна. Түүний орон тоог Улсын Их Хурлаас баталсан төсөвт багтаан Цэцийн ажлын албаны дарга тогтооно.
*/Энэ хэсэгт 2003 оны 1 дүгээр саырн 2-ны өдрийн хуулиар өөрчлөлт орсон/*2. Цэц тогтоосон журмын дагуу үйлдсэн тамга, тэмдэг, албан бичгийн нүүртэй байна. Цэцийн тамгыг Цэцийн дарга барина.3. Цэцийн төсөв, цалингийн сан, гишүүдийн цалингийн хэмжээг Цэцийн даргын санал болгосноор Улсын Их Хурал тогтоож батална.4. Цэцийн гишүүн өмсгөлтэй байна. Цэцийн гишүүний өмсгөлийн загвар, хэрэглэх журмыг Улсын Их Хурал батална.*/Энэ хэсгийг 1997 оны 5 дугаар сарын 1-ний өдрийн хуулиар нэмсэн/.*

ХОЁРДУГААР БҮЛЭГ

Цэцийн чиг үүрэг, эрх хэмжээ

8 дугаар зүйл. Үндсэн хуулийн биелэлтэд тавих дээд хяналт

1. Цэц Үндсэн хуулийн биелэлтэд дээд хяналт тавих чиг үүргээ энэ зүйлд заасан маргааны талаар дүгнэлт гаргах, энэ зүйлийн 2 дахь хэсэгт заасан маргааныг магадлан шийдвэрлэх замаар хэрэгжүүлнэ.
2. Цэц Үндсэн хуулийг зөрчсөн тухай дараахь маргааныг хянан үзэж, дүгнэлт гарган Улсын Их Хуралд оруулах бөгөөд хэрэв дүгнэлтийг нь Улсын Их Хурал хүлээн зөвшөөрөөгүй бол Цэц ийнхүү хүлээн зөвшөөрөхгүй болсон үндэслэлүүдийг дахин хянан үзэж Үндсэн хуулийн жаран зургадугаар зүйлийн 3 дахь хэсэгт заасныг баримтлан эцсийн шийдвэр гаргана:1/ хууль, Улсын Их Хурлын бусад шийдвэр Үндсэн хуульд нийцэж байгаа эсэх;2/ зарлиг, Ерөнхийлөгчийн бусад шийдвэр Үндсэн хуульд нийцэж байгаа эсэх;3/ Засгийн газрын тогтоол, бусад шийдвэр Үндсэн хуульд нийцэж байгаа эсэх;4/ Монгол Улсын олон улсын гэрээ Үндсэн хуульд нийцэж байгаа эсэх;5/ ард нийтийн санал асуулгын талаар сонгуулийн төв байгууллагын гаргасан шийдвэр Үндсэн хуульд нийцэж байгаа эсэх;6/ Улсын Их Хурал, түүний гишүүний ба Ерөнхийлөгчийн сонгуулийн талаар сонгуулийн төв байгууллагын гаргасан шийдвэр Үндсэн хуульд нийцэж байгаа эсэх.3. Цэц Үндсэн хуулийг зөрчсөн тухай дараахь маргааныг хянан үзэж, дүгнэлт гарган Улсын Их Хуралд оруулна:1/ Ерөнхийлөгч Үндсэн хууль зөрчсөн эсэх;2/ Улсын Их Хурлын дарга, гишүүн Үндсэн хууль зөрчсөн эсэх;3/ Ерөнхий сайд, Засгийн газрын гишүүн Үндсэн хууль зөрчсөн эсэх;4/ Улсын Дээд шүүхийн Ерөнхий шүүгч, Улсын ерөнхий прокурор Үндсэн хууль зөрчсөн эсэх;5/ Ерөнхийлөгч, Улсын Их Хурлын дарга, Ерөнхий сайдыг огцруулах, Улсын Их Хурлын гишүүнийг эгүүлэн татах хуульд заасан үндэслэл байгаа эсэх.4. Хууль, зарлиг, Улсын Их Хурал, Ерөнхийлөгчийн бусад шийдвэр, Засгийн газрын шийдвэр, Монгол Улсын олон улсын гэрээ, сонгуулийн төв байгууллагын шийдвэр нь Үндсэн хуульд нийцээгүй гэж Цэц эцэслэн хянан шийдвэрлэж тогтоол гаргавал зохих хууль, зарлиг, батламж, шийдвэр бүхлээрээ буюу тэдгээрийн зөрчилтэй зүйл, хэсэг, заалт хүчингүй болно.*/Энэ хэсэгт 2005 оны 11 дүгээр сарын 11-ний өдрийн хуулиар өөрчлөлт орсон/*5. Цэцийн шийдвэр гармагцаа хүчин төгөлдөр болно.

9 дүгээр зүйл. Иргэдийн өргөдөл, мэдээллийг хянан шийдвэрлэх

1. Иргэд Үндсэн хуулийг зөрчсөн тухай асуудлаар Цэцэд өргөдөл, мэдээлэл ирүүлнэ. */Энэ хэсгийн "...энэ хуулийн 8 дугаар зүйлийн 3 дахь хэсэгт заасан албан тушаалтан" гэснийг Цэцийн 1995 оны 01 дүгээр тогтоолоор хүчингүй болсонд тооцсон. Мөн энэ хэсгийг 1997 оны 5 дугаар сарын 1-ний өдрийн хуулиар өөрчлөн найруулсан/*2. Иргэд өргөдөл, мэдээллээ бичгээр үйлдэж, түүнд өөрийн нэр, хаяг, Үндсэн хуулийн ямар заалтыг хэн, хэдийд, ямар байдлаар зөрчсөн тухай тодорхой заасан байвал зохино. Цэц нэр, хаяггүй өргөдөл, мэдээллийг хүлээж авахгүй.3. Цэцийн гишүүн иргэдийн өргөдөл, мэдээллийг арван дөрвөн хоногийн дотор хянаж, түүнд заасан асуудал нь Үндсэн хуулийг зөрчсөн тухай маргаан биш буюу Цэцэд харьяалагдахгүй байвал өргөдөл, мэдээлэл гаргагчид тодорхой үндэслэл бүхий хариу өгнө.4. Цэцийн гишүүн шаардлагатай гэж үзвэл өргөдөл, мэдээллийг шийдвэрлүүлэхээр холбогдох байгууллагад шилжүүлж өргөдөл, мэдээлэл гаргагчид энэ тухай мэдэгдэнэ.

10 дугаар зүйл. Цэцэд хүсэлт гаргах

1. Улсын Их Хурал, Ерөнхийлөгч, Ерөнхий сайд, Улсын дээд шүүх, Улсын ерөнхий прокурор Цэцэд Үндсэн хуулийг зөрчсөн тухай маргааныг хянан шийдвэрлүүлэх хүсэлтээ бичгээр гаргах бөгөөд түүнд дараахь зүйлийг тусгасан байвал зохино:
1/ хүсэлт гаргагчийн хаяг, албан тушаал;2/ Үндсэн хууль зөрчсөн буюу түүнд нийцээгүй шийдвэр гаргасан этгээдийн хаяг, албан тушаал;3/ холбогдох байгууллага, албан тушаалтны үйл ажиллагаа, гаргасан эрх зүйн акт, шийдвэр нь Үндсэн хуулийн ямар заалтыг зөрчсөн болох;4/ хүсэлтийн агуулга, маргаан шийдвэрлэхэд ач холбогдол бүхий нотлох баримт, бусад нөхцөл байдал.3. Улсын дээд шүүх хүсэлтээ хуралдаанд оролцсон нийт гишүүний олонхийн саналд үндэслэн гаргана.*/Энэ хэсгийг 1997 оны 5 дугаар сарын 1-ний өдрийн хуулиар өөрчлөн найруулж, дугаарыг "2" байсныг "3" болгож өөрчилсөн/*

ГУРАВДУГААР БҮЛЭГ

Бусад
/Энэ бүлгийн нэрийг 1997 оны 5 дугаар сарын 1-ний өдрийн хуулиар өөрчилсөн/.
11 дүгээр зүйл. /Энэ зүйлийг 1997 оны 5 дугаар сарын 1-ний өдрийн хуулиар хүчингүй болсонд тооцсон/.

12 дугаар зүйл. Маргаан хянан шийдвэрлэх ажиллагааны зарчим

Цэц маргаан хянан шийдвэрлэхдээ хуралдааныг хуульд тусгайлан зааснаас бусад тохиолдолд илээр, шууд, тасралтгүй явуулах, талуудыг эрх тэгш, чөлөөтэй мэтгэлцүүлэх, асуудлыг хамтран хэлэлцэж, олонхийн саналаар бодитой, энэ хуульд чанд нийцүүлэн шийдвэрлэх зарчмыг баримтална.

13-21 дүгээр зүйл /1997 оны 5 дугаар сарын 1-ний өдрийн хуулиар хүчингүй болсонд тооцсон/.

22 дугаар зүйл. Үндсэн хуульд нийцээгүй тухай шийдвэр гаргасны үр дагавар

1. Үндсэн хуульд нийцээгүй хууль, зарлиг, Улсын Их Хурал, Ерөнхийлөгчийн бусад шийдвэр, Засгийн газрын шийдвэр, Монгол Улсын олон улсын гэрээ, сонгуулийн төв байгууллагын шийдвэр, түүнчлэн өмнөх шийдвэрээ Цэц хүчингүй болгосон нь тэрхүү хууль, зарлиг, шийдвэр, гэрээний улмаас учирсан хор хохирол болон бусад үр дагаврын асуудлыг шийдвэрлэх шууд үндэслэл болохгүй. Гагцхүү эрүүгийн болон захиргааны шийтгэлийг хөнгөрүүлэх үндэслэл тогтоогдсон бол Цэцийн шийдвэрийг баримтлан хэргийг зохих хууль тогтоомжийн дагуу дахин хянаж болно.
2. Үндсэн хуульд нийцээгүй хууль, зарлиг, Улсын Их Хурал, Ерөнхийлөгчийн бусад шийдвэр, түүнчлэн Засгийн газрын шийдвэр, Монгол Улсын олон улсын гэрээ, сонгуулийн төв байгууллагын шийдвэрийн улмаас улс, иргэд, байгууллагад учирсан хор хохирол, бусад үр дагаврыг хэрхэн арилгахыг уг хууль, зарлиг, бусад шийдвэр гаргаж баталсан буюу гэрээ байгуулж соёрхон баталсан байгууллага, албан тушаалтан, эсхүл шүүх хууль тогтоомжийн дагуу тухайн үед нь хянан шийдвэрлэнэ.

23 дугаар зүйл. Цэцийн үйл ажиллагааг саатуулсан этгээдэд хүлээлгэх хариуцлага

1. Хуралдааны дэг журмыг зөрчиж урьдчилан сануулга авсан этгээд дахин зөрчил гаргавал хуралдаан даргалагчийн шийдвэрээр түүнийг танхимаас гаргаж болно.
2. Маргааныг шалгах, хуралдаанаар хэлэлцэх үед Цэцэд санаатайгаар худал мэдүүлэг өгсөн, буруу дүгнэлт, тодорхойлолт, баримт бичиг гаргасан этгээдэд эрүүгийн хариуцлага хүлээлгэхээргүй байвал шүүх иргэнийг 1000-25000, албан тушаалтныг 3000-30000, аж ахуйн нэгж, байгууллагыг 50000-75000 төгрөгөөр торгоно.*/Энэ хэсэгт 1995 оны 4 дүгээр сарын 17-ны өдрийн хуулиар өөрчлөлт орсон/*3. Цэцийн хууль ёсны үйл ажиллагааг саатуулах, дарамт үзүүлэх зорилгоор гүтгэсэн, доромжилсон этгээдэд эрүүгийн хариуцлага хүлээлгэхээргүй байвал шүүх түүнийг 5000-50000 төгрөгөөр торгоно.*/Энэ хэсэгт 1995 оны 4 дүгээр сарын 17-ны өдрийн хуулиар өөрчлөлт орсон/*

МОНГОЛ УЛСЫН БАГА ХУРЛЫН ДАРГА Р. ГОНЧИГДОРЖМОНГОЛ УЛСЫН БАГА ХУРЛЫН НАРИЙН БИЧГИЙН ДАРГА Б. ЧИМИД

Verfassungsgerichtsordnung der Mongolei

http://www.conscourt.gov.mn/index.php/mn/legislation/the-law-on-constitutional-procedure
vom 13.10.2014

ҮНДСЭН ХУУЛИЙН ЦЭЦЭД МАРГААН ХЯНАН ШИЙДВЭРЛЭХ АЖИЛЛАГААНЫ ТУХАЙ ХУУЛЬ

НЭГДҮГЭЭР БҮЛЭГ. Үндсэн хуулийн цэцэд маргаан хянан шийдвэрлэх ажиллагааны үндсэн журам

1 дүгээр зүйл. Үндсэн хуулийн цэцэд маргаан хянан шийдвэрлэх ажиллагааны зорилт

Үндсэн хуулийн цэцэд маргаан хянан шийдвэрлэх ажиллагааны зорилт нь Үндсэн хууль зөрчсөн тухай маргааныг бүх талаас нь бүрэн гүйцэд, бодитой хянан үзэж, магадлан шийдвэрлэж Үндсэн хуулийг чандлан сахиулах баталгааг хангахад оршино.

2 дугаар зүйл. Үндсэн хуулийн цэцэд маргаан хянан шийдвэрлэх ажиллагааны тухай хууль тогтоомж

Үндсэн хуулийн цэцэд /цаашид "Цэц" гэх/ маргаан хянан шийдвэрлэх ажиллагааны тухай хууль тогтоомж нь Үндсэн хууль, Үндсэн хуулийн цэцийн тухай хууль, энэ хууль болон тэдгээртэй нийцүүлэн гаргасан бусад хуулиас бүрдэнэ.

3 дугаар зүйл. Маргаан хянан шийдвэрлэх Цэцийн бүрэлдэхүүн

1. Цэцэд маргаан хянан шийдвэрлэх ажиллагааг хуулиар тогтоосон журмын дагуу томилогдсон Цэцийн гишүүд хэрэгжүүлнэ.

2. Цэцэд маргаан хянан шийдвэрлэх ажиллагааны бага суудал 3, дунд суудал 5, их суудал 7-9 гишүүний бүрэлдэхүүнтэй байна.

3. Цэцэд ирсэн өргөдөл, мэдээлэл, хүсэлтийг үндэслэн маргаан үүсгэх эсэх талаар Цэцийн гишүүний шийдвэрийн талаар гарсан гомдлыг 3 гишүүний бүрэлдэхүүнтэй; Цэцийн хуралдаанд оруулахаар маргаан үүсгэн шалгасан бүх асуудлыг анхлан шийдвэрлэх хуралдааныг 5 гишүүний бүрэлдэхүүнтэй; Цэцийн хуралдаанаас гаргасан дүгнэлтийг Улсын Их Хурал хүлээн зөвшөөрөөгүй, урьд шийдвэрлэсэн маргааны талаар шинэ учир байдал илэрсэн, Цэцийн нийт гишүүдийн олонхийн саналаар дахин хянаж эцэслэн шийдвэрлэх хуралдааныг бүрэн бүрэлдэхүүнтэй , хэрэв энэ тохиолдолд зарим гишүүн хүндэтгэн үзэх шалтгаанаар хуралдаанд оролцох боломжгүй бол Цэц маргааныг 7-гоос доошгүй гишүүний бүрэлдэхүүнтэй тус тус хийнэ.

4. Цэц энэ хуулийн 13 дугаар зүйлийн 2,3 дахь хэсэгт заасан албан тушаалтан Үндсэн хууль зөрчсөн эсэх, түүнийг огцруулах болон эгүүлэн татах үндэслэл байгаа эсэх асуудлыг их суудал буюу 7-9 гишүүний бүрэлдэхүүнтэй хянан шийдвэрлэнэ.

5. Хэлэлцэж байгаа асуудлыг Цэцийн хуралдаанд оролцсон гишүүдийн олонхийн саналаар шийдвэрлэнэ. Тухайн асуудлаар цөөнх болсон гишүүд үндэслэлээ тайлбарлаж дахин санал хураалгах эрхтэй бөгөөд хоёр дахь санал хураалтаар нөгөө тал цөөнх болж дахин санал хураалгах хүсэлт, тайлбар гарсан бол гурав дахь санал хураалт явуулж, эцэст нь хоёр удаа олонхийн санал авснаар асуудлыг шийдвэрлэнэ.

6. Цэцийн дүгнэлтийг дахин хянаж, асуудлыг хуралдаанд оролцсон гишүүдийн гуравны хоёр хувийн саналаар эцэслэн шийдвэрлэнэ. Хэрэв гишүүдийн гуравны хоёр хувийн санал авч чадаагүй бол уг хууль, тогтоол, зарлиг, бусад шийдвэр, Монгол Улсын олон улсын гэрээний заалт хүчинтэй хэвээр үлдэнэ.

7. Зөвлөлдөх тасалгаанд олонхитой санал нийлээгүй гишүүн саналаа тусгайлан бичгээр гаргаж, зөвлөлдөөний тэмдэглэлд хавсаргах эрхтэй.

4 дүгээр зүйл. Цэцэд маргааныг ил тод хянан шийдвэрлэх

1. Цэцэд маргаан хянан шийдвэрлэх ажиллагааг ил тод явуулна. Төрийн болон байгууллага, хувь хүний нууцыг хамгаалах, иргэдийн аюулгүй байдлыг хангах онцгой шаардлагатайгаас бусад тохиолдолд Цэцийн хуралдааныг нээлттэй хийнэ.

2. Цэцийн нээлттэй хуралдаанд оролцогчид хуралдааны танхимд тэмдэглэл, соронзон бичлэг, түүнчлэн радио, телевизийн шууд нэвтрүүлэг хийх, кино болон фото зураг авах, дүрс бичлэг хийхийг зөвшөөрнө.

5 дугаар зүйл. Цэцэд маргаан хянан шийдвэрлэх ажиллагааг үгчилж явуулах

6 дугаар зүйл. Цэцэд маргаан хянан шийдвэрлэх ажиллагааны хэл

1. Цэцэд маргаан хянан шийдвэрлэх ажиллагааг монгол хэлээр явуулна.

2. Маргагч талууд монгол хэл мэдэхгүй бол түүнд хэлмэрчээр дамжуулан төрөлх буюу аль сайн мэдэх хэлээрээ ярих, ойлгох боломцоог Цэц олгоно. Хуралдаанд оролцож байгаа гэрч, шинжээч, бусад мэргэжилтэн монгол хэл сайн мэдэхгүй бол мэдүүлэг, дүгнэлт, тайлбараа төрөлх буюу сайн мэдэх хэлээрээ гаргаж хэлмэрчлүүлэх эрхтэй.

3. Цэцийн хуралдааны тэмдэглэл болон бусад бүх бичиг баримтыг монгол хэлээр бичиж, гадаад хэл дээрх бичиг баримтуудыг монгол хэлээр орчуулсан байна.

7 дугаар зүйл. Цэцэд маргаан хянан шийдвэрлэх ажиллагааг биечлэн явуулах

1. Маргааныг хянан шийдвэрлэх хуралдааныг хуулиар тогтоосон журмын дагуу томилогдсон бүрэлдэхүүнээр эхнээс нь дуусах хүртэл биечлэн явуулна.

2. Маргаан хянан шийдвэрлэх Цэцийн бүрэлдэхүүнд томилогдсон гишүүнийг хэн ч хуульд заасан үндэслэл, журмаас гадуур маргаан хянан шийдвэрлэх ажиллагаанаас татан гаргах эрхгүй.

3. Маргааныг хянан шийдвэрлэх Цэцийн бүрэлдэхүүнд оролцсон гишүүн хүндэтгэн үзэх шалтгаанаар үргэлжлүүлэн ажиллах боломжгүй бол түүний оронд Цэцийн өөр гишүүнийг нөхөн томилж хуралдааны ажиллагааг эхнээс нь дахин шинээр явуулна.

8 дугаар зүйл. Цэцэд маргаан хянан шийдвэрлэх ажиллагааг тасралтгүй явуулах

1.Цэцийн хуралдаан болон зөвлөлдөөн хууль тогтоомжид заасан амралтын цагаас бусад хугацаанд тасралтгүй явагдана.

2. Цэцийн хуралдаан гэрч, мэргэжилтэн, шинжээч дуудах, томилох, шинээр нотлох баримт бүрдүүлэх, хуралдаанд үргэлжлүүлэн ажиллах боломжгүй болсон гишүүний оронд өөр гишүүнийг нөхөн томилох зэрэг шалтгаанаар завсарлаж болно.

3. Цэцийн хуралдаан завсарласан хугацаанд өөр төрлийн маргаан хянан шийдвэрлэх ажиллагаа явуулж болохгүй.

4. Тухайн хуралдаанаар маргааныг хянан шийдвэрлэх боломжгүй нөхцөл, байдал үүсвэл уг нөхцөл, байдлыг арилгах боломжтой хугацаагаар маргаан хянан шийдвэрлэх ажиллагааг хойшлуулна.

5. Цэцийн хуралдааныг Цэцийн гишүүн солигдсон шалтгаанаар хойшлуулсан бол хуралдааныг эхнээс нь шинээр явуулна. Хуралдааны бусад оролцогчид өөрчлөгдсөн нь Цэцийн хуралдааныг хойшлуулсан үе шатнаас үргэлжлүүлэн явуулахад саад болохгүй.

9 дүгээр зүйл. Мэтгэлцэх

1. Цэцийн хуралдаанд маргагч талууд, тэдгээрийн итгэмжилсэн төлөөлөгч, өмгөөлөгчид маргаж байгаа асуудлаар харилцан бие биедээ асуулт тавьж, хариулт авах, гомдлын шаардлага, татгалзлалын үндэслэл болсон нотлох баримтуудыг харилцан няцаах, энэ талаархи баримтуудыг зохих журмын дагуу гаргах, батлах зэргээр мэтгэлцэх эрхээ хэрэгжүүлнэ.

2. Цэц маргагч талуудад чөлөөтэй мэтгэлцэх бололцоо олгоно.

10 дугаар зүйл. Цэц нууц зөвлөлдөх

1. Цэцийн шийдвэр гаргах гишүүдийн зөвлөлдөөнийг тусгай тасалгаанд хийнэ.

2. Цэцийн зөвлөлдөөн хийж байгаа тасалгаанд хуралдааны бүрэлдэхүүнд орсон гишүүд, зөвлөлдөөний тэмдэглэл хөтлөх хуралдааны нарийн бичгийн даргаас өөр хүн орохыг хориглоно. Зөвлөлдөх тасалгаанд гишүүдийн гаргасан саналыг задруулахыг хориглоно.

11 дүгээр зүйл. Цэцийн шийдвэр хууль ёсны, үндэслэлтэй байх

1. Цэц шийдвэрээ Монгол Улсын Үндсэн хуулийн нэрийн өмнөөс гаргана.

2. Цэцийн шийдвэр нь Үндсэн хууль, Үндсэн хуулийн цэцийн тухай хууль болон энэ хуулийн холбогдох заалтын үг үсэг, утга санаанд бүрэн нийцсэн нөхцөлд хууль ёсны болно.

Цэц болон Цэцийн гишүүн Үндсэн хууль болон Үндсэн хуулийн цэцийн тухай хуулийн заалттай харшлаагүй бусад хуулийн заалтыг удирдлага болгож болно.

3. Маргааныг шийдвэрлэхэд ач холбогдол бүхий нөхцөл байдлуудыг хуралдааны үед бүх талаас нь бүрэн гүйцэд, бодитой хянан үзэж, гарах дүгнэлтийг нотлох баримтуудаар хангалттай баталсан нөхцөлд Цэцийн шийдвэр үндэслэлтэй болно.

4. Цэцийн эцсийн шийдвэр нь гармагц хүчин төгөлдөр болно.

12 дугаар зүйл. Цэцэд маргаан хянан шийдвэрлэх ажиллагаа хараат бус байх

1. Маргааныг хянан шийдвэрлэх ажиллагаа явуулж байгаа Цэцийн гишүүн аливаа байгууллага, албан тушаалтан, бусад иргэнээс хараат бус байж, гагцхүү Үндсэн хуульд захирагдан, дотоод итгэлээрээ асуудлыг шийдвэрлэнэ.

2. Цэцийн гишүүн албан үүргээ гүйцэтгэхдээ аль нэг этгээдийг төлөөлөхгүй.

3. Албан тушаалтан, иргэн хэн боловч Цэцийн гишүүнээс маргаан хянан шийдвэрлэх үүргээ хэрэгжүүлэхэд хөндлөнгөөс оролцох, шахалт дарамт үзүүлэх, бусад хэлбэрээр нөлөөлөхийг хориглоно.

4. Цэцийн гишүүн хянан шалгаж байгаа маргааны талаархи саналаа урьдчилан хэлэх, энэ талаар бусдад зөвлөгөө өгөх эрхгүй.

13 дугаар зүйл. Маргааны харьяалал

1. Цэц Үндсэн хуулийг зөрчсөн эсэх тухай дор дурдсан маргааныг хянаж дүгнэлт гаргах бөгөөд шаардлагатай бол дахин хянаж, эцэслэн шийдвэрлэнэ:

1/ хууль, Улсын Их Хурлын бусад шийдвэр;

2/ Монгол Улсын Ерөнхийлөгчийн зарлиг, бусад шийдвэр;

3/ Засгийн газрын шийдвэр;

4/ Монгол Улсын олон улсын гэрээ;

5/ ард нийтийн санал асуулга, Улсын Их Хурал, түүний гишүүний болон Ерөнхийлөгчийн сонгуулийн талаар сонгуулийн төв байгууллагын гаргасан шийдвэр.

2. Цэц дор дурдсан албан тушаалтан Үндсэн хууль зөрчсөн эсэх тухай асуудлаар гарсан маргааныг хянаж дүгнэлт гаргана:

1/ Монгол Улсын Ерөнхийлөгч;

2/ Улсын Их Хурлын дарга;

3/ Улсын Их Хурлын гишүүн;

4/ Ерөнхий сайд;

5/ Засгийн газрын гишүүн;

6/ Улсын Дээд шүүхийн Ерөнхий шүүгч;

7/ Улсын ерөнхий прокурор.

3. Цэц дор дурдсан албан тушаалтнуудыг огцруулах болон эгүүлэн татах үндэслэл байгаа эсэх талаар дүгнэлт гаргана:

1/ Монгол Улсын Ерөнхийлөгч;

2/ Улсын Их Хурлын дарга;

3/ Ерөнхий сайд;

4/ Улсын Их Хурлын гишүүн.

4. Цэцэд ирүүлсэн маргааны шаардлагын зарим нь Цэцэд, зарим нь өөр шүүх буюу бусад байгууллагад харьяалалтай байвал Цэц зөвхөн өөрийн харьяалалтай маргааны шаардлагыг шийдвэрлээд бусдын харьяалах маргааны шаардлагыг шийдвэрлэхээс татгалзана. Энэ нь тэр маргааныг харьяалах байгууллагаас хянан шийдвэрлэх ажиллагаанд саад болохгүй.

14 дүгээр зүйл. Хэргийн харьяалал тогтоох

Аль ч шүүх авч хэлэлцэхгүй байгаа эрх зүйн маргааны хэргийн харьяаллыг тогтоолгохоор иргэн, албан тушаалтан, төр, олон нийтийн байгууллага Үндсэн хуулийн цэцэд гомдол гаргавал хэргийн харьяаллыг тогтоож холбогдох шүүхэд шилжүүлнэ.

15 дугаар зүйл. Цэцэд маргаан хянан шийдвэрлэх ажиллагааны хүрээ

1. Цэц нь Үндсэн хуулийн биелэлтэд дээд хяналт тавьж түүнийг зөрчсөн эсэх тухай маргааныг хянан шийдвэрлэнэ.

2. Үндсэн хуулиас бусад хуулийг зөрчсөн эсэх тухай маргааныг Цэц харьялан шийдвэрлэхгүй

3. Цэц маргаан хянан шийдвэрлэх ажиллагааг зөвхөн өргөдөл, мэдээлэл, хүсэлтээр үүсгэн явуулна.

Хэрэв эрх бүхий байгууллага, албан тушаалтан шийдвэр гаргахдаа Цэцийн шийдвэрээр хүчингүй болсон хууль болон бусад шийдвэрийн заалтыг шууд буюу агуулгаар нь дахин сэргээвэл Цэцийн аль нэг гишүүний санаачилгаар Цэц хяналтын журмаар хянан шийдвэрлэж болно.

4. Цэц зөвхөн Үндсэн хууль хүчин төгөлдөр болж үйлчилсэн 1992 оны 2 дугаар сарын 12-ны өдрөөс хойш гарсан хууль тогтоомж болон албан тушаалтны үйл ажиллагаатай холбогдсон маргааныг хянан шийдвэрлэнэ.

16 дугаар зүйл. Цэцэд өргөдөл, мэдээлэл, хүсэлт гаргах

1. Үндсэн хууль зөрчсөн эсэх асуудлаар өргөдөл, мэдээллийг иргэд; хүсэлтийг Ерөнхийлөгч, Улсын Их Хурал, Ерөнхий сайд, Улсын дээд шүүх, Улсын ерөнхий прокурор гаргах эрхтэй.

2. Цэцэд өргөдөл, мэдээлэл гаргах эрхийг Монгол Улсын иргэдээс гадна Монгол Улсын нутаг дэвсгэрт хууль ёсоор оршин суугаа гадаад улсын иргэн, харьяалалгүй хүн эдэлнэ.

17 дугаар зүйл. Цэцэд маргаан хянан шийдвэрлэх ажиллагаанд оролцогч

1. Цэцэд маргаан хянан шийдвэрлэх ажиллагаанд оролцогч нь:

1/ Цэцийн маргаан хянан шийдвэрлэх ажиллагааг үүсгэх өргөдөл, мэдээлэл, хүсэлт гаргасан иргэд, эрх бүхий албан тушаалтан, байгууллага, түүнчлэн Үндсэн хууль зөрчсөн гэж маргаан үүсгэсэн хууль, бусад шийдвэрийг гаргасан буюу үйл ажиллагаа явуулсан байгууллага, албан тушаалтан;

2/ албан тушаалын байдлаар буюу зохих журмын дагуу томилогдсон итгэмжилсэн төлөөлөгч, өмгөөлөгч байна;

2. Цэцэд маргаан хянан шийдвэрлэх ажиллагаанд оролцох итгэмжилсэн төлөөлөгч нь Иргэний хэрэг шүүхэд хянан шийдвэрлэх тухай хуульд заасан журмын дагуу томилогдсон байна.

18 дугаар зүйл. Цэцэд маргаан хянан шийдвэрлэх ажиллагаанд оролцогчдын эрх, үүрэг

1. Цэцэд маргаан хянан шийдвэрлэх ажиллагааны оролцогчид нь тус тусын бүрэн эрхийн хүрээнд адил тэгш эрх эдэлнэ.

2. Маргагч талууд Цэцэд хянаж байгаа маргааны материалтай танилцах, холбогдох бичиг баримтыг хуулбарлан авах, тэмдэглэл хийх, нотлох баримтыг гаргаж өгөх, нотлох баримтыг шинжлэн судлах ажиллагаанд оролцох, хянан шийдвэрлэх ажиллагааны явцад гарсан бүх асуудлын талаар өөрийн санал, дүгнэлтийг гаргах,

маргаан хянан шийдвэрлэх хуралдаанд чөлөөтэй мэтгэлцэх, шаардлагатай гэж үзэж байгаа бол төгсгөлийн үг хэлэх, хүсэлт тавих эрхтэй.

3. Оролцогч талууд Цэцийн хуралдааны бүрэлдэхүүнээс татгалзан гаргах саналыг хуульд заасан үндэслэлийн дагуу тавих эрхтэй.

4. Цэцэд өргөдөл, мэдээлэл, хүсэлт гаргасан тал хянаж байгаа асуудлын хүрээнд Цэцийн хуралдаан зөвлөлдөхөөр завсарлахаас өмнө аль ч шатанд өөрийн шаардлагын үндэслэл, зүйлийг өөрчлөх, хэмжээг ихэсгэх, багасгах болон шаардлагаас бүхэлд нь буюу зарим хэсгээс нь татгалзах эрхтэй.

5. Маргаан хянан шалгах ажиллагаанд оролцож байгаа маргагч талууд өөрсдийн шаардлагын үндэслэл болон сөрөг шаардлагыг эсэргүүцэж байгаа үндэслэлээ батлах бичиг баримтыг бүрдүүлж, нөхцөл байдлыг нотлох үүрэгтэй.

6. Маргаан хянан шалгах ажиллагаанд оролцогч Цэцийн хуралдааны дэгийг чанд сахих, хуралдаан даргалагчид захирагдах үүрэгтэй.

7. Маргаан хянан шалгах ажиллагаанд оролцогч Цэцийн хуралдааны дэгийг дахин зөрчих, Цэц болон түүний гишүүдэд хуурамч бичиг баримт өгвөл Цэцийг хүндэтгээгүй үйлдэл гэж үзэж зохих хуульд заасан хариуцлага хүлээлгэнэ.

19 дүгээр зүйл. Цэцэд маргаан хянан шийдвэрлэх ажиллагааны зардал

1. Цэцэд маргаан хянан шийдвэрлэх ажиллагаанд оролцсон гэрч, шинжээч, мэргэжилтэн, орчуулагчийн болон бусад шаардлагатай зардлыг улсын төсвөөс төлнө.

2. Цэцэд маргаан хянан шалгах ажиллагааг үүсгэх үндэслэл болсон өргөдөл, мэдээлэл гаргасан иргэн орон нутагт оршин суудаг бол түүнийг Цэцийн хуралдаанд оролцсонтой холбогдсон зардлыг:

1/ уг иргэний өргөдөл, мэдээлэл үндэслэлтэй гэж тогтоогдсон бол Үндсэн хууль зөрчсөн хууль, зарлиг, бусад шийдвэр гаргасан байгууллага, албан тушаалтан буюу Үндсэн хууль зөрчсөн албан тушаалтан;

2/ хэрэв өргөдөл, мэдээлэл нь үндэсгүй болж тогтоогдсон бол уг иргэн өөрөө хариуцна.

ХОЁРДУГААР БҮЛЭГ. Цэцэд маргаан хянан шийдвэрлэх ажиллагааг үүсгэх, хуралдаанд бэлтгэх

20 дугаар зүйл. Цэцэд өргөдөл, мэдээлэл, хүсэлт гаргах

1. Иргэн, байгууллага, албан тушаалтан Цэцэд өргөдөл, мэдээлэл, хүсэлтээ бичгээр гаргах бөгөөд түүнд дараахь зүйлийг тусгана:

1/ өөрийн нэр, хаяг, оршин суугаа газар, харилцах хэлбэр;

2/ түүний итгэмжилсэн төлөөлөгч буюу өмгөөлөгчөөр оролцох хүний нэр, хаяг, албан тушаал, бусад шаардлагатай мэдээлэл;

3/ Үндсэн хуульд нийцээгүй гэж үзэж байгаа хууль тогтоомжийн нэр, батлан гаргасан он, сар, өдөр, дугаар, түүнчлэн Үндсэн хууль зөрчсөн гэж үзэж байгаа албан тушаалтны нэр, хаяг үйл ажиллагааны талаар;

4/ өөрийн шаардлагын үндэслэл, бусад нөхцөл байдал, тэдгээрийн нотолгоо;

5/ маргаж байгаа асуудлын талаархи өөрийн байр суурь;

6/ Цэцээр шийдвэрлүүлэхээр тавьж байгаа шаардлага;

7/ Үндсэн хууль болон энэ хуулийн ямар зүйл, хэсэг, заалтыг үндэслэн Цэцэд хандаж байгаа;

8/ хавсаргасан бичиг баримт болон холбогдох хүмүүсийн нэрсийн жагсаалт, тодорхой хаяг.

2. Маргаан хянан шийдвэрлэх ажиллагаанд өргөдөл, мэдээлэл, хүсэлт гаргасан этгээдийн итгэмжилсэн төлөөлөгч оролцох бол итгэмжлэл, түүнчлэн монгол хэлээс өөр хэл дээрх бичиг баримт хавсаргаж байгаа бол түүний орчуулгыг заавал хавсаргана.

3. Цэц нэргүй өргөдөл, мэдээлэл, хүсэлтийг хүлээж авахгүй.

21 дүгээр зүйл. Цэцэд өргөдөл, мэдээлэл хүсэлтийг хүлээн авах

1. Иргэн, байгууллага, албан тушаалтнаас Цэцэд гаргасан өргөдөл, мэдээлэл, хүсэлтийг Цэцийн дарга уг асуудлыг хянан шалгах гишүүнд хуваарилна.

2. Үндсэн хууль зөрчсөн тухай иргэнээс гаргасан өргөдөл, мэдээллийг хүлээн авсан гишүүн анхны шалгалтыг 14 хоногийн дотор хийж маргаан үүсгэх эсэхийг өөрийн санаачилгаар шийдвэрлэнэ.

3. Цэцэд хандах эрх бүхий байгууллага, албан тушаалтнаас гаргасан хүсэлтийг хүлээн авсан Цэцийн гишүүн маргаан шууд үүсгэж шалгана.

4. Цэцэд маргаан хянан шийдвэрлэх ажиллагаа үүсгэх эсэх талаархи Цэцийн гишүүний шийдвэрийг маргагч талууд буюу Цэцийн аль нэг гишүүн эс зөвшөөрч гомдол, санал бичгээр гаргасан бол Цэцийн даргын тогтоолоор томилсон 3 гишүүний бүрэлдэхүүнтэй хуралдаанаар хянан хэлэлцэж, маргаан хянан шийдвэрлэх ажиллагаа үүсгэх эсэхийг шийдвэрлэж магадлал гаргана.

5. Цэцийн гишүүн иргэнээс гаргасан өргөдөл, мэдээллийг урьдчилан шалгаж дор дурдсан үндэслэл байвал маргаан хянан шийдвэрлэх ажиллагаа үүсгэхээс татгалзаж тогтоол гаргана:

1/ өргөдөл, мэдээлэл нь энэ хуулийн 20 дугаар зүйлийн 1 дэх хэсэгт заасан шаардлагыг хангаагүй;

2/ өргөдөл, мэдээлэл гаргагч нь Цэцэд хандах эрх бүхий этгээд биш;

3/ өргөдөл, мэдээллээр тавьсан шаардлага Цэцийн харьяалан шийдвэрлэх маргаан биш;

4/ уг маргааны талаар Цэцийн урьд гаргасан дүгнэлт, тогтоол хүчинтэй байгаа.

22 дугаар зүйл. Цэцийн гишүүн татгалзан гарах

1. Цэцийн гишүүнийг энэ хуульд зааснаас өөр үндэслэлээр маргаан хянан шийдвэрлэх ажиллагаанаас татгалзан гаргаж үл болно.

2. Цэцийн гишүүн дараахь үндэслэл байвал маргаан хянан шийдвэрлэх ажиллагаанаас татгалзан гарна:

1/ хянан хэлэлцэж байгаа асуудлыг урьд өмнө шүүхийн болон захиргааны журмаар хянан шийдвэрлэхэд оролцож байснаас хойш 2 жил өнгөрөөгүй бол;

2/ маргагч талууд буюу тэдгээрийн төлөөлөгчидтэй ойрын төрөл садан бол.

/Дээрх 22 дугаар зүйлийн 2 дахь хэсгийг 2005 оны 6 дугаар сарын 2-ны өдрийн хуулиар өөрчлөн найруулсан/

3. Энэ зүйлийн 2 дахь хэсэгт заасан үндэслэл байвал Цэцийн гишүүн энэ тухай өөрөө мэдэгдэж маргаан хянан шийдвэрлэх ажиллагаанаас татгалзан гарах үүрэгтэй. Маргагч талууд дээрх үндэслэлээр Цэцийн гишүүнийг татгалзан гаргах хүсэлт тавих эрхтэй.

4. Цэцийн гишүүн маргаан хянан шийдвэрлэх ажиллагаанаас татгалзан гарах асуудлыг Цэцийн хаалттай хуралдаанаар хэлэлцэж магадлал гаргана.

5. Маргааныг шалгасан Цэцийн гишүүн татгалзан гарвал уг маргааныг хянан шийдвэрлэх ажиллагааг шинээр эхэлнэ.

Цэцийн хуралдаанд оролцсон Цэцийн бусад гишүүдээс татгалзан гарвал хуралдааныг эхнээс нь явуулна.

23 дугаар зүйл. Цэцийн хуралдаанд бэлтгэх

1. Маргаан хянан шийдвэрлэх ажиллагаа үүсгэн шалгаж байгаа гишүүн уг маргааныг Цэцийн хуралдаанд хэлэлцүүлэхээр дараахь ажиллагааг хийнэ:

1/ маргагч талуудад өргөдөл, мэдээлэл, хүсэлт, гомдлын, хуулбарыг гардуулж, маргаанд оролцох итгэмжилсэн төлөөлөгчөө томилох тухай мэдэгдэх;

2/ маргагч талуудад энэ хуульд заасан эрх, үүргийг танилцуулж, Цэцэд шинээр нотлох баримт гаргахад нь туслах;

3/ маргагч талууд болон тэдгээрийн итгэмжилсэн төлөөлөгчийг асууж, тайлбар, тодорхойлолт гаргуулах;

4/ маргааныг шийдвэрлэхэд ач холбогдолтой бичиг баримт, бусад мэдээллийг шаардан гаргуулах;

5/ маргаантай холбогдол бүхий албан тушаалтан бусад хүмүүсийг асууж тодорхойлолт авах;

6/ шаардлагатай бол эрдэмтэн, мэргэжилтэн оролцуулах, тусгай мэргэжлийн шинжээч томилон ажиллуулах, дүгнэлт гаргуулах;

7/ гэрчээс тодорхойлолт авах;

8/ нэг асуудлаар хоёр буюу хэд хэдэн өргөдөл, мэдээлэл, хүсэлт байгаа бол тэдгээрийг нэгтгэх, нэг өргөдөл, мэдээлэл, хүсэлтэд хоёр буюу хэд хэдэн өөр шаардлага тавьсан бол тэдгээрийг тусгаарлах тогтоол гаргах;

9/ маргагч талууд харилцан ойлголцож өргөдөл, мэдээлэл, хүсэлт гаргасан тал нь шаардлагаасаа сайн дураараа татгалзвал маргаан хянан шийдвэрлэх ажиллагааг татгалзах тогтоол гаргах;

10/ цугларсан бичиг баримтад үндэслэн Цэцийн хуралдааны шийдвэрийн тэмдэглэх, тодорхойлох хэсгийн төслийг бэлтгэх;

11/ маргааныг бүрэн гүйцэд, бодитой шийдвэрлэхэд шаардагдах бусад бэлтгэл ажиллагаа.

2. Маргаан хянан шийдвэрлэх ажиллагааг үүсгэснээс хойш хуралдаанд бэлтгэх ажиллагааг 30 хоногийн дотор гүйцэтгэх бөгөөд маргаан ээдрээ, төвөгтэй шалтгаанаар дээрхи хугацаанд дуусахгүй бол Цэцийн дарга 30 хүртэл хоногоор сунгаж болно.

3. Онц болон дайны байдал зарласан, түүнчлэн цэрэг хөдөлгөх шийдвэртэй холбогдсон маргааныг хянан шийдвэрлэх бэлтгэл ажиллагааг 3 хоногийн дотор гүйцэтгэнэ.

4. Онц хүндрэлтэй, яаралтай шийдвэрлэх асуудлыг хянан хэлэлцэх хуралдааны бэлтгэлийг хангахын тулд Цэцийн даргын тогтоолоор хоёр буюу хэд хэдэн гишүүнийг томилон ажиллуулж болно.

5. Байгууллага, албан тушаалтан, иргэн Цэцийн гишүүний шаардсан бичиг баримтыг хугацаанд нь гаргаж өгөх үүрэгтэй.

24 дүгээр зүйл. Цэцийн хуралдааныг зарлах

1. Цэцийн гишүүн маргааныг Цэцийн хуралдаанд хэлэлцүүлэх бэлтгэл ажиллагааг дууссан гэж үзвэл түүнийг Цэцийн хуралдаанаар хэлэлцүүлэхээр шилжүүлэх тухай тогтоол гаргана.

2. Цэцийн хуралдааныг нээлттэй хийнэ. Улсыг батлан хамгаалах, үндэсний аюулгүй байдал, төрийн болон байгууллага, хувь хүний хуулиар хамгаалсан нууцтай холбоотой асуудлыг Цэцийн хаалттай хуралдаанаар хэлэлцэх бөгөөд маргааныг Цэцийн хуралдаанаар хэлэлцүүлэхээр шилжүүлэх тогтоолд энэ тухай заана.

3. Цэцийн гишүүн нь хуралдааныг нээлттэй буюу хаалттай хийх, мөн Цэцийн даргатай зөвшилцөн хуралдаан болох газар, өдөр, цагийг товлож энэ хуулийн 23 дугаар зүйлийн 3 дахь хэсэгт зааснаас бусад тохиолдолд 7 хоногийн өмнө төрийн төв хэвлэлд нийтэлж зарлана.

4. Маргагч талууд, гэрч, шинжээч болон бусад оролцогчдод Цэцийн хуралдаан болох газар, өдөр, цагийг албан ёсоор мэдэгдэнэ.

ГУРАВДУГААР БҮЛЭГ. Маргааныг Цэцийн хуралдаанаар хянан шийдвэрлэх

25 дугаар зүйл. Цэцийн хуралдаанд хүндэтгэл үзүүлэх

1. Цэцийн хуралдааныг Монгол Улсын төрийн сүлд, далбааг хүндэтгэлтэй байрлуулсан танхимд хийнэ.

2. Цэцийн бүрэлдэхүүнийг орж ирэхэд танхимд байгаа хүмүүс суудлаасаа босож хүндэтгэнэ.

3. Цэцийн хуралдаанд оролцох гишүүд тусгай өмсгөлтэй байна.

26 дугаар зүйл. Цэцийн хуралдааныг нээх

1. Цэцийн хуралдааныг Цэцийн даргын тогтоолоор томилсон хуралдаан даргалагч, гишүүдийн бүрэлдэхүүнтэйгээр хийнэ.

2. Хуралдааны эхэнд маргагч талууд болон гэрч, шинжээч, мэргэжилтэн, орчуулагчдын ирцийн талаар нарийн бичгийн дарга танилцуулна.

3. Хуралдаан даргалагч хуралдааныг нээж, хэлэлцэх асуудлыг зарлана.

4. Хуралдаан даргалагч маргагч талуудад эрх, үүрэг, хариуцлагыг нь тайлбарлан танилцуулна.

5. Хуралдаан даргалагч маргаан хянан шийдвэрлэх Цэцийн бүрэлдэхүүнийг танилцуулна.

6. Маргагч талуудаас гэрч оролцуулах, шинжээч томилуулах, шинээр нотлох баримт гаргах, хуралдааны бүрэлдэхүүнээс гишүүнийг татгалзан гаргах санал байгаа эсэхийг асууж шийдвэрлэнэ.

7. Хуралдаан даргалагч шаардлагатай гэж үзвэл гэрчийг танхимаас гаргана.

8. Хуралдаан даргалагч Цэцийн хуралдааны дараалал, дотоод журмыг танилцуулж маргагч талууд болон танхимд байгаа хүмүүст хуралдаан даргалагчид захирагдах үүрэгтэйг сануулна.

27 дугаар зүйл. Цэцийн хуралдаанд оролцогч тал хүрэлцэн ирээгүйн холбогдол

1. Маргагч тал болон гэрч, шинжээч, мэргэжилтэн, орчуулагч Цэцийн хуралдаанд хүрэлцэн ирээгүй бол түүний шалтгааныг тодруулна.

2. Маргагч тал хуралдаан болох газар, байр, сар, өдөр, цагийн тухай албан ёсны мэдэгдэл авсан боловч хүндэтгэн үзэх ямар нэгэн шалтгаан заасан саналаа ирүүлээгүй, өөрийн нь эзгүйд асуудлыг шийдвэрлэхийг зөвшөөрснөө бичгээр ирүүлсэн бол хуралдааныг хойшлуулах үндэслэл болохгүй.

3. Маргагч тал хүндэтгэн үзэх шалтгаанаар хуралдаанд хүрэлцэн ирээгүй бөгөөд өөрөө заавал биечлэн оролцох хүсэлтээ албан ёсоор мэдэгдсэн бол хуралдааныг

хойшлуулах тухай магадлал гаргаж, түүнд уг хуралдааныг хийх хугацааг заах буюу тийм боломжгүй бол дараа зарлахаар тогтооно.

4. Гэрч, шинжээч, мэргэжилтэн, орчуулагч хүрэлцэн ирээгүй бол хуралдааны хийх эсэхийг тухай бүр хэлэлцэн шийдвэрлэнэ.

28 дугаар зүйл. Цэцийн хуралдаанд маргаан хянан хэлэлцэх

1. Цэцийн хуралдаанд маргаан хянан хэлэлцэх ажиллагаа уг маргааныг урьдчилан шалгасан Цэцийн гишүүний илтгэлийг сонссоноор эхэлнэ.
Цэцийн гишүүн илтгэлдээ маргааны гол агуулга, түүнтэй холбоотой нотлох баримтыг өөрийн урьдчилсан дүгнэлт, саналгүйгээр танилцуулна.

2. Гишүүний илтгэлийг сонссоны дараа хуралдаанд маргагч талуудаас нэмэлт тайлбар байгаа бол өргөдөл, мэдээлэл, хүсэлт гаргасан талаас эхэлж ээлж дараалан сонсоно.

3. Нотлох баримтыг шинжлэн судлах, гэрч, шинжээч, мэргэжилтнүүдийн мэдүүлэг, дүгнэлт сонсох ажиллагаа явуулах бөгөөд дарааллыг хянан хэлэлцэж байгаа маргаан тус бүрийн онцлогийг харгалзан хуралдаан даргалагч тогтооно.

4. Оролцогч талууд харилцан мэтгэлцэх бөгөөд ээлж дарааллыг хуралдаан даргалагч тогтооно.

5. Цэцийн бүрэлдэхүүнд орсон гишүүд хуралдааны аль ч шатанд хуралдаан даргалагчийн зөвшөөрөлтэйгээр хэнээс боловч асуулт тавьж, хариулт авах эрхтэй.

6. Бүх нотлох баримтыг шалгаж, мэтгэлцээн, асуулт, хариулт дууссаны дараа маргагч талуудад төгсгөлийн үг хэлж, хүсэлт гаргах санал байгаа бол сонсоно. Дараа нь шийдвэр гаргахаар Цэцийн хуралдаан завсарлаж байгааг хуралдаан даргалагч зарлана.

7. Цэцийн хуралдааны явцад маргааныг нэгтгэх, тусгаарлах асуудал гарвал, энэ тухай магадлал гаргана.

29 дүгээр зүйл. Цэц шийдвэр гаргахаар зөвлөлдөх

1. Цэц шийдвэрээ зөвлөлдөх тасалгаанд гаргана. Цэцийн шийдвэрийг хуралдаанд оролцсон аль нэг гишүүн бичнэ.

2. Зөвлөлдөх тасалгаанд асуудал шийдвэрлэхэд Цэцийн хуралдаанд оролцсон гишүүн бүр адил тэгш эрхтэй бөгөөд тухайн шийдэх гэж байгаа асуудлын талаар өөрийн санал, байр сууриа чөлөөтэй илэрхийлж, тайлбарлах эрхтэй.

3. Цэцийн шийдвэрийг тухайн хуралдаанд оролцсон гишүүд зөвлөлдөх тасалгаанд хаалттай хуралдаанаар хэлэлцэж гаргахдаа уг маргааныг хуралдаанд илтгэсэн гишүүн өөрийн санал, дүгнэлтийг эхэлж гаргах бөгөөд түүний дараа хуралдаанд оролцсон гишүүдийн хамгийн ахмад настай гишүүнээс эхлэн насны эрэмбээр дүгнэлт, саналаа хэлж, хуралдаан даргалагч эцэст нь саналаа гаргана.

4. Цэцийн хуралдаанд оролцсон гишүүн зөвлөлдөх тасалгаанд асуудал шийдвэрлэхэд саналаа заавал өгнө.

5. Цэц зөвлөлдөх тасалгаанд шийдвэрээ гаргасны дараа хуралдаан даргалагч болон бусад гишүүд бүгд гарын үсэг зурж, хуралдаан даргалагч буюу түүний даалгаснаар аль нэг гишүүн нийтэд уншиж сонсгоно.

6. Цэцийн хуралдаанд оролцсон гишүүдийн санал тэнцсэн, маргааны талаар нэмэлт шалгалт хийх шаардлагатай болсон бол Цэц уг маргааныг 30 хоногийн дотор дахин хянан хэлэлцэж шийдвэрлэхээр хойшлуулж, энэ тухай магадлал гаргана.

30 дугаар зүйл. Маргааныг дахин хянан шийдвэрлэх

1. Маргааныг дараахь үндэслэлээр хуралдаанд бэлтгэх шатнаас эхлэн дахин хянан шийдвэрлэнэ:
1/ Цэцийн дүгнэлтийг Улсын Их Хурал хүлээн зөвшөөрөөгүй;
2/ урьд шийдвэрлэсэн маргааныг дахин хянан шийдвэрлэх талаар Цэцийн гишүүдийн олонхи санал гаргасан;
3/ шинэ нөхцөл байдал илэрсэн.

2. Цэцийн дарга маргааныг дахин хянан шийдвэрлэх тухай тогтоол гаргана.

3. Маргааныг дахин хянан шийдвэрлэхэд энэ хуульд заасан журмыг баримтлах бөгөөд харин уг маргааныг урьд нь шалгасан Цэцийн гишүүн дахин шалгаж болохгүй.

ДӨРӨВДҮГЭЭР БҮЛЭГ. Цэцийн шийдвэр

31 дүгээр зүйл. Цэцийн шийдвэрийн хэлбэр

1. Цэцийн шийдвэр нь дүгнэлт, тогтоол, магадлал гэсэн хэлбэртэй байна.

2. Цэц энэ хуулийн 13 дугаар зүйлийн 1, 2, 3 дахь хэсэгт заасан маргааныг хянан шийдвэрлэж дүгнэлт; мөн зүйлийн 1 дэх хэсэгт заасан маргааныг дахин хянан шийдвэрлэж тогтоол; энэ хуулийн 21 дүгээр зүйлийн 4 дэх хэсэгт заасан маргаан болон дунд, их суудлын бүрэлдэхүүнтэй хуралдааны явцад шийдвэрлэсэн асуудлаар магадлал гаргана.

32 дугаар зүйл. Цэц шийдвэр гаргах

1. Өргөдөл, мэдээлэл, хүсэлтэд тавьсан шаардлагыг бүрэн хангах буюу хэрэгсэхгүй болгох, эсхүл зарим хэсгийг хэрэгсэхгүй болгох тухай шийдвэр гаргана. Ийнхүү шийдвэрлэхдээ гагцхүү хуралдааны явцад батлагдсан баримт нотолгоог үндэслэнэ.

2. Хуралдаанаас гаргах дүгнэлтийг хуралдаанд оролцсон гишүүдийн олонхийн саналаар; маргааныг эцэслэн шийдвэрлэхээр дахин хянаж байгаа хуралдаанаас гаргах тогтоолыг хуралдаанд оролцсон гишүүдийн гуравны хоёрын саналаар гаргана.

3. Цэцийн хуралдаанаас гаргасан шийдвэрийг нэн даруй уншин сонсгоно.

4. Үндсэн хууль зөрчсөн гэж дүгнэлт гарснаар тухайн хууль, зарлиг, Улсын Их Хурлын бусад шийдвэр, Засгийн газрын шийдвэр, Монгол Улсын олон улсын гэрээ болон тэдгээрийн холбогдох зүйл, заалтын үйлчилгээ нь Цэцийн эцсийн шийдвэр гарах хүртэл түдгэлзэнэ. Түдгэлзүүлж эхлэх хугацааг Цэц дүгнэлтдээ тусгайлан заана. /Энэ хэсгийг 2005 оны 6 дугаар сарын 2-ны өдрийн хуулиар нэмсэн/

33 дугаар зүйл. Цэцийн шийдвэрийн агуулга

Цэцийн шийдвэрт дараахь зүйлийг тусгана:
1/ шийдвэрийн нэр, гаргасан он, сар, өдөр, цаг, газар, байр;
2/ Цэцийн хуралдааныг даргалагч, оролцсон гишүүд, нарийн бичгийн даргын нэр;
3/ маргагч талууд, тэдгээрийн итгэмжилсэн төлөөлөгч, өмгөөлөгч, орчуулагч, гэрч, шинжээчийн нэр;
4/ өргөдөл, мэдээлэл, хүсэлт гаргагчийн нэр, тэдгээрийн тавьсан шаардлага;
5/ тухайн маргааныг Үндсэн хууль, Үндсэн хуулийн цэцийн тухай болон энэ хуулийн ямар зүйл, хэсэг, заалтыг баримтлан хэлэлцсэн;
6/ үйл ажиллагаа буюу шийдвэр нь Үндсэн хууль зөрчсөн гэж маргаж байгаа албан тушаалтны нэр, хаяг, эрхэлсэн ажил;
7/ Цэцийн хуралдаанаар хянан хэлэлцээд тогтоосон нөхцөл, байдал;
8/Цэцийн шийдвэрийн үндэслэл болон нотлох баримт, материалын тухай дүгнэлт;
9/ Цэцээс шийдвэр гаргахдаа удирдлага болгосон хуулийн зүйл, хэсэг, заалт;
10/ Цэцээс маргааныг хэрхэн шийдвэрлэсэн тухай буюу энэ хуулийн 13 дугаар зүйлийн 1 дэх хэсэгт заасан хууль, шийдвэрийн Үндсэн хууль зөрчсөн гэх заалт тус бүрээр, Үндсэн хуулийн зөрчигдсөн заалт бүрийг. /Энэ заалтад 2009 оны 07 сарын 03-ны өдрийн хуулиар нэмэлт оруулсан/

34 дүгээр зүйл. Цэцийн шийдвэрийг мэдээлэх

1. Цэцийн шийдвэрийн товч агуулгыг хэвлэл, мэдээллийн хэрэгслээр нийтэд нэн даруй мэдээлнэ. Цэцийн хаалттай хуралдааны шийдвэрээс шаардлагатай хэсэг, заалтын агуулгыг нийтэд мэдээлнэ.

2. Цэцийн нээлттэй хуралдааны шийдвэрийг бүрэн эхээр нь “ Төрийн мэдээлэл” сэтгүүлд нийтэлнэ.

35 дугаар зүйл. Цэцийн хуралдааны тэмдэглэл

1. Цэцийн хуралдааны явцыг тасралтгүй, үгчлэн тэмдэглэнэ.

2. Цэцийн хуралдааны тэмдэглэлд дараахь зүйлийг тусгана:
1/ хуралдаан болсон он, сар, өдөр, газар, байр, хуралдаан эхэлсэн, дууссан цаг, минут;
2/ хуралдаан даргалагч, оролцсон гишүүд, нарийн бичгийн даргын нэр;
3/ маргагч талууд болон бусад оролцогчдын нэр, эрхэлсэн ажил;
4/ хянан шийдвэрлэсэн маргааны утга;
5/ хуралдааны бүрэн явц;
6/ маргагч талууд, тэдгээрийн итгэмжилсэн төлөөлөгч, гэрч, шинжээчээс гаргасан мэдүүлэг, тайлбар, дүгнэлт, хүсэлт, асуулт, хариулт;
7/ хуралдааны явцад гарсан зарим асуудлыг шийдвэрлэсэн ам магадлал;
8/ бусад.

3. Зөвлөлдөөний тэмдэглэлийг хуралдааны нарийн бичгийн дарга тусгайд нь хөтөлнө. Уг тэмдэглэлийг байгууллагын нууцын зэрэгт хамааруулан хадгална.

4. Хуралдааны тэмдэглэлийг аль болох бүрэн гүйцэд хөтлөхийн тулд техник хэрэгсэл ашиглах бөгөөд түүнийг 7 хоногоос хэтрэхгүй хугацаанд бэлэн болгож маргаан хянан шийдвэрлэсэн материалд хавсаргана.

5. Тэмдэглэлд хуралдаан даргалагч, нарийн бичгийн дарга гарын үсэг зурна.

36 дугаар зүйл. Цэцийн шийдвэрийг биелүүлэх

1. Цэцийн шийдвэрийг Улсын Их Хурал, Монгол Улсын Ерөнхийлөгч, Засгийн газар, Хууль зүйн яам, маргагч талууд болон “Төрийн мэдээлэл” сэтгүүлд тус тус хүргүүлнэ.

2. Цэцийн дүгнэлтийг Улсын Их Хурал хүлээн авснаас хойш 15 хоногийн дотор; хэрэв Улсын Их Хурлын чуулганы чөлөөт цагт гаргасан бөгөөд тэр нь онц болон, дайны байдал зарласнаас бусад асуудлаар гарсан бол Улсын Их Хурлын дараагийн чуулганы хуралдаан эхэлсэн өдрөөс хойш 15 хоногийн дотор Улсын Их Хурлын хуралдааны дэгийн тухай хуулийн 27 дугаар зүйлд заасан журмын дагуу шийдвэрлэнэ.

3. Цэцийн дүгнэлтийг Улсын Их Хурал хүлээн зөвшөөрөөгүй тогтоол гаргасан бол түүний үндэслэлийг Цэц бүрэн бүрэлдэхүүнтэй хуралдаанаар маргааныг эхнээс нь дахин хэлэлцэж, Улсын Их Хурал дүгнэлтийг хүлээн зөвшөөрөөгүй үндэслэл зөв болох нь нотлогдвол өмнөх дүгнэлтээ хүчингүй болгох, хэрэв үндэслэл нь батлагдахгүй бол Улсын Их Хурлын тогтоолыг хүчингүй болгож тогтоол гаргана.

4. Цэцийн эцсийн шийдвэрээр Үндсэн хууль зөрчсөн гэж тогтоогдсон хууль Цэцийн тогтоол гармагц хүчингүй болно.

SOVIET AND POST-SOVIET POLITICS AND SOCIETY

Edited by Dr. Andreas Umland

ISSN 1614-3515

1 *Андреас Умланд (ред.)*
Воплощение Европейской конвенции по правам человека в России
Философские, юридические и эмпирические исследования
ISBN 3-89821-387-0

2 *Christian Wipperfürth*
Russland – ein vertrauenswürdiger Partner?
Grundlagen, Hintergründe und Praxis gegenwärtiger russischer Außenpolitik
Mit einem Vorwort von Heinz Timmermann
ISBN 3-89821-401-X

3 *Manja Hussner*
Die Übernahme internationalen Rechts in die russische und deutsche Rechtsordnung
Eine vergleichende Analyse zur Völkerrechtsfreundlichkeit der Verfassungen der Russländischen Föderation und der Bundesrepublik Deutschland
Mit einem Vorwort von Rainer Arnold
ISBN 3-89821-438-9

4 *Matthew Tejada*
Bulgaria's Democratic Consolidation and the Kozloduy Nuclear Power Plant (KNPP)
The Unattainability of Closure
With a foreword by Richard J. Crampton
ISBN 3-89821-439-7

5 *Марк Григорьевич Меерович*
Квадратные метры, определяющие сознание
Государственная жилищная политика в СССР. 1921 – 1941 гг
ISBN 3-89821-474-5

6 *Andrei P. Tsygankov, Pavel A.Tsygankov (Eds.)*
New Directions in Russian International Studies
ISBN 3-89821-422-2

7 *Марк Григорьевич Меерович*
Как власть народ к труду приучала
Жилище в СССР – средство управления людьми. 1917 – 1941 гг.
С предисловием Елены Осокиной
ISBN 3-89821-495-8

8 *David J. Galbreath*
Nation-Building and Minority Politics in Post-Socialist States
Interests, Influence and Identities in Estonia and Latvia
With a foreword by David J. Smith
ISBN 3-89821-467-2

9 *Алексей Юрьевич Безугольный*
Народы Кавказа в Вооруженных силах СССР в годы Великой Отечественной войны 1941-1945 гг.
С предисловием Николая Бугая
ISBN 3-89821-475-3

10 *Вячеслав Лихачев и Владимир Прибыловский (ред.)*
Русское Национальное Единство, 1990-2000. В 2-х томах
ISBN 3-89821-523-7

11 *Николай Бугай (ред.)*
Народы стран Балтии в условиях сталинизма (1940-е – 1950-е годы)
Документированная история
ISBN 3-89821-525-3

12 *Ingmar Bredies (Hrsg.)*
Zur Anatomie der Orange Revolution in der Ukraine
Wechsel des Elitenregimes oder Triumph des Parlamentarismus?
ISBN 3-89821-524-5

13 *Anastasia V. Mitrofanova*
The Politicization of Russian Orthodoxy
Actors and Ideas
With a foreword by William C. Gay
ISBN 3-89821-481-8

14 *Nathan D. Larson*
Alexander Solzhenitsyn and the Russo-Jewish Question
ISBN 3-89821-483-4

15 *Guido Houben*
Kulturpolitik und Ethnizität
Staatliche Kunstförderung im Russland der neunziger Jahre
Mit einem Vorwort von Gert Weisskirchen
ISBN 3-89821-542-3

16 *Leonid Luks*
Der russische „Sonderweg"?
Aufsätze zur neuesten Geschichte Russlands im europäischen Kontext
ISBN 3-89821-496-6

17 *Евгений Мороз*
История «Мёртвой воды» – от страшной сказки к большой политике
Политическое неоязычество в постсоветской России
ISBN 3-89821-551-2

18 *Александр Верховский и Галина Кожевникова (ред.)*
Этническая и религиозная интолерантность в российских СМИ
Результаты мониторинга 2001-2004 гг.
ISBN 3-89821-569-5

19 *Christian Ganzer*
Sowjetisches Erbe und ukrainische Nation
Das Museum der Geschichte des Zaporoger Kosakentums auf der Insel Chortycja
Mit einem Vorwort von Frank Golczewski
ISBN 3-89821-504-0

20 *Эльза-Баир Гучинова*
Помнить нельзя забыть
Антропология депортационной травмы калмыков
С предисловием Кэролайн Хамфри
ISBN 3-89821-506-7

21 *Юлия Лидерман*
Мотивы «проверки» и «испытания» в постсоветской культуре
Советское прошлое в российском кинематографе 1990-х годов
С предисловием Евгения Марголита
ISBN 3-89821-511-3

22 *Tanya Lokshina, Ray Thomas, Mary Mayer (Eds.)*
The Imposition of a Fake Political Settlement in the Northern Caucasus
The 2003 Chechen Presidential Election
ISBN 3-89821-436-2

23 *Timothy McCajor Hall, Rosie Read (Eds.)*
Changes in the Heart of Europe
Recent Ethnographies of Czechs, Slovaks, Roma, and Sorbs
With an afterword by Zdeněk Salzmann
ISBN 3-89821-606-3

24 *Christian Autengruber*
Die politischen Parteien in Bulgarien und Rumänien
Eine vergleichende Analyse seit Beginn der 90er Jahre
Mit einem Vorwort von Dorothée de Nève
ISBN 3-89821-476-1

25 *Annette Freyberg-Inan with Radu Cristescu*
The Ghosts in Our Classrooms, or: John Dewey Meets Ceauşescu
The Promise and the Failures of Civic Education in Romania
ISBN 3-89821-416-8

26 *John B. Dunlop*
The 2002 Dubrovka and 2004 Beslan Hostage Crises
A Critique of Russian Counter-Terrorism
With a foreword by Donald N. Jensen
ISBN 3-89821-608-X

27 *Peter Koller*
Das touristische Potenzial von Kam''janec'–Podil's'kyj
Eine fremdenverkehrsgeographische Untersuchung der Zukunftsperspektiven und Maßnahmenplanung zur Destinationsentwicklung des „ukrainischen Rothenburg"
Mit einem Vorwort von Kristiane Klemm
ISBN 3-89821-640-3

28 *Françoise Daucé, Elisabeth Sieca-Kozlowski (Eds.)*
Dedovshchina in the Post-Soviet Military
Hazing of Russian Army Conscripts in a Comparative Perspective
With a foreword by Dale Herspring
ISBN 3-89821-616-0

29 *Florian Strasser*
Zivilgesellschaftliche Einflüsse auf die Orange Revolution
Die gewaltlose Massenbewegung und die ukrainische Wahlkrise 2004
Mit einem Vorwort von Egbert Jahn
ISBN 3-89821-648-9

30 *Rebecca S. Katz*
The Georgian Regime Crisis of 2003-2004
A Case Study in Post-Soviet Media Representation of Politics, Crime and Corruption
ISBN 3-89821-413-3

31 *Vladimir Kantor*
Willkür oder Freiheit
Beiträge zur russischen Geschichtsphilosophie
Ediert von Dagmar Herrmann sowie mit einem Vorwort versehen von Leonid Luks
ISBN 3-89821-589-X

32 *Laura A. Victoir*
The Russian Land Estate Today
A Case Study of Cultural Politics in Post-Soviet Russia
With a foreword by Priscilla Roosevelt
ISBN 3-89821-426-5

33 *Ivan Katchanovski*
Cleft Countries
Regional Political Divisions and Cultures in Post-Soviet Ukraine and Moldova
With a foreword by Francis Fukuyama
ISBN 3-89821-558-X

34 *Florian Mühlfried*
Postsowjetische Feiern
Das Georgische Bankett im Wandel
Mit einem Vorwort von Kevin Tuite
ISBN 3-89821-601-2

35 *Roger Griffin, Werner Loh, Andreas Umland (Eds.)*
Fascism Past and Present, West and East
An International Debate on Concepts and Cases in the Comparative Study of the Extreme Right
With an afterword by Walter Laqueur
ISBN 3-89821-674-8

36 *Sebastian Schlegel*
Der „Weiße Archipel"
Sowjetische Atomstädte 1945-1991
Mit einem Geleitwort von Thomas Bohn
ISBN 3-89821-679-9

37 *Vyacheslav Likhachev*
Political Anti-Semitism in Post-Soviet Russia
Actors and Ideas in 1991-2003
Edited and translated from Russian by Eugene Veklerov
ISBN 3-89821-529-6

38 *Josette Baer (Ed.)*
Preparing Liberty in Central Europe
Political Texts from the Spring of Nations 1848 to the Spring of Prague 1968
With a foreword by Zdeněk V. David
ISBN 3-89821-546-6

39 *Михаил Лукьянов*
Российский консерватизм и реформа, 1907-1914
С предисловием Марка Д. Стейнберга
ISBN 3-89821-503-2

40 *Nicola Melloni*
Market Without Economy
The 1998 Russian Financial Crisis
With a foreword by Eiji Furukawa
ISBN 3-89821-407-9

41 *Dmitrij Chmelnizki*
Die Architektur Stalins
Bd. 1: Studien zu Ideologie und Stil
Bd. 2: Bilddokumentation
Mit einem Vorwort von Bruno Flierl
ISBN 3-89821-515-6

42 *Katja Yafimava*
Post-Soviet Russian-Belarussian Relationships
The Role of Gas Transit Pipelines
With a foreword by Jonathan P. Stern
ISBN 3-89821-655-1

43 *Boris Chavkin*
Verflechtungen der deutschen und russischen Zeitgeschichte
Aufsätze und Archivfunde zu den Beziehungen Deutschlands und der Sowjetunion von 1917 bis 1991
Ediert von Markus Edlinger sowie mit einem Vorwort versehen von Leonid Luks
ISBN 3-89821-756-6

44 *Anastasija Grynenko in Zusammenarbeit mit Claudia Dathe*
Die Terminologie des Gerichtswesens der Ukraine und Deutschlands im Vergleich
Eine übersetzungswissenschaftliche Analyse juristischer Fachbegriffe im Deutschen, Ukrainischen und Russischen
Mit einem Vorwort von Ulrich Hartmann
ISBN 3-89821-691-8

45 *Anton Burkov*
The Impact of the European Convention on Human Rights on Russian Law
Legislation and Application in 1996-2006
With a foreword by Françoise Hampson
ISBN 978-3-89821-639-5

46 *Stina Torjesen, Indra Overland (Eds.)*
International Election Observers in Post-Soviet Azerbaijan
Geopolitical Pawns or Agents of Change?
ISBN 978-3-89821-743-9

47 *Taras Kuzio*
Ukraine – Crimea – Russia
Triangle of Conflict
ISBN 978-3-89821-761-3

48 *Claudia Šabić*
"Ich erinnere mich nicht, aber L'viv!"
Zur Funktion kultureller Faktoren für die Institutionalisierung und Entwicklung einer ukrainischen Region
Mit einem Vorwort von Melanie Tatur
ISBN 978-3-89821-752-1

49 *Marlies Bilz*
Tatarstan in der Transformation
Nationaler Diskurs und Politische Praxis 1988-1994
Mit einem Vorwort von Frank Golczewski
ISBN 978-3-89821-722-4

50 *Марлен Ларюэль (ред.)*
Современные интерпретации русского национализма
ISBN 978-3-89821-795-8

51 *Sonja Schüler*
Die ethnische Dimension der Armut
Roma im postsozialistischen Rumänien
Mit einem Vorwort von Anton Sterbling
ISBN 978-3-89821-776-7

52 *Галина Кожевникова*
Радикальный национализм в России и противодействие ему
Сборник докладов Центра «Сова» за 2004-2007 гг.
С предисловием Александра Верховского
ISBN 978-3-89821-721-7

53 *Галина Кожевникова и Владимир Прибыловский*
Российская власть в биографиях I
Высшие должностные лица РФ в 2004 г.
ISBN 978-3-89821-796-5

54 *Галина Кожевникова и Владимир Прибыловский*
Российская власть в биографиях II
Члены Правительства РФ в 2004 г.
ISBN 978-3-89821-797-2

55 *Галина Кожевникова и Владимир Прибыловский*
Российская власть в биографиях III
Руководители федеральных служб и агентств РФ в 2004 г.
ISBN 978-3-89821-798-9

56 *Ileana Petroniu*
Privatisierung in Transformationsökonomien
Determinanten der Restrukturierungs-Bereitschaft am Beispiel Polens, Rumäniens und der Ukraine
Mit einem Vorwort von Rainer W. Schäfer
ISBN 978-3-89821-790-3

57 *Christian Wipperfürth*
Russland und seine GUS-Nachbarn
Hintergründe, aktuelle Entwicklungen und Konflikte in einer ressourcenreichen Region
ISBN 978-3-89821-801-6

58 *Togzhan Kassenova*
From Antagonism to Partnership
The Uneasy Path of the U.S.-Russian Cooperative Threat Reduction
With a foreword by Christoph Bluth
ISBN 978-3-89821-707-1

59 *Alexander Höllwerth*
Das sakrale eurasische Imperium des Aleksandr Dugin
Eine Diskursanalyse zum postsowjetischen russischen Rechtsextremismus
Mit einem Vorwort von Dirk Uffelmann
ISBN 978-3-89821-813-9

60 *Олег Рябов*
«Россия-Матушка»
Национализм, гендер и война в России XX века
С предисловием Елены Гощило
ISBN 978-3-89821-487-2

61 *Ivan Maistrenko*
Borot'bism
A Chapter in the History of the Ukrainian Revolution
With a new introduction by Chris Ford
Translated by George S. N. Luckyj with the assistance of Ivan L. Rudnytsky
ISBN 978-3-89821-697-5

62 *Maryna Romanets*
Anamorphosic Texts and Reconfigured Visions
Improvised Traditions in Contemporary Ukrainian and Irish Literature
ISBN 978-3-89821-576-3

63 *Paul D'Anieri and Taras Kuzio (Eds.)*
Aspects of the Orange Revolution I
Democratization and Elections in Post-Communist Ukraine
ISBN 978-3-89821-698-2

64 *Bohdan Harasymiw in collaboration with Oleh S. Ilnytzkyj (Eds.)*
Aspects of the Orange Revolution II
Information and Manipulation Strategies in the 2004 Ukrainian Presidential Elections
ISBN 978-3-89821-699-9

65 *Ingmar Bredies, Andreas Umland and Valentin Yakushik (Eds.)*
Aspects of the Orange Revolution III
The Context and Dynamics of the 2004 Ukrainian Presidential Elections
ISBN 978-3-89821-803-0

66 *Ingmar Bredies, Andreas Umland and Valentin Yakushik (Eds.)*
Aspects of the Orange Revolution IV
Foreign Assistance and Civic Action in the 2004 Ukrainian Presidential Elections
ISBN 978-3-89821-808-5

67 *Ingmar Bredies, Andreas Umland and Valentin Yakushik (Eds.)*
Aspects of the Orange Revolution V
Institutional Observation Reports on the 2004 Ukrainian Presidential Elections
ISBN 978-3-89821-809-2

68 *Taras Kuzio (Ed.)*
Aspects of the Orange Revolution VI
Post-Communist Democratic Revolutions in Comparative Perspective
ISBN 978-3-89821-820-7

69 *Tim Bohse*
Autoritarismus statt Selbstverwaltung
Die Transformation der kommunalen Politik in der Stadt Kaliningrad 1990-2005
Mit einem Geleitwort von Stefan Troebst
ISBN 978-3-89821-782-8

70 *David Rupp*
Die Rußländische Föderation und die russischsprachige Minderheit in Lettland
Eine Fallstudie zur Anwaltspolitik Moskaus gegenüber den russophonen Minderheiten im „Nahen Ausland" von 1991 bis 2002
Mit einem Vorwort von Helmut Wagner
ISBN 978-3-89821-778-1

71 *Taras Kuzio*
Theoretical and Comparative Perspectives on Nationalism
New Directions in Cross-Cultural and Post-Communist Studies
With a foreword by Paul Robert Magocsi
ISBN 978-3-89821-815-3

72 *Christine Teichmann*
Die Hochschultransformation im heutigen Osteuropa
Kontinuität und Wandel bei der Entwicklung des postkommunistischen Universitätswesens
Mit einem Vorwort von Oskar Anweiler
ISBN 978-3-89821-842-9

73 *Julia Kusznir*
Der politische Einfluss von Wirtschaftseliten in russischen Regionen
Eine Analyse am Beispiel der Erdöl- und Erdgasindustrie, 1992-2005
Mit einem Vorwort von Wolfgang Eichwede
ISBN 978-3-89821-821-4

74 *Alena Vysotskaya*
Russland, Belarus und die EU-Osterweiterung
Zur Minderheitenfrage und zum Problem der Freizügigkeit des Personenverkehrs
Mit einem Vorwort von Katlijn Malfliet
ISBN 978-3-89821-822-1

75 *Heiko Pleines (Hrsg.)*
Corporate Governance in post-sozialistischen Volkswirtschaften
ISBN 978-3-89821-766-8

76 *Stefan Ihrig*
Wer sind die Moldawier?
Rumänismus versus Moldowanismus in Historiographie und Schulbüchern der Republik Moldova, 1991-2006
Mit einem Vorwort von Holm Sundhaussen
ISBN 978-3-89821-466-7

77 *Galina Kozhevnikova in collaboration with Alexander Verkhovsky and Eugene Veklerov*
Ultra-Nationalism and Hate Crimes in Contemporary Russia
The 2004-2006 Annual Reports of Moscow's SOVA Center
With a foreword by Stephen D. Shenfield
ISBN 978-3-89821-868-9

78 *Florian Küchler*
The Role of the European Union in Moldova's Transnistria Conflict
With a foreword by Christopher Hill
ISBN 978-3-89821-850-4

79 *Bernd Rechel*
The Long Way Back to Europe
Minority Protection in Bulgaria
With a foreword by Richard Crampton
ISBN 978-3-89821-863-4

80 *Peter W. Rodgers*
Nation, Region and History in Post-Communist Transitions
Identity Politics in Ukraine, 1991-2006
With a foreword by Vera Tolz
ISBN 978-3-89821-903-7

81 *Stephanie Solywoda*
The Life and Work of Semen L. Frank
A Study of Russian Religious Philosophy
With a foreword by Philip Walters
ISBN 978-3-89821-457-5

82 *Vera Sokolova*
Cultural Politics of Ethnicity
Discourses on Roma in Communist Czechoslovakia
ISBN 978-3-89821-864-1

83 *Natalya Shevchik Ketenci*
Kazakhstani Enterprises in Transition
The Role of Historical Regional Development in Kazakhstan's Post-Soviet Economic Transformation
ISBN 978-3-89821-831-3

84 *Martin Malek, Anna Schor-Tschudnowskaja (Hrsg.)*
Europa im Tschetschenienkrieg
Zwischen politischer Ohnmacht und Gleichgültigkeit
Mit einem Vorwort von Lipchan Basajewa
ISBN 978-3-89821-676-0

85 *Stefan Meister*
Das postsowjetische Universitätswesen zwischen nationalem und internationalem Wandel
Die Entwicklung der regionalen Hochschule in Russland als Gradmesser der Systemtransformation
Mit einem Vorwort von Joan DeBardeleben
ISBN 978-3-89821-891-7

86 *Konstantin Sheiko in collaboration with Stephen Brown*
Nationalist Imaginings of the Russian Past
Anatolii Fomenko and the Rise of Alternative History in Post-Communist Russia
With a foreword by Donald Ostrowski
ISBN 978-3-89821-915-0

87 *Sabine Jenni*
Wie stark ist das „Einige Russland"?
Zur Parteibindung der Eliten und zum Wahlerfolg der Machtpartei im Dezember 2007
Mit einem Vorwort von Klaus Armingeon
ISBN 978-3-89821-961-7

88 *Thomas Borén*
Meeting-Places of Transformation
Urban Identity, Spatial Representations and Local Politics in Post-Soviet St Petersburg
ISBN 978-3-89821-739-2

89 *Aygul Ashirova*
Stalinismus und Stalin-Kult in Zentralasien
Turkmenistan 1924-1953
Mit einem Vorwort von Leonid Luks
ISBN 978-3-89821-987-7

90 *Leonid Luks*
Freiheit oder imperiale Größe?
Essays zu einem russischen Dilemma
ISBN 978-3-8382-0011-8

91 *Christopher Gilley*
The 'Change of Signposts' in the Ukrainian Emigration
A Contribution to the History of Sovietophilism in the 1920s
With a foreword by Frank Golczewski
ISBN 978-3-89821-965-5

92 *Philipp Casula, Jeronim Perovic (Eds.)*
Identities and Politics During the Putin Presidency
The Discursive Foundations of Russia's Stability
With a foreword by Heiko Haumann
ISBN 978-3-8382-0015-6

93 *Marcel Viëtor*
Europa und die Frage nach seinen Grenzen im Osten
Zur Konstruktion ‚europäischer Identität' in Geschichte und Gegenwart
Mit einem Vorwort von Albrecht Lehmann
ISBN 978-3-8382-0045-3

94 *Ben Hellman, Andrei Rogachevskii*
Filming the Unfilmable
Casper Wrede's 'One Day in the Life of Ivan Denisovich'
Second, Revised and Expanded Edition
ISBN 978-3-8382-0044-6

95 *Eva Fuchslocher*
Vaterland, Sprache, Glaube
Orthodoxie und Nationenbildung am Beispiel Georgiens
Mit einem Vorwort von Christina von Braun
ISBN 978-3-89821-884-9

96 *Vladimir Kantor*
Das Westlertum und der Weg Russlands
Zur Entwicklung der russischen Literatur und Philosophie
Ediert von Dagmar Herrmann
Mit einem Beitrag von Nikolaus Lobkowicz
ISBN 978-3-8382-0102-3

97 *Kamran Musayev*
Die postsowjetische Transformation im Baltikum und Südkaukasus
Eine vergleichende Untersuchung der politischen Entwicklung Lettlands und Aserbaidschans 1985-2009
Mit einem Vorwort von Leonid Luks
Ediert von Sandro Henschel
ISBN 978-3-8382-0103-0

98 *Tatiana Zhurzhenko*
Borderlands into Bordered Lands
Geopolitics of Identity in Post-Soviet Ukraine
With a foreword by Dieter Segert
ISBN 978-3-8382-0042-2

99 *Кирилл Галушко, Лидия Смола (ред.)*
Пределы падения – варианты украинского будущего
Аналитико-прогностические исследования
ISBN 978-3-8382-0148-1

100 *Michael Minkenberg (ed.)*
Historical Legacies and the Radical Right in Post-Cold War Central and Eastern Europe
With an afterword by Sabrina P. Ramet
ISBN 978-3-8382-0124-5

101 *David-Emil Wickström*
Rocking St. Petersburg
Transcultural Flows and Identity Politics in the St. Petersburg Popular Music Scene
With a foreword by Yngvar B. Steinholt
Second, Revised and Expanded Edition
ISBN 978-3-8382-0100-9

102 *Eva Zabka*
Eine neue „Zeit der Wirren"?
Der spät- und postsowjetische Systemwandel 1985-2000 im Spiegel russischer gesellschaftspolitischer Diskurse
Mit einem Vorwort von Margareta Mommsen
ISBN 978-3-8382-0161-0

103 *Ulrike Ziemer*
Ethnic Belonging, Gender and Cultural Practices
Youth Identitites in Contemporary Russia
With a foreword by Anoop Nayak
ISBN 978-3-8382-0152-8

104 *Ksenia Chepikova*
'Einiges Russland' - eine zweite KPdSU?
Aspekte der Identitätskonstruktion einer postsowjetischen „Partei der Macht"
Mit einem Vorwort von Torsten Oppelland
ISBN 978-3-8382-0311-9

105 *Леонид Люкс*
Западничество или евразийство? Демократия или идеократия?
Сборник статей об исторических дилеммах России
С предисловием Владимира Кантора
ISBN 978-3-8382-0211-2

106 *Anna Dost*
Das russische Verfassungsrecht auf dem Weg zum Föderalismus und zurück
Zum Konflikt von Rechtsnormen und -wirklichkeit in der Russländischen Föderation von 1991 bis 2009
Mit einem Vorwort von Alexander Blankenagel
ISBN 978-3-8382-0292-1

107 *Philipp Herzog*
Sozialistische Völkerfreundschaft, nationaler Widerstand oder harmloser Zeitvertreib?
Zur politischen Funktion der Volkskunst im sowjetischen Estland
Mit einem Vorwort von Andreas Kappeler
ISBN 978-3-8382-0216-7

108 *Marlène Laruelle (ed.)*
Russian Nationalism, Foreign Policy, and Identity Debates in Putin's Russia
New Ideological Patterns after the Orange Revolution
ISBN 978-3-8382-0325-6

109 *Michail Logvinov*
Russlands Kampf gegen den internationalen Terrorismus
Eine kritische Bestandsaufnahme des Bekämpfungsansatzes
Mit einem Geleitwort von Hans-Henning Schröder
und einem Vorwort von Eckhard Jesse
ISBN 978-3-8382-0329-4

110 *John B. Dunlop*
The Moscow Bombings of September 1999
Examinations of Russian Terrorist Attacks at the Onset of Vladimir Putin's Rule
Second, Revised and Expanded Edition
ISBN 978-3-8382-0388-1

111 *Андрей А. Ковалёв*
Свидетельство из-за кулис российской политики I
Можно ли делать добро из зла?
(Воспоминания и размышления о последних советских и первых послесоветских годах)
With a foreword by Peter Reddaway
ISBN 978-3-8382-0302-7

112 *Андрей А. Ковалёв*
Свидетельство из-за кулис российской политики II
Угроза для себя и окружающих
(Наблюдения и предостережения относительно происходящего после 2000 г.)
ISBN 978-3-8382-0303-4

113 *Bernd Kappenberg*
Zeichen setzen für Europa
Der Gebrauch europäischer lateinischer Sonderzeichen in der deutschen Öffentlichkeit
Mit einem Vorwort von Peter Schlobinski
ISBN 978-3-89821-749-1

114 *Ivo Mijnssen*
The Quest for an Ideal Youth in Putin's Russia I
Back to Our Future! History, Modernity, and Patriotism according to *Nashi,* 2005-2013
With a foreword by Jeronim Perović
Second, Revised and Expanded Edition
ISBN 978-3-8382-0368-3

115 *Jussi Lassila*
The Quest for an Ideal Youth in Putin's Russia II
The Search for Distinctive Conformism in the Political Communication of *Nashi,* 2005-2009
With a foreword by Kirill Postoutenko
Second, Revised and Expanded Edition
ISBN 978-3-8382-0415-4

116 *Valerio Trabandt*
Neue Nachbarn, gute Nachbarschaft?
Die EU als internationaler Akteur am Beispiel ihrer Demokratieförderung in Belarus und der Ukraine 2004-2009
Mit einem Vorwort von Jutta Joachim
ISBN 978-3-8382-0437-6

117 *Fabian Pfeiffer*
Estlands Außen- und Sicherheitspolitik I
Der estnische Atlantizismus nach der wiedererlangten Unabhängigkeit 1991-2004
Mit einem Vorwort von Helmut Hubel
ISBN 978-3-8382-0127-6

118 *Jana Podßuweit*
Estlands Außen- und Sicherheitspolitik II
Handlungsoptionen eines Kleinstaates im Rahmen seiner EU-Mitgliedschaft (2004-2008)
Mit einem Vorwort von Helmut Hubel
ISBN 978-3-8382-0440-6

119 *Karin Pointner*
Estlands Außen- und Sicherheitspolitik III
Eine gedächtnispolitische Analyse estnischer Entwicklungskooperation 2006-2010
Mit einem Vorwort von Karin Liebhart
ISBN 978-3-8382-0435-2

120 *Ruslana Vovk*
Die Offenheit der ukrainischen Verfassung für das Völkerrecht und die europäische Integration
Mit einem Vorwort von Alexander Blankenagel
ISBN 978-3-8382-0481-9

121 *Mykhaylo Banakh*
Die Relevanz der Zivilgesellschaft bei den postkommunistischen Transformationsprozessen in mittel- und osteuropäischen Ländern
Das Beispiel der spät- und postsowjetischen Ukraine 1986-2009
Mit einem Vorwort von Gerhard Simon
ISBN 978-3-8382-0499-4

122 *Michael Moser*
Language Policy and the Discourse on Languages in Ukraine under President Viktor Yanukovych (25 February 2010–28 October 2012)
ISBN 978-3-8382-0497-0 (Paperback edition)
ISBN 978-3-8382-0507-6 (Hardcover edition)

123 *Nicole Krome*
Russischer Netzwerkkapitalismus
Restrukturierungsprozesse in der Russischen Föderation am Beispiel des Luftfahrtunternehmens "Aviastar"
Mit einem Vorwort von Petra Stykow
ISBN 978-3-8382-0534-2

124 *David R. Marples*
'Our Glorious Past'
Lukashenka's Belarus and the Great Patriotic War
ISBN 978-3-8382-0574-8 (Paperback edition)
ISBN 978-3-8382-0675-2 (Hardcover edition)

125 *Ulf Walther*
Russlands "neuer Adel"
Die Macht des Geheimdienstes von Gorbatschow bis Putin
Mit einem Vorwort von Hans-Georg Wieck
ISBN 978-3-8382-0584-7

126 *Simon Geissbühler (Hrsg.)*
Kiew – Revolution 3.0
Der Euromaidan 2013/14 und die Zukunftsperspektiven der Ukraine
ISBN 978-3-8382-0581-6 (Paperback edition)
ISBN 978-3-8382-0681-3 (Hardcover edition)

127 *Andrey Makarychev*
Russia and the EU in a Multipolar World
Discourses, Identities, Norms
With a foreword by Klaus Segbers
ISBN 978-3-8382-0629-5

128 *Roland Scharff*
Kasachstan als postsowjetischer Wohlfahrtsstaat
Die Transformation des sozialen Schutzsystems
Mit einem Vorwort von Joachim Ahrens
ISBN 978-3-8382-0622-6

129 *Katja Grupp*
Bild Lücke Deutschland
Kaliningrader Studierende sprechen über Deutschland
Mit einem Vorwort von Martin Schulz
ISBN 978-3-8382-0552-6

130 *Konstantin Sheiko, Stephen Brown*
History as Therapy
Alternative History and Nationalist Imaginings in Russia, 1991-2014
ISBN 978-3-8382-0665-3

131 *Elisa Kriza*
Alexander Solzhenitsyn: Cold War Icon, Gulag Author, Russian Nationalist?
A Study of the Western Reception of his Literary Writings, Historical Interpretations, and Political Ideas
With a foreword by Andrei Rogatchevski
ISBN 978-3-8382-0589-2 (Paperback edition)
ISBN 978-3-8382-0690-5 (Hardcover edition)

132 *Serghei Golunov*
The Elephant in the Room
Corruption and Cheating in Russian Universities
ISBN 978-3-8382-0570-0

133 *Manja Hussner, Rainer Arnold (Hgg.)*
Verfassungsgerichtsbarkeit in Zentralasien I
Sammlung von Verfassungstexten
ISBN 978-3-8382-0595-3

134 *Nikolay Mitrokhin*
Die "Russische Partei"
Die Bewegung der russischen Nationalisten in der UdSSR 1953-1985
Aus dem Russischen übertragen von einem Übersetzerteam unter der Leitung von Larisa Schippel
ISBN 978-3-8382-0024-8

135 *Manja Hussner, Rainer Arnold (Hgg.)*
Verfassungsgerichtsbarkeit in Zentralasien II
Sammlung von Verfassungstexten
ISBN 978-3-8382-0597-7

***ibidem*-Verlag**
Melchiorstr. 15
D-70439 Stuttgart
info@ibidem-verlag.de

www.ibidem-verlag.de
www.ibidem.eu
www.edition-noema.de
www.autorenbetreuung.de

FSC
www.fsc.org
MIX
Papier | Fördert gute Waldnutzung
FSC® C083411

Kolibri 360 GmbH
Ferdinand-Jühlke-Straße 7
99095 Erfurt, Deutschland
produktsicherheit@kolibri360.de